The Biblical Storytelling • 사무엘하 3

정상으로 회복되는 사람

그리심

정상으로 회복되는 사람

2009년 2월 20일 초판1쇄 인쇄
2009년 2월 25일 초판1쇄 발행

저 자 • 조 관 호
발행인 • 조 경 혜
발행처 • 도서출판 그리심
156-763 서울시 동작구 사당동 196 인정 Apt. B-b01

등록번호 • 제 7-258호(1998. 4. 23)
출 판 사 • 전화 523-7589 팩스 523-7590
홈페이지 • http://grisim.biz
전자우편 • grisimcho@hanmail.net

값 : 표지 뒷면

ISBN 978-89-5799-229-6 94230
ISBN 89-5799-157-3 (세트)

정상으로 회복되는 사람

조관호

서울신학대학과 감리교 신학대학신학대학원,
아세아연합신학대학원에서 공부하고
육군 군목으로 사역하는 동안 전방 부대에서 2년,
군병원에서 3년을 사역했다.
군 제대 후 도미하여 California에 있는
Azusa Pacific University 대학원에서 공부한 후
Kentucky에 소재한 남침례교신학교(The Southern Baptist Theological Seminary)에서
The Biblical Storytelling Bible Study Methodology로
목회학 박사 학위를 받고
현재 LA 근교 은혜로교회(Grace Road Church) 담임 목사로 섬기고 있다.

논문과 저서로는,
논문 : Developing A Biblical Storytelling Bible study Model
For The Sunday School Teachers

저서 : Biblical Storytelling Series :
● 은혜로 사는 사람들(룻기) ● 영웅으로 살았던 사람들1.2(사사기)
● 하나님 나라의 맥을 이어가는 사람들(삼상1) ● 훈련 받는 사람(삼상2)
● 홀로 서는 사람(삼상3) ● 정상으로 올라가는 사람(삼하1)
● 정상에서 넘어졌던 사람(삼하2) ● 정상으로 회복되는 사람(삼하3)
● 참 예쁜 사람(에스더) ● 성전 건축하는 사람들(에스라 · 학개 · 스가랴)

저자 이메일 – khmycho@hanmail.net

사무엘하 3권 이야기는

무너진 다윗이 다시 회복되는 이야기라는 생각으로 꾸몄습니다.
인생은 누구나가 넘어질 때가 있잖아요.
넘어짐이 없는 인간은 아무도 없답니다.
단지 넘어짐의 정도와 종류가 다를 뿐이지요.

넘어짐을 비웃지 마세요.
나와 다른 넘어짐이라고 조롱하는 건
자신의 넘어짐의 심각성을 모르는 교만한 사람입니다.

넘어진 것보다 더 무서운 것은
회복되지 못하고 있다는 겁니다.
넘어짐을 통해 자신의 연약함을 발견하고
하나님을 다시 바라보는 것이 중요한 거지요.

넘어진 다윗이 위대한 건
그 비참함 속에서 회복을 받아들이고 있다는 겁니다.
그 회복을 위해 견뎌야 하는 것들을 감수하면서 말입니다.
주님은 그 마음을 귀하게 여기신 것이지요.

넘어짐, 있을 수 있는 일입니다.
그런데 회복의 길을 가는 건 용기가 있어야 하는 겁니다.

사무엘하 3

contents

사무엘하 3

contents

6

여섯 번째 이야기(삼하 21-24장)

나머지 이야기들

비블리컬 스토리텔링

The Biblical Storytelling에 대해...

Ⅰ. Biblical Storytelling과 Storytelling은 어떻게 다른가?

설교학에서 말하는 Storytelling은 설교의 전달에 대한 기법(技法)을 말합니다. 오래 전부터 알려진 내러티브(Narrative) 설교 방식과 비슷한 기법입니다. Storytelling 설교 기법을 설명하면서 예수님의 설교 방식이 이야기식이었다는 것을 증명하려고 합니다. 그러면서 오늘날의 설교자도 예수님처럼 이야기식 설교를 할 때 설교 전달에 효과가 있다고 소개를 하는 겁니다. 성경의 이야기들이 독특한 언어를 사용하여 기록되었으므로 설교에도 효과적인 전달을 위해 성경이 노력한 것과 같은 노력을 기울일 때 전하고 싶은 내용이 잘 전달된다는 것을 말하는 거지요. 전하고 싶은 내용을 위해 성경은 비유를 사용했고, 시(詩)나 잠언, 연설, 기도, 역사, 전기(傳記) 등과 같은 것을 도입한 것처럼, 설교도 전달하고 싶은 것을 효과적으로 전달하기 위해 그런 방법을 도입해야 한다는 걸 말합니다.

Storytelling 기법 설교자로 잘 알려진 유진 로우리(Eugene Lowry)가 강조하는 것이 그런 의미입니다. 다른 말로 하면 전달하고 싶은 것을 드라마처럼 혹은 상상을 가져오도록 설교를 구성하라는 거지요.

Storytelling 기법의 설교는 미국의 유명한 소설가인 존 그래샴(John Gresham)의 기법을 많이 소개합니다. 그의 이야기는 전하고 싶은 이야기를 평범하게 시작하면 충분히 전달이 되지 않으니 놀람(Surprise)으로 시작합니다. 서론을 평범하게 하고 나면 이미 시작부터 결론을 상상하기 때문에 식상하다는 거지요. 또한 이야기 중간에 긴장을 조성하는 편집을 잘해야 한다는 겁니다. 그러다가 결론에 가서는 간단하게 하되 적어도 5분을 넘기지 않는 것이 효과적인 이야기가 될 것이라는 가르침입니다. 그래샴의 그러한 기법이 설교에 도입이 되면 설교 전달에 매우 효과적일 거라는 주장이지요.

필자가 말하는 Biblical Storytelling은 전달 기법을 말하는 Storytelling과 다릅니다. Biblical Storytelling은 전달 기법이 아니라 내용을 말하는 겁니다. 내용이란 성경을 말합니다. 성경을 통해서 설교하는 것, 성경의 이야기만을 말하는 걸 Biblical Storytelling 설교라고 하는 겁니다. 설교자가 하고 싶은 이야기(주제나 제목)를 정해 놓았다 하더라도 성경 속에 있는 이야기를 통해 그 목적을 이루는 걸 말합니다. 예를 들어, 탕자의 비유에 관한 본문을 가지고 설교할 때 그 본문만 가지고 이야기를 만드는 겁니다. 아버지의 심정, 두 아들의 심정, 계획, 떨어진 부자(父子)의 서로 다른 생각들, 돌아온 아들에 대한 아버지의 갈등... 이러한 것에 집중적으로 생각을 투자하는 겁니다. 그러기 위해서는 수많은 성경 신학적 연구가 필요합니다. 당시의 습관, 지리적 배경, 가정 윤리, 제도와 같은 것들입니다. 거기에 성경에 등장하는 인물들의 심리를 파헤치는 거지요. 그것을 잘 전달하는 걸 Biblical Storytelling 설교라고 하는 겁니다.

Biblical Storytelling 설교에서도 본문을 돕기 위해 다른 이야기를 도입하긴 합니다만 그 빌려온 이야기조차 오직 성경 속에 있는 이야기로 합니다. 현재 생존해 있는 사람의 이야기를 설교의 한 예로 들지 않습니다. 읽은 소설이나 잡지에서 얻은 아이디어를 가지고 설교를 돕도록 하지도 않습니다. 훌륭한 성현들의 글귀를 통해 설교에 도움을 받지도 않습니다. 설교를 더욱 권위 있게 만들고 도울 수 있으며 능력 있게 하는 것에는 성경만한 것이 없기 때문입니다. 오래 전 어른들은 이런 것을 '성경으로 성경을 푼다' 는 말로 표현했던 겁니다.

Ⅱ. Biblical Storytelling 설교를 하게 된 이유들

필자가 Biblical Storytelling을 하게 된 동기가 있습니다. 필자는 목사 안수를 받고 육군 군목으로 사역을 시작하였습니다. 20대 중반의 젊은 목사가 패기 하나로 군인 교회 담임을 맡게 되었는데 내용이 준비되어 있지 않았던 겁니다. 그 내용은 설교라는 거였습니다. 선배 목사님들이 하시는 설교는 비평도 하고 불평도 하던 제가 현실 속에서 설교를 해야 할 때는 엄청난 스트레스를 받았던 겁니다. 주일이 왜 그렇게도 빨리 오는지 숨 쉴 틈 없이 설교 준비를 해야 했던 거지요. 물론 주일만 설교하는 것이 아니었습니다. 수요 예배는 물론 목사가 가는 곳에서는 설교를 해야 했던 겁니다. 그 때를 고백하면 부끄럽지만 설교집을 베낄 수밖에 없었습니다.

설교를 베끼면서도 의문점들이 많았습니다. 설교집마다 제가 알지도 못하는 훌륭한 사람들의 금언이나 저서들이 소개되어 있었고 기가 막힌 예화들이 나를 놀라게 했던 거지요. 그러면서 가진 의문이 '과연 목사님들이 이런 분들을 알고 있는 걸까? 소개하는 책들을 정말 읽고 그 가운데 좋은 금언을 뽑아내신 걸까? 사용하는 예화는 어떻게 얻어낸 걸까?' 하는 궁금함들이었습니다. 그러면서 목회자로서의 자신감이 사라지곤 했지요.

설교를 해야 하는 사람으로서 설교 내용도 무척이나 고민이 되었지만 내용을 생각하기 이전부터 고민은 엄청났습니다. '본문은 어떤 걸로 할까? 제목은 어떻게 해야 하는가?' 하는 것들이었지요. 고민 끝에 기껏 결정한 설교들은 이미 익숙해져 있는 것들에 국한되고 있었던 겁니다. 다시 말하면 성경을 지독하게도 모르는 자신을 발견한 겁니다. (그렇게 두꺼운 성경인데도 설교할 게 없다는 상황이 한심하게 보였던 거지요.) 설교를 하면서도 제대로 하는 건지도 모르고 했습니다. 그야말로 멋진(?) 설교를 만들어 청중들의 잘한다(?)는 평가의 소리에만 관심이 있었던 겁니다.

그런 시간들을 보내는 가운데 자신을 향한 양심선언을 한 겁니다. '난 성경을 모르는 사람이다!' 라고 말입니다. 그러고는 성경을 읽고 연구하기 시작했습니다. 그러다 보니 주석이 필요했고 성경학자들이 만들어 놓은 업적들의 고귀함을 알기 시작한 겁니다. 그때부터 성경이 알아지기 시작했습니다. 성경의 이야기 하나하나가 나를 이야기하는 거였습니다. 성경을 읽으면서 내 자신이 한 꺼풀 한 꺼풀 벗겨졌습니다. 모든 문제들이 성경 속에 기록되어 있었고 해결 방법까지도 있었던 겁니다. 그렇게 발견한 것들을 강단에서 소개한 거지요. 소위 설교한 겁니다. '어떻게 무엇을 설교할까? 어떤 본문을 가지고 어떤 제목으로 설교해야 하는가?' 하는 고민은 아침 안개가 햇빛에 사라지는 것처럼 사라졌습니다. 오직 재미있게 깨달은 내용(이야기)을 알리고 싶은 마음으로 흥분되었던 겁니다. 읽고 발견한 것들만 전해도 나 자신은 물론 청중들도 무척이나 흥미있어 했고, 소위 말하는 은혜를 받았습니다. 그 때부터 설교를 그렇게 하기 시작한 겁니다. 여타 책을 뒤적거려야 한다는 부담으로부터 자유롭기 시작했습니다. 훌륭한 인물의 잠언을 인용해야 한다는 부담도 사라졌습니다. 유명한 책과 저자를 말해야 한다는 것으로부터도 자유함을 누린 겁니다. 어떤 책도, 어떤 훌륭한 인물도, 어떤 금언과 잠언 경구도, 어떤 역사 이야기도 성경만한 것이 없다는 것을 깨달은 겁니다. 그런 것들은 설교자인 나의 괜찮음(?)을 보여주는 건지는 모르지만 성경의 권위와는 비교할 수도 없었습니다. 다른 이야기를 하는 것보다는 성경 이야기를 하는 것이 사람을 변화시키는 최고의 능력임을 발견한 겁니다.

Ⅲ. 어떻게 하는 것이 Biblical Storytelling 설교인가?

말이 거창해서 그렇지 Biblical Storytelling 설교를 하는 방법은 특이한 것이나 새로운 것이 아닙니다. 설교하는 사람이라면 이미 하고 있는 것이라 생각이 듭니다. 그러나 필자의 설교와 글을 이런 제목으로 명명하는 데는 몇 가지 기준이 있습니다.

첫째는 설교자가 청중들에게 전하려고 목적한 것을 이루기 위한 수단들로 성경의 이야기를 최대한으로 사용한다는 겁니다. 주제 설교를 하더라도 그 주제를 풀어가는 자료들이 성경 속에 있는 이야기들이라는 겁니다. 강해 설교를 하더라도 세상에서 일어나는 일들로 강해의 이해를 돕는 것이 아니라 성경 속의 이야기들을 가지고 풀어가는 겁니다.

둘째는 성경 본문에 대한 깊은 연구가 필요합니다. 본문 배경을 제대로 모르고 성경을 이야기하면 본문 이야기와는 상관없는, 엉뚱함에도 불구하고 훌륭한 교훈(?)이 만들어질 수가 있지요. 그러나 설교자는 훌륭한 이야기나 괜찮은 교훈을 만들어내는 사람이 아니라 하나님이 성경을 통해 말씀하시고 싶은 것을 제대로 전달하는 사람입니다. 그러므로 충실한 주석과 학자들의 도움을 받아야 합니다.

셋째는 성경의 이야기 주인공을 설교자 자신으로 여기면서 읽고 연구하는 겁니다. 청중을 주인공으로 여기면서 성경을 보면 옳고 그름을 분별하는 것에만 관심이 갑니다. 그러나 자신을 주인공으로 하면 이해를 만들어 가면서 해석하게 됩니다. 다시 말해서 자기를 변호하기 위해 많은 생각을 하게 되지요. 예를 들면, 노아가 홍수 후에 술을 먹고 추태를 부린 내용을 청중 중심으로 보면 술 먹지 말라는 쪽으로만 생각이 기울어집니다만, 나 자신이 노아가 되어 보면 말동무 하나 없이 지루하고 적막한 시간들을 보내는 고독으로 말미암았겠구나 하는 이해 쪽으로 생각이 기울어진다는 겁니다. 로마서를 설교할 때에는 내가 로마서를 쓰는 사람도 되었다가 동시에 내가 바울로부터 로마서 편지를 받아 읽는 사람도 되어야 한다는 것이지요.

넷째는 본문 전체를 말해야 한다는 겁니다. 선택한 본문에는 한 목적만 있는 것이 아닙니다. 설교자는 한 목적을 선택했을지 모르지만 성경을 기록한 성령께서는 다양한 목적을 심어 놓으셨습니다. 그러므로 설교자의 목적 설교보다는 성령의 역사를 기대한다는 목적으로 선택한 본문을 구석구석 말하는 겁니다. 예를 들면, 다윗이 아버지 이새의 심부름으로 골리앗과 대치하고 있는 전쟁터의 형들을 찾아간 이야기를 본문으로 한다고 합시다. 그 본문에는 수많은 장면들이 있습니다. 형들에게 꾸지람 듣는 다윗의 모습, 반면에 꾸지람하는 형들의 마음, 대드는 동생, 떠드는 골리앗... 하여간 얼마 안 되는 이야기이지만 묘한 감정들이 포함되어 있습니다. 그 본문을 읽을 때 어떤 이는 다윗 입장에서 또 어떤 이는 형들 입장에서 읽기도 합니다. 어떤 이는 형제끼리 다투는 건지 의를 나누는 건지를 보고 있습니다. 설교자가 목표한 것과는 다른 마음으로 성경 본문을 읽고 있는 청중들이기에 전체를 설명하고 말해야 한다는 거지요. 이 말은 설교자 (사심의) 의도 없이 성경을 말하자는 말입니다.

다섯 번째는 성경을 기록한 하나님의 마음을 헤아리면서 교훈을 찾는 겁니다. 하나님의 마음을 헤아리면서 성경을 보면 은혜가 됩니다. 감사가 흘러나옵니다. 감동 때문이지요. 그리고 나의 삶이 변한답니다. 의지에 의한 변화도 있겠습니다만 감동에 의해서 저절로 변화되는 거지요.

Ⅳ. 나가는 말

설교자에게 가장 중요한 것은 성경입니다. 성경을 잘 말해야 합니다. 성경을 정확하게 전달해야 합니다. 잘 말하고 잘 이해시키려고 너무 대단한 것들을 끌어 오다가 성경보다 다른 것에 더 관심을 갖게 하는 우를 범할 수 있다는 거지요. 또한 설교자가 성경이 아닌 다른 이야기를 말해야 하는 것이 당연하게 여겨지면 설교자들은 본의아니게 거짓말을 하게 될게 될 수도 있다는 겁니다. 또한 다른 말을 기가 막히게 해야 실력 있는 목사 취급 받게 된다는 이상한 생각(?)을 하게 한다는 거지요. 실력 있는 설교자는 성경을 기억하게 하는 사람인데 말입니다. Biblical Storytelling 설교는 설교자는 물론이요 청중들, 그리고 교회 속에서 성경의 가치를 회복시키려는 몸부림이라고 할 수 있습니다.

서 문

죽고 싶을 때가 있습니다. 그런데도 죽지 못하는 게 그리스도인입니다. 죽는 것으로 끝나는 게 아님을 알고 있기 때문입니다. 그래서 죽을 만큼 괴로워도 죽지 않고 버티며 사는 거랍니다.

죽고 싶은 건 남녀노소를 가리지 않습니다. 어린아이에게 무슨 죽고픈 마음이 있겠느냐고 할지 모르지만 어린아이도 나름대로 죽고 싶을 만큼의 고민이 있답니다. 초등학생이나 중학생도 마찬가지입니다. 사춘기 때도 죽고 싶을 때가 있고 청년기에도, 결혼 후 가정을 꾸린 다음에도 그리고 늙어가면서도, 아주 늙었을 때도 죽고 싶은 마음은 항상 따라다니는 거지요.

빈들빈들 놀고 있는 사람은 자신의 무위도식을 한탄하면서 죽고 싶은 마음이 들 때가 있을지 모르지만, 바쁜 사람도 죽고 싶을 때가 있는 건

마찬가지랍니다. 결혼 못한 사람이 죽고 싶을 때가 있겠지만 결혼한 사람도 죽고 싶을 때가 있구요, 몸이 너무 아파 죽고 싶은 사람이 있겠지만 건강한 사람도 죽고 싶을 때가 있는 건 매 일반이랍니다. 돈이 없어도, 돈이 많아도 그렇구요, 공부 못해서 죽고 싶은 사람이 있기도 하지만 공부를 너무 잘하는 사람도 죽고 싶어하는 경우가 종종 있지요. 자식을 갖고 싶은데 갖지 못해서 죽고 싶은 사람이 있지만 자식 때문에 죽고 싶은 부모도 한둘이 아니랍니다.

신앙? 신앙이 없는 사람이 죽고 싶어 하는 건 그럴 수 있다고 할지 모르지만, 사실 신앙을 가진 사람도 죽고 싶을 때가 얼마나 많은지요. 그리스도인들도 죽고 싶을 때가 많다는 말입니다. 인생은 그런 거랍니다.

성경에 기록된 다윗을 읽으면서 '그가 정말 죽고 싶었겠다'라는 생각을 여러 번 했습니다. 아니, 죽지 못해 살고 있구나 하는 생각을 했답니다. 정말 죽고 싶을 만큼의 기구한 인생이 그의 인생이었기 때문이지요. 어쩜 그리도 인생 전체가 쓰라린 아픔들인지 모르겠습니다. 저에게 다윗하라고 하면 정말 하고 싶지 않은 인물이네요.

여덟 중에 막내... 부모도 형제들도 먹을 것이 귀한 때에 왜 태어났느냐며 그를 천대하였답니다. 그래서 숫자에도 넣지 않았지요. 그 귀한 사무엘의 방문 때도 제외시켰을 정도였으니까요. 골리앗과 싸우는 형들에게 심부름을 갔는데 오히려 야단만 맞았답니다. 왕궁에서도 미친 왕이 언제 창을 던질지 모르는 두려움 속에 있었지만 도망도 제대로 갈 수 없는 처지, 십 수 년을 들판을 돌아다니면서 산적처럼 살아야 했던 신세, 왕이 되어서도 열 지파에게 따돌림 받아야 하는 소외감… 정말 죽고 싶은 순간들로 점철된 게 다윗의 인생이잖아요.

30세에 왕이 되었으나 7년 간은 인정받지 못하다가 이제 기분 좋게 통일 왕국의 왕이 되었는가 했더니 함께 나라를 세웠던 요압을 비롯한 측근들이 속을 썩이고… 정말 미칠 것 같고 죽고 싶었을 겁니다.

세월이 조금 지나 어느 정도 안정이 되는가 했더니 밧세바라는 여자 때문에 순간의 정욕을 이기지 못해 더럽고 가식적인 존재, 위선자라는 오명으로 얼굴을 들고 다닐 수 없는 신세가 되었으니 얼마나 죽고 싶었겠는지요.

늘그막에는 왕자의 난(亂)이 일어나 서로들 죽이는 끔찍한 사건으로 인해 죽고 싶더니, 그 일이 마무리되는 즈음에는 아들놈이 아버지를 죽이겠다고 혈안이 되어 쫓아다니는 겁니다. 그 죽고 싶어하는 다윗의 마음이 읽어집니다. 자신을 죽이겠다고 하던 아들 압살롬이 나무에 매달린 채 창에 찔려 죽임을 당했으니 더 죽고 싶었던 겁니다.

다윗의 인생, 죽고 싶을 때 쓴 시(詩)들로 인해 우린 그를 대단한(?) 존재로 여겨 존경을 하지만 그는 죽고 싶은 하루하루를 참아가면서 살았을 뿐이랍니다.

다윗은 분명 정상에 선 사람입니다. 신앙은 물론 인생을 평가할 때 정상의 사람임이 틀림없지요. 그의 하나님에 대한 믿음도 그렇고, 기도도 그렇고, 말씀을 사랑하는 것도 그렇고, 싸움 실력도 정상이고 리더십은 물론 전략을 짜는 데도 그렇고, 용맹성에서도 정상의 수준임이 분명합니다. 정치적으로도 한 나라의 왕이었으니 확실히 성공한 사람이지요.

그러나 그 정상은 멀리서 볼 때 아름다운 정상일 뿐입니다. 우리가 정상으로 평가하는 다윗은 죽고 싶은 시간들로 엮어 맨 인생이었답니다. 다윗은 자신을 부러워하고 대단한 존재라고 존경하고 칭찬하는 사람을 향해 씁쓸한 미소를 짓고 있을 거라는 생각이 듭니다. 자신과 같은 인생을 살지 말라고, 너무 힘든 인생이라고, 자신은 그저 죽고 싶은 시간들을 그냥 버틴 것뿐이라고.

분명 정상의 사람이 정상에서 죽고 싶은 아픔을 참고 살았답니다. 정상 이전의 아픔들을 잊고 성공자의 행복을 누리면서 살 수 있었는데 정상에서도 죽고 싶은 마음으로 산 겁니다. 그게 다윗의 아픔이지요.

그렇게 된 이유가 있습니다. 아주 단순한 일로 인해 그랬습니다. '죄'였답니다. 죄가 그의 정상의 아름다움을 죽고 싶을 만큼의 비참함으로 바꾼 겁니다.

목회하는 사람을 향해서 사람들이 하는 말이 있습니다. 행복한 사람이라고. 멀리서 보는 목회자는 그렇게 보일지 모릅니다만, 목회자도 죽고 싶을 때가 얼마나 많은지요. 죽고 싶은 걸 말하지 않을 뿐입니다. 괜찮다고 하면서 죽고 싶은 걸 보이지 않을 뿐입니다. 목회자 아닌 사람이 죽고 싶어 하는 그 일들이 목회자에게도 똑같이 일어난답니다. 정말 똑같은 문제 때문에 죽고 싶다니까요!

인생은 그런 겁니다. 죽고 싶은 일들이 반복적으로 찾아오는 게 인생입니다. 질병의 문제로, 자녀의 문제로, 가정의 문제로, 물질의 문제로, 죄의 문제로, 인간관계의 문제로, 죽 쑨 설교로 인해, 믿음 없는 일로, 정직하지 못한 자신이 한심스러워서... 정말 죽고 싶을 때가 얼마나 많은지요. 그런데 남들이 행복해 보인다고 하니 더 미칠 것 같은 겁니다.

죽고 싶습니다. 그런데도 살아가는 것은 주께서 자신의 못 박힌 손과 창에 찔린 옆구리와 가시면류관 썼던 이마를 보여주시면서 눈물 고인 눈으로 나를 바라보고 계시기 때문이랍니다.

다윗이 죽고 싶을 때 하나님을 생각했던 것처럼 나도 십자가에서 부활하시고 다시 오마 약속하신 주님을 생각하면서 죽고 싶을 때를 이겨내야겠다는 다짐으로 사무엘하 세 번째 책을 썼습니다.

죽고 싶은 인생이지만 주님이 잡아 주시는 손 때문에 오늘도 살아가는 형제자매들을 사랑합니다.

캘리포니아 바람 많이 부는 마을에서

조관호 목사

5

〉〉 다섯 번째 이야기 삼하 15-20장

가슴 아픈 일들

예루살렘 사람들은 형을 죽인 압살롬을 그다지 미워하지 않았습니다. 물론 잘했다는 것은 아니지만, 암논을 살해한 압살롬의 마음을 충분히 이해할 수 있었던 겁니다. 아무리 암논이 왕세자였다고는 하였지만 이복 여동생을 성폭행했다는 것은 백성들에게 조소거리가 되었습니다. 사람들은 욕정을 참지 못하여 음흉하고도 교활한 음모를 꾸며 여동생을 폭행한 암논이 훗날 나라를 다스릴 왕세자라는 것이 끔찍했던 거지요. 게다가 어린 나이에 자기 오라비에게 몸을 빼앗기고 처량하게 지내고 있는 다말을 보거나 그녀에 대한 소식을 들을 때마다 측은한 마음이 들었던 겁니다. 죽은 암논 못된 놈이 왕이 된다면 나라와 백성의 미래가 암울할 거라는 생각을 했던 겁니다. 그래서 사람들은 오히려 암논의 죽음이 나라와 백성을 위해 잘 된 것이라고 생각 했습니다. 예루살렘에 온 후 2년이 지나는 동안, 압살롬에 대한 평가는 왕세자를 살해한 사람으로서보다는 정의 편에서 용기를 낸 사람으로 바뀌어지고 있었습니다. 압살롬도 암논을

❶ 삼하 15:1-6

반란 계획

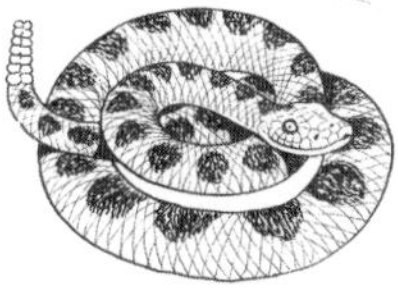

다윗의 셋째 아들 압살롬은 형 암논을 죽이고 외할아버지 나라 그술 땅으로 도망가서 3년을 지냈습니다. 아버지의 허락으로 예루살렘으로 돌아온 지 2년이 되었습니다만 아버지 다윗은 그를 만나 주지 않았습니다.

예루살렘 사람들은 형을 죽인 압살롬을 그다지 미워하지 않았습니다. 물론 잘했다는 것은 아니지만, 암논을 살해한 압살롬의 마음을 충분히 이해할 수 있었던 겁니다. 아무리 암논이 왕세자였다고는 하지만 이복 여동생을 성폭행했다는 것은 백성들에게 조소거리가 되었습니다. 사람들은 욕정을 참지 못하여 음흉하고도 교활한 음모를 꾸며 여동생을 폭행한 암논이 훗날 나라를 다스릴 왕세자라는 것이 끔찍했던 거지요. 게다가 어린 나이에 자기 오라비에게 몸을 빼앗기고 처량하게 지내고 있는 다말을 보거나 그녀에 대한 소식을 들을 때마다 측은한 마음이 들었던 겁니다. 죽은 암논이 불쌍하기는 했지만 그런 못된 놈이 왕이 된다면 나라와 백성의 미래가 암울할 거라는 생각을 했던 겁니다. 그래서 사람들은 오히려 암논의 죽음이 나라와 백성을 위해 잘 된 것이라고 생각 했습니다.

예루살렘에 온 후 2년이 지나는 동안, 압살롬에 대한 평가는 왕세자를 살해한 사람으로서보다는 정의 편에서 용기를 낸 사람으로 바뀌어지고 있었습니다. 압살롬도 암논을 죽였을 당시는 살인을 했다는 것 때문에 두려움으로 움츠려 있었으나 시간이 지나갈수록 자신의 암논 살해는 사적(私的)인 살인(殺人)이라기보다는 나라와 백성을 위해서 상당히 잘한 일이라고 스스로 평가하기 시작한 것이지요. 그래서 다윗왕의 가장 가까운 측근인 요압에게 큰 소리를 친 것입니다.

"요압 장군! 사실이지 내가 무슨 죄를 지었기에 이런 대접을 받아야 한단 말이요? 암논을 죽인 것? 그게 내 죄란 말이요? 말이야 바른 말이지 그 놈이 내 손에 죽지 않았다면 이 나라 여자들은 모두가 그 놈에게 강간당했을 거요. 그런 파렴치한 놈을 없앤 나에게 상을 주지는 못할망정 나를 죄인 취급하고 있는 건 말이 되질 않는 거요. 내가 사심으로 암논을 죽였다면 죄 값을 받아 죽어 마땅하지만 내가 도대체 무슨 죄를 지었느냐는 거요?"

『내가 만일 죄가 있으면 왕이 나를 죽이시는 것이 가하니라』(14:32하)

죄를 짓고도 시간이 흐르면 그 죄에 대한 생각이 바뀝니다.
압살롬의 경우, 자신의 감정을 통제하지 못하고 살인을 한 겁니다.
미움이라는 감정으로 사람을 죽인 것이지요.
압살롬의 암논 살해는 분명 나라를 위한 살인이 아니었습니다.
그런데 이제는 백성들의 동정을 받으면서
자신의 감정을 통제하지 못하여 살인을 저지른 죄는 잊고
마치 자신이 암논을 죽임으로 인해
왕이 되면 안 될 사람이 왕이 될 뻔한 일을 막았다는 영웅심으로
자신의 행동을 정당화하고 있는 것입니다.
이렇게도 말할 수 있겠죠.
그 당시 내가 암논을 죽인 것이 하나님의 계획이었다고.
글쎄요?...

우리도 지은 죄를 포장하기 위해 얼마나 노력하는 지요?
죄를 지은 원인이 분명 자신의 욕심 때문이었으면서도
시간이 지나면
변명의 말을 그럴 듯하게 만들어 낸답니다.
(또 다른 죄를 짓는 거지요)
사람은 혹 속을 수 있을지 모릅니다만

하나님은 만홀히 여김을 받지 않으신답니다.
하나님을 무서워 할 줄 알아야죠!

아버지 다윗을 만난 다음부터는 압살롬의 왕궁 출입이 자유로웠습니다. 백성들도 다윗과 압살롬의 만남으로 인해 왕실(王室)이 안정될 것을 기대했습니다. 그 기대는 다윗 왕의 후계자에 관한 거였습니다. 60세가 넘은 왕에게 아직도 뒤를 이을 왕세자가 정해지지 않았다는 것은 왕실(王室)에도 문제였지만 백성들에게도 걱정거리였기 때문입니다. 왜냐하면 왕세자가 없을 경우에는 고령(高齡)의 왕 다윗이 갑작스럽게 타계(他界)하면 심한 권력 투쟁으로 피바다가 될 것이 분명하기 때문입니다. 이런 상황에서 압살롬의 복귀는 왕실과 백성들에게 희소식이었던 겁니다.

압살롬은 다윗의 셋째 아들이었습니다. 장남인 암논이 죽었기에 왕세자를 다시 정한다면 당연히 두 번째인 길르압이어야 했습니다. (그런데 길르압은 일찍 죽은 것 같습니다.) 그러므로 왕세자는 특별한 사유가 없는 한 세 번째 아들인 압살롬이 분명했습니다. 압살롬도 자신이 대통(大統)을 이을 것임을 의심하지 않았습니다. 주변에 권력을 가지고 있는 사람들도 압살롬에게 모였습니다. 백성들도 압살롬의 인물 됨됨이가 왕으로서의 손색이 없다고 인정하는 분위기였습니다.

그런데 다윗은 빈 왕세자 자리에 신경을 쓰지 않는 겁니다. 백성들의 눈에는 자기 신하를 죽이고 그의 젊은 아내를 빼앗은 죄인, 그리고 60세가 넘은 늙은 왕 다윗이 왕세자를 책봉하지 않고 있는 겁니다. 암논같이 음란하고 포악한 놈을 왕세자로 세울 만큼 판단도 흐려진 늙은 다윗이 정의롭고 잘 생기고 훌륭한 압살롬이 있음에도 불구하고 왕세자를 세우지 않고 있는 것입니다. 백성들은 다윗이 답답했고 싫었습니다. 반면에 대단한 풍채로 예루살렘을 거닐고 있는 압살롬은 무척이나 멋있어 보였습니다. 사람들은 말했습니다. 다윗이 노망(老妄) 들었다고... 희망이 없다고... 물러나야 한다고... 압살롬에게 왕위를 물려줘야 한다고 말입니다.

압살롬은 자신이 왕세자가 될 것을 의심하지 않았기에 스스로 왕세자처럼 하고 다녔습니다. 자신을 위해 병거(兵車)를 준비했고, 말(馬)들을 준비했습니다. 곧 왕세자가 되고 왕이 될 귀하신 몸입니다. 경호원과 같은 수행원들을 기본적으로 50명씩 데리고 다녔답니다. 왕을 호위(護衛)하는 모습이었습니다.

『압살롬이 자기를 위하여 병거와 말들을 준비하고 전배(前陪) 오십 명을 세우니라』(:1)

압살롬은 왕세자로 책봉을 받기 전(前) 참모들과 더불어 자신에 대한 전국적인 여론몰이를 할 생각이었습니다. 아버지가 자신을 왕세자로 책봉을 한다하더라도 아버지에게 조금의 아쉬움도 없도록 하기 위해 정치적인 행보를 계획한 겁니다.

다윗은 자신의 아들들을 대신(大臣)으로 삼아 나라의 일을 하도록 하고 있었습니다. 그들이 하는 일들 중에는 재판이 중요한 일이었습니다. 압살롬도 하루의 많은 시간을 백성들의 문제를 재판하는 일로 보내곤 했지요. 물론 다른 왕자들도 자신의 관할 구역에서 백성들의 문제를 재판하곤 했습니다. 그런데 압살롬이 재판하고 있는 곳은 다른 재판 장소와는 달랐답니다. 마치 임금님이 재판하는 장소와 같았습니다. 호위병과 말들 그리고 그 분위기가 그랬습니다.

개개인에게, 혹은 개인과 국가 사이에 문제가 생기면
문제를 해결하기 위해
지방의 관리들이 재판을 하는 것이 당시의 재판 방식이었습니다.
그런데 지방에서 정당한 판결이 나오지 않으면
고등 재판을 받기 위하여 더 높은 관료들을 찾아가곤 했습니다.
그 곳에서도 안 되면 예루살렘 관료들이나
대신들인 왕자에게 찾아갔고
만일 여기서도 억울하면 최종적으로는
임금에게 직접 재판을 해달라고 할 수 있었습니다.

압살롬도 이런 체계 속에서 재판의 직무를 하고 있었던 겁니다. 왕자에게 오는 재판은 국가를 상대로 한 문제이거나 힘 있는 사람에게 당한 억울한 일들이 대부분이었습니다. 이 사람들이 왕을 만나 재판을 받기 전에 압살롬이 나섰던 거였지요. 그런데 압살롬이 내리는 판결의 대부분은 피해자를 보호하고 편들어 주는 사랑의 재판(?)이었답니다. 판결도 그랬지만 송사와 재판을 받으러 오는 사람들에게 대한 압살롬의 행동은 인간미가 흘러넘칠 뿐 아니라 인자한 친 형님같이 친절했습니다. 권위를 부리지도 않았습니다. 오히려 손을 잡아 주면서 위로하기도 하고 자비를 베풀기도 했던 겁니다.

"이보게, 내 앞에선 무릎을 꿇을 필요가 없다이. 자네나 나나 같은 사람 아닌가? 나에게까지 온 걸 보면 무척이나 억울한 일이 많았겠구먼. 인생은 약자를 죄인으로 만드니 얼마나 억울한가? 내가 힘 있는대로 최선을 다해 자네의 억울함을 해결해 주겠네. 무슨 말이든 해 보게나!"

『사람이 가까이 와서 절하려 하면 압살롬이 손을 펴서 그 사람을 붙들고 입을 맞추니』(:5)

사람들은 재판이 자신을 유리하게 하든 안하든 권력을 가진 사람이 이처럼 친절하게 백성을 대하는 것을 보고 감동을 받았습니다. 권력자가 손을 잡아 주고 입을 맞춰줄 때 사람들의 마음은 녹았습니다. 그런데 판결까지도 약자의 편에서 해 주는 겁니다. 얼마나 고마운지! 압살롬을 만나고 가는 사람들은 문제가 해결된 것만으로도 고마운데 그야말로 백성을 사랑하고 위해 주는 훌륭한 사람을 만나고 가는 거였지요. 고민과 고통의 마음으로 왔다가 사랑을 받고 문제까지 해결받고 돌아가는 거였지요. 물론 압살롬의 재판은 엉터리였습니다. 그는 재판을 하는 것이 아니라 사람들의 마음을 도적질하고 있는 거였답니다.

『무릇 이스라엘 무리 중에 왕께 재판을 청하러 오는 자들에게 압살롬의 행함

이 이 같아서 이스라엘 사람의 마음을 도적하니라』(:6)

다윗은 압살롬의 행동을 주시하고 있었습니다. 진실이 아닌 방법으로 사람의 마음을 도적하는 못된 압살롬의 재판을 다윗은 걱정스럽게 보고 있었던 거지요. 다윗은 압살롬이 무슨 짓을 하고 있는지를 알고 있었던 겁니다. 백성들의 마음을 도적질하면서 역모의 발판을 만들고 있음을... 괴로웠답니다. 그리고 그 괴로움에 젖어 이러지도 못하고 저러지도 못하다가 시 한 수를 지었답니다.

인자들아 너희가 당연히 공의를 말하겠거늘 어찌 잠잠하느뇨
너희가 정직히 판단하느뇨
오히려 너희가 중심에 악을 행하며 땅에서
너희 손의 강포를 달아주는도다
악인은 모태에서부터 멀어졌음이여
나면서부터 곁길로 나아가
거짓을 말하는도다
저희의 독은 뱀의 독 같으며 저희는 귀를 막은
귀머거리 독사 같으니
곧 술사(術士)가 아무리 공교한 방술을 행할지라도
그 소리를 듣지 아니하는 독사(毒蛇)로다
하나님이여 저희 입에서 이를 꺾으소서
여호와여 젊은 사자의 어금니를 꺾어 내시며
저희로 급히 흐르는 물같이 사라지게 하시며

겨누는 살이 꺾임 같게 하시며
소멸하여 가는 달팽이 같게 하시며
만기(滿期)되지 못하여 출생한 자가 일광을 보지 못함 같게 하소서
가시나무 불이 가마를 더웁게 하기 전에 저가 생(生) 것과
불붙는 것을 회리바람으로 제하여 버리시리로다
의인은 악인의 보복(報復) 당함을 보고 기뻐함이여
그 발을 악인의 피에 씻으리로다
때에 사람의 말이 진실로 의인에게 갚음이 있고
진실로 땅에서 판단하시는
하나님이 계시다 하리로다(시 58:1–11)

❷ 삼하 15:7-12
쿠데타

이런 압살롬에 대한 소문이 이스라엘 땅 구석구석까지 퍼졌습니다. 노인으로부터 어린이까지, 부자로부터 가난한 사람까지, 남자는 물론 여자들까지. 사람들은 이 훌륭한 압살롬을 왕세자로 책봉하지 않는 다윗을 이해할 수 없었습니다. 권력을 놓지 못하는 망령난 늙은 왕이라고 비난할 뿐이었습니다. 다윗의 나이가 육십 대 중반을 지나가고 있음에도 자신의 권력을 이을 사람을 정하지 않는 것이었죠. 백성들도 백성들이었지만 더 속이 타는 건 압살롬이었답니다.

4년 동안이나 아버지에게서 세자에 관한 언급이 없자 압살롬의 주변에 있는 사람들이 압살롬을 부추겼습니다. 나라를 살려야 되지 않겠냐고 하면서 말입니다. 압살롬도 동의를 했습니다. 권력 쟁취에 눈이 먼 사람들끼리 나라 걱정을 한다는 구실과 함께 나라를 살린다는 명분으로 치밀한 계획을 짰습니다. 계획은 왕궁을 점령하여 현직 왕을 제거하는 일반적인 방식이 아니었습니다. 4년 동안 잡아 놓은 여론을 등에 업고 새 정부를 만드는 것이었습니다. 백성들로 하여금 물러날 생각을 하지 않는 다윗을 등지게 하는 방식이었습니다. 그래서 택한 장소가 헤브론이었습니다. 이 일을 꾸미면서 압살롬은 자신과 자신을 따르는 군사력의 움직임이 왕실에 보고 될 것을 알기에 미리 다윗에게 거짓 보고를 했습니다. '예배'하기 위해 헤브론에 가야 한다고. 그리고 다윗은 허락을 했답니다.

『사 년 만에 압살롬이 왕께 고하되 내가 여호와께 서원한 것이 있사오니 청컨대 나로 헤브론에 가서 그 서원을 이루게 하소서 종이 아람 그술에 있을 때에 서원하기를 만일 여호와께서 나를 예루살렘으로 돌아가게 하시면 내가 여호와를 섬기리이다 하였나이다 왕이 저에게 이르되 평안히 가라 하니 저가 일어나 헤브론으로 가니라』(:7-9)

자신의 정치적인 야망을 위해 신앙을 이용하고 있는 모습입니다.

예배를 이용해 자신의 욕심을 이루려 하고 있습니다.
신앙만큼은 순수해야 하잖아요.
하나님이 살아계시기에

감히 신앙을 이용할 생각은 하지 않잖아요.

그런데 압살롬은 그걸 이용해서 자신의 욕심을 향해 가는 겁니다.

한 조각의 양심도 없는 겁니다.

신앙을 이용해서 돈 벌이 하지 마세요.

신앙을 이용해서 유명해지려 하거나

성공하려 하면 안 되는 겁니다.

신앙을 이용해먹는다면 그 사람은 다 된 사람입니다.

압살롬과 그의 신복들은 발 빠르게 움직이면서 거사를 준비했습니다. 일단은 전국 각 지방의 관리들을 만나 거사에 동참할 것을 설득했답니다. 물론 거부하는 관리에겐 협박을 했고, 협박이 먹혀 들어가지 않으면 쥐도 새도 모르게 처리를 했지요. 그리고는 정해진 거사의 날을 말해 주었던 겁니다. 물론 헤브론에서 압살롬을 왕으로 추대할 것을 사전에 빈틈없이 알려 주었답니다. 그 날 정확한 시간을 기해서 지방 관리들은 압살롬을 왕으로 인정하는 행사를 하기로 했답니다. 그로인해 다윗의 시대는 끝이 났고 압살롬을 중심으로 한 새 시대가 온 것을 동시에 알리기로 한 겁니다. 지방 관리들도 어쩔 수 없는 시대의 흐름이라고 받아들였답니다.

『이에 압살롬이 정탐을 이스라엘 모든 지파 가운데 두루 보내어 이르기를 너희는 나팔소리를 듣거든 곧 부르기를 압살롬이 헤브론에서 왕이 되었다 하라 하니라』(:10)

그날이 되었습니다. 전국으로 정탐꾼이 달려가고 있는 가운데 압살롬은 정치적인 힘 있는 사람들 200명을 헤브론으로 초대했습니다. 물론 다윗을 향한 충신들은 아니었습니다. 다윗에 대한 섭섭함 내지는 반대편에 서 있던 사람들이었습니다. 다윗에게 왕세자 책봉을 강하게 건의하던 사람들이었습니다. 그렇다고 해서 이 다윗의 사람들에게 역모의 계획을 알린 것은 아니었습니다.

헤브론에 왕자 중 선두에 서 있는 압살롬이 왔습니다. 마치 왕의 행차(行次)와 같은 웅장한 모습이었습니다. 수행원들을 비롯한 호위병들 그리고 중앙의 지체 높은 관료들... 압살롬의 행차 이유는 표면상은 제사였습니다. 알려진 대로 제사가 성대하게 진행되고 있었습니다. 압살롬을 중심으로 예루살렘에서 내려온 지체 높은 관료들이 엄숙한 제사를 드리고 있었습니다. 긴 시간동안 웅대하고도 엄숙하게 진행되는 제사였습니다. 모두가 조용했습니다. 그러다가 누군가가 조용히 제사 드리고 있는 압살롬을 향해 이렇게 말했습니다.

"압살롬이시여! 당신은 이스라엘의 지존(至尊)이십니다!"

이스라엘에 새 왕이 탄생되었다는 말이었습니다. 제사 드리는 압살롬을 왕이라고 표현함에도 압살롬은 아무 말 하지 않았습니다. 못 들은 척 하는 것인지는 몰라도 여전히 그는 제사에만 몰두할 뿐이었습니다. 그러나 주변에 모인 사람들은 제사 드리고 있는 압살롬에게 절을 합니다. 그리고 당신은 이스라엘의 왕이라고 소리를 모아 외치기 시작했습니다.

영문도 모르고 압살롬의 제사 장소에 초청받아 갔던 200명의 중앙 관료들은 무척이나 놀랐습니다. 그러나 영문을 모르고 헤브론 제사에 참석한 200명의 옆에는 무장을 한 군사들이 칼을 뽑아 쥐고 점잖게 서 있었습니다. 저들도 압살롬을 이스라엘의 왕으로 소리 지르는 사람들의 소리를 따라 조금씩 조금씩 소리를 내기 시작했습니다.

"압살롬은 이스라엘의 왕이시나이다!"

헤브론에서 압살롬이 왕이 되었다는 소문이 삽시간에 퍼져 나갔습니다. 그러나 백성들은 그다지 동요가 없었습니다. 오히려 다윗을 비난하는 사람도 있었습니다. 십수 년이 지났지만 다윗의 밧세바 사건은 여전히 다윗을 부도덕한 사람, 겉 다르고 속 다른 사람으로 평가하고 있었던 겁니다. 게다가 그의 나이가 너무 늙었습니다. 판단력도 흐려졌다고 사람들은 비웃고 있었습니다. 보다 일찍 압살롬을 왕세자로 만든 후에 다윗은 후선으로 물러났어야 하는데 권력의 노예가 되어 물러나지 않음으로 인한 자업자득(自業自得)의 결과라고 압살롬의 왕 됨을 해석하고 있었습니다.

사람들은 압살롬이 왕이 된 것에 대하여 당연한 것으로 받아들였고 이 사건에 대한 자신들의 해석과 일치하는 대세(大勢)에 따라 다윗을 버리고 압살롬을 왕으로 인정하는 방향으로 자리를 잡아가고 있었습니다.

압살롬이 사람을 아히도벨에게로 보내었습니다. 아히도벨은 다윗의 모사

(謀士)인 인물로서 대단한 사람이었습니다. 아히도벨의 모략은 매우 정밀하고 틀림없곤 했기에 아히도벨의 모략은 마치 하나님이 직접 내린 모략과 같다고 칭찬할 정도였습니다.

『아히도벨의 베푸는 모략은 하나님께 물어 받은 말씀과 일반이라』(16:23상)

그는 오랫동안 다윗을 도운 다윗 정부의 브레인(Brain)이요 정치 자문관이었습니다. 그런데 그가 십여 년 전에 다윗으로부터 지울 수 없는 큰 상처를 받았습니다. 자신의 손녀딸인 밧세바가 신혼 생활을 할 때 다윗이 손녀의 남편인 우리아를 전쟁터에서 죽게 하고 손녀 같은 밧세바를 빼앗은 사건 때문이었습니다. 평생 동안 다윗을 도와 모사(謀士) 역할을 해왔지만 다윗의 밧세바 사건만은 이해도 용서도 되지 않았습니다. 손녀딸의 인생을 망친 다윗이 용서가 되지 않은 겁니다. 그래서 예루살렘에서의 생활을 버리고 고향인 길로에 내려가서 자신의 마음을 달래면서 살고 있었던 것이지요. 압살롬은 이 아히도벨에게 모셔오도록 사람을 보낸 겁니다.

다윗을 떠나 고향에서 상처를 달래면서 살고 있던 아히도벨은 다윗을 잊으려고 노력했지만 잊어지기는커녕 오히려 분(憤)만 더 커지고 있었습니다. 물론 다윗은 오랜 친구의 가슴에 못을 박았기에 정중하게 여러 번 사과를 했고 용서를 구했었습니다만 아히도벨은 용서가 되지 않았습니다. 다윗의 모든 것을 용서하고 이해할 수 있었습니다. 그러나 손녀딸의 인생을 훔친 다윗의 파렴치한 행동은 용서가 되지 않았습니다. 같은 남성의 입장에 서면서까지 이해해 보려고 애를 써 보았습니다만 그렇게 되지 않았습니다. 십수 년이 지났습니다. 그러나 여전히 다윗은 용서할 수 없는 원수였습니다. 다윗의 하나님 경외하는 모습이 아무리 진지하다 하더라도, 적어도 아히도벨에게는 위선(僞善)에 불과했습니다. 그에게 다윗은 짐승이었습니다. 생각만 해도 죽이고 싶은 원수였습니다. 암논의 다말 강간 사건을 들을 때뿐만 아니라 압살롬의 왕세자를 살해한 사건을 들을 때도 당연한 하늘의 형벌이라고 냉정하게 평가했습니다. 압살롬이 헤브론에서 스스로 왕이 되었다는 소문을 들었을 때도 내심 당연한 결과라고 코웃음을 치고 있었습니다. 다윗에 대한 아히도벨의 원한은 하늘을 찌르고 있었습니다. 다윗의 인생 후반부에 일어난 끔찍한 일들 하나하나는 천벌(天罰)을 받는 것이라고 조소하고 있었습니다. 아히도벨은 70세를 훨씬 넘어 섰지만 다윗에 대한 그의 생각은 용서할 수 없는 분함으로 가득 차 있었습니다.

압살롬은 아히도벨의 이 마음을 알고 있었습니다. 그래서 사람을 보낸 것입니다. 아히도벨을 찾아간 군사들은 정중히 인사를 했습니다. 그리고 하는 말이 압살롬 왕께서 모시고 오라고 했다는 것이었습니다. 허리가 펴지지 않을 만큼 늙은 아히도벨은 압살롬의 초청에 무뚝뚝하게 응수하는 것 같았습니다만 말없이 모시러 온 사람들의 말에 올라탔습니다.

『그 때에 압살롬에게 청함을 받은 이백 명이 그 사기를 알지 못하고 아무 뜻 없이 예루살렘에서 저와 함께 갔으며 제사 드릴 때에 압살롬이 사람을 보내어 다윗의 모사 길로 사람 아히도벨을 그 성읍 길로에서 청하여 온지라 반역하는

일이 커가매 압살롬에게로 돌아오는 백성이 많아지니라』(:11-12)

다윗의 우리아 살인 사건과 밧세바 탈취 사건은 큰 죄악임에 틀림없습니다.

그러나 하나님은 저를 용서하셨습니다.

그런데 사람은 용서가 되지 않는 것입니다.

백성들도 용서가 되지 않습니다.

아히도벨은 더더욱 용서가 되지 않습니다.

백성과 아히도벨에게 보이는 다윗은 위선자일 뿐입니다.

죄악은 이런 것입니다.

하나님은 진실한 회개를 한 사람을 용서하신답니다.

살인을 했어도 용서하십니다.

간음을 했어도 용서하신답니다.

사기를 쳤다 하더라도, 어떤 것도 용서하신답니다.

그런데 사람은 용서하지 않습니다.

내게 피해를 입은 사람이 아님에도 불구하고

내가 지은 죄에 대한 이미지를 가지고 평가합니다.

물론 나의 못된 행위로 인해 피해를 입고 직접 고통을 겪은 사람은

용서하는 것이 쉽지 않습니다.

그런 사람에게 보이는 나의 신앙생활은

위선에 불과할 뿐입니다.

그러므로 사람들에게 조롱받지 않기 위해

우리는 죄악을 떠나 살아야 하는 것입니다.

혹시 당신의 신앙생활이

누군가에게 위선으로 판정받고 있지는 않으신지요?

❸ 삼하 15:13-37

피난 가는 임금님 다윗

압살롬이 왕이 되었다는 뉴스는 백성들을 화나게 하지 못했습니다. 다시 말하면 백성들이 압살롬을 반역자 내지는 역모꾼으로 거부하지 않았다는 말입니다. 압살롬이 왕이 되었다는 소식에도 백성들은 조용했고 오히려 잘된 것이라고들 말했고, 전국적으로 공무원들은 압살롬의 왕권을 인정하는 방향으로 움직였습니다. 공무원들은 예루살렘 정부의 지시에 거드름을 피우고 빈정거렸습니다. 중앙 정부의 힘이 약화되어 나라가 움직이지 않게 된 것입니다. 졸지에 나라는 심각한 상태로 돌입하였습니다. 예루살렘의 관료들은 더 이상 이 사건을 다윗 왕에게 숨길 수 없었습니다. 그래서 다윗에게 압살롬이 주동한 쿠데타의 소식과 그 쿠데타가 성공했다는 무거운 소식을 다윗에게 알렸습니다.

『사자가 다윗에게 와서 고하되 이스라엘의 인심(人心)이 다 압살롬에게로 돌아갔나이다 한지라』(:13)

다윗은 다급해졌습니다. 오래 전부터 압살롬의 음흉함과 잔인함을 알고 있었기 때문입니다. 그의 권력에 대한 야심(野心)의 깊이를 알고 있었기 때문입니다. 압살롬은 예루살렘을 차지하기 위해서 칼을 차고 들어와 아버지를 죽일 수 있는 야수(野獸)와 같은 사람이라는 것을 다윗은 알고 있었습니다. 그리고 민심(民心)이 자신을 떠나 있다는 것도 알고 있었습니다. 더군다나 자신의 신복들 가운데 200명이 헤브론으로 초청되어 압살롬의 사람이 되어 있다는 것을 다윗은 알고 있었습니다. 자신을 지켜줄 사람이 너무 적었습니다. 그리고 늙은 자신에게 생명을 걸고 옆에 있어줄 사람이 없었습니다. 다윗은 두려웠습니다. 그래서 다윗은 보고를 받자마자 허둥거린 겁니다.

"이보게들, 지금 당장 궁을 빠져 나가야 하네. 압살롬은 잔인한 놈이야. 그 형을 눈 하나 깜짝 하지 않고 죽인 놈이구먼. 지금 당장 궁을 빠져 나가지 않으면 우린 모두 그 놈의 칼에 죽을 거란 말일세!"

『일어나 도망하자 그렇지 아니하면 우리 한 사람도 압살롬에게서 피하지 못하리라 빨리 가자 두렵건대 저가 우리를 급히 따라와서 해하고 칼로 성을 칠까 하노라』(:14)

65세를 넘어선 다윗의 가슴이 아들의 반란 소식으로 인하여 압박을 받고 있었습니다. 아들의 손에 쥐인 칼에 죽을 것만 같은 불안함이 있었습니다. 쭈글쭈글한 얼굴에 흰머리가 날리고 있었습니다. 굽어진 허리를 애써서 펴보려고 하지만 나이는 속일 수 없는지, 도망가자고 신하들에게 명령을 했습니다만 노인네의 눈에는 신하들의 손놀림이 게으르게만 보일 뿐입니다. 떨리는 목소리로 소리를 질렀습니다만 빠진 이빨들로 인해 새어나오는 발음은 분명하지 않았습니다.

"빨리하거라! 빨리하거라!"

손을 들어 마음에 들지 않는 일손들을 지적합니다만 손가락은 부들부들 떨고 있었습니다. 마음이 급했습니다. 신하들은 굽은 허리로 피난길을 지휘하는 다윗의 소리에 따라 움직일 뿐이었습니다. 밖에서 신하 한 사람이 서성거리는 다윗에게로 왔습니다.

"폐하! 밖에 마차가 준비되어 있습니다."

다윗은 허겁지겁 밖으로 나갔습니다. 이미 밖에는 왕을 경호하기 위해 준비된 군사들이 기다리고 있었습니다. 무장한 군사들을 보니 조금은 안심이 되었습니다. 요압과 몇몇 장수들의 부축을 받으면서 마차에 올랐습니다. 그러다가 물었습니다.

"왕비들과 왕자들은 어찌되었느냐?"

다윗 왕 옆에 있던 장수가 대답했습니다.

"따로 모셨습니다. 걱정하지 않으셔도 됩니다."

다윗은 안심이 되는 듯 출발을 명했습니다. 마차를 모는 마부(馬夫)가 말의 엉덩이를 회초리로 때렸습니다. 말이 조금씩 움직였습니다. 왕궁 문이 열렸습니다. 그런데 갑자기 궁가(宮家)에서 큰 소리로 울면서 임금을 부르는 소리가 났습니다. 여인들의 통곡하는 부르짖음이었습니다. 다윗은 말을 멈추게 했습니다. 그리고 뒤를 돌아봅니다. 후궁(後宮)들이었습니다. 다윗의 성은(聖恩)을 입은 열 명의 후궁들이 피난 대열에 끼지 못한 서러움으로 통곡하고 있는 것입니다. 늙은 다윗은 더듬거리는 목소리로 저들을 왜 데리고 가지 않느냐고 물었습니다. 그 때 요압이 마부에게 명령합니다.

"어서 폐하를 모시지 않고 뭘 꾸물거리느냐?"

마차가 움직였습니다. 다윗은 마차를 세울 것을 소리 질렀지만 마부는 못 들은 척하고 말을 때리면서 어디론가 향하기 시작했습니다. 궁궐을 떠나는 왕과 신하들의 행렬을 보고 열 명의 후궁들이 소리를 지릅니다. 그리고 함께 데리고 가 달라고 애절하게 울부짖었습니다. 그러나 군사들은 이 여인들이 피난 행렬을 따라 나서려 하자 시퍼런 칼을 목에 대며 움직이지 못하게 했습니다.

『왕의 신복들이 왕께 고하되 우리 주 왕의 하고자 하시는 대로 우리가 행하리이다 하더라 왕이 나갈 때에 권속을 다 따르게 하고 후궁(後宮) 열 명을 남겨 두어 궁(宮)을 지키게 하니라』(:15-16)

여인들의 통곡 소리만 남아 있을 만큼 궁궐은 조용해졌습니다. 여인들의 길을 칼로 막고 있던 군사들도 칼을 거두었습니다. 여인들은 주저앉아 흐느낄 뿐입니다. 울 힘도 없었습니다. 군사들도 텅 빈 궁궐에 있을 필요가 없었는지 자신들의 말을 찾아 올라타고는 어디론가 사라졌습니다. 넓은 궁궐입니다. 그 넓은 곳에 열 명의 여인들의 흐느낌만이 간간히 들리고 있었습니다. 내일 무슨 일이 일어날는지 모르면서.

다윗을 실은 마차가 신하들과 함께 궁정을 나오자 예루살렘의 많은 백성들이 따라나섰습니다. 그래도 다윗에게 은덕(恩德)을 입은 사람들이었습니다. 행렬은 길었습니다. 예루살렘을 빠져 나가는 것이 급선무였던 피난 행렬은 예루살렘 사람들의 눈물과 슬픔의 소리를 들으면서 지나갑니다. 늙은 다윗 왕은 마차 위에서 눈물 흘리는 백성들을 보며 무언(無言)의 답례(答禮)를 합니다. 쭈글쭈글한 얼굴로 하는 말이 있었습니다. 가능하지 않다는 표정을 가지고... 다시 돌아오겠다고 말입니다.

예루살렘 성 마지막 마을에 이르렀습니다. 벧메르학이라는 작은 마을이었습니다. 따라오던 거민들은 통곡을 합니다. 왕의 눈에도 눈물이 고였습니다. 마차를 끄는 마부도 더 이상 말을 몰 수가 없었습니다. 한참이나 서 있었습니다. 왕의 손을 잡고 통곡을 하는 백성들입니다. 그러는 사이에 왕의 마차 뒤를 따라오던 신복들이 먼저 지나갔습니다. 이방인으로서 다윗의 사람이 된 사람들이 지나갔습니다. 늙은 다윗 왕도 이제 그만 가야 한다는 걸 알지만 백성들의 애절한 마음을 두고 갈 수가 없기에 다른 행렬이 먼저 지나가고 있는 겁니다.

『왕이 나가매 모든 백성이 다 따라서 벧메르학에 이르러 머무니 모든 신복이 그 곁으로 지나가고 모든 그렛 사람과 모든 블렛 사람과 및 왕을 따라 가드에서 온 육백 인이 왕의 앞으로 진행하니라』(:17-18)

왕이 벧메르학에서 예루살렘 거민들과 작별을 하면서 지체하고 있는데 또 한 큰 무리가 지나갔습니다. 잇대의 지휘를 받는 행렬입니다. 잇대는 블레셋의 가드 사람으로서 다윗의 신복이 된 사람이었습니다. 그는 자신의 종들과 가족 600명을 데리고 다윗의 신복이 된 사람이었죠. 그런데 그 잇대와 그의 사람들의 행렬이 거민들과 작별을 나누면서 머뭇거리고 있는 다윗 왕 옆을 지나가고 있는 것입니다. 떨리는 손으로 거민의 손을 잡고 작별을 아쉬워하고 있던 다윗이 잇대와 그의 사람들을 본 겁니다. 거민의 손을 잡고 있던 다윗은 슬그머니 손을 놓고 지나가는 잇대를 불렀습니다. 그리고 이렇게 말했습니다.

"이보게나, 잇대! 자네도 나와 함께 피난길에 오르는가? 자넨 블레셋 사람이 아닌가? 날 따라 올 필요 없다이. 예루살렘에 남아 있게나. 새 주인과 살라구. 그동안 블레셋 사람으로서 나를 잘 도왔으니 이젠 새 왕을 만나 살 것을 허락한다이. 나를 따를 필요가 없어. 나는 정처 없이 가는 걸세. 나를 따르면 기약 없는 고생뿐이야. 자네가 날 따르면 자네뿐만 아니라 자네의 식솔들까지 모두 어려워진다네. 그러니 어서 자네의 길을 가게나!"

『그때에 왕이 가드 사람 잇대에게 이르되 어찌하여 너도 우리와 함께 가느냐 너는 쫓겨난 나그네니 돌아가서 왕과 함께 네 곳에 있으라 너는 어제 왔고 나는 정처 없이 가니 오늘날 어찌 너로 우리와 함께 유리하게 하리요 너도 돌아가고 네 동포들도 데려가라 은혜와 진리가 너와 함께 있기를 원하노라』(:19-:20)

잇대는 어떤 연유로 다윗의 사람이 되었는지 모릅니다.
그는 분명 블레셋 사람입니다만
다윗의 충성된 신하로 오랜 세월을 다윗과 함께 있었던 겁니다.
다윗이 잘나갈 것 같아서 동족을 버리고
다윗의 사람이 되었을 수도 있습니다.
그러나 지금은 망하는 다윗이기에,
그리고 미래가 보이지 않기에
다윗이 말하는 겁니다.
나를 따라오면 힘들어 진다고.
그런데도 다윗을 끝까지 따르고 있네요.

다윗의 모습이 너무 불쌍합니다.

골리앗을 물맷돌 하나로 때려 눕혔던 때가 엊그제 같은데,
사울의 던지는 창을 잽싸게 피하던 때가 엊그제 같은데,
배은망덕한 나발을 죽이기 위해
말을 타고 광야를 달리던 때가 엊그제 같은데,
시글락을 불사른 아말렉 사람을 따라가서 초토화시키고
노략물을 가지고 돌아오면서 승전가를 부르던 때가 엊그제 같은데,
왕관을 쓰고 블레셋과 모압 그리고 북부 동맹군과
에돔 사람들을 치면서
소리를 지르며 광야를 달리던 때가 엊그제 같은데,
이제는... 아니 벌써
허리에 힘이 없는 늙은이가 되었습니다.
눈도 침침하고 입맛도 없고
얼굴은 주름으로 쭈글쭈글한 힘없는 늙은이가 되어 있습니다.
자신감도 없고.
누가 건드리기만 하면 힘없이 쓰러질
그런 사람이 되어 있습니다.
젊었을 때는 죽음에 대한 두려움이 없었는데,
목숨이 아깝지 않았는데,
지금은 죽는다는 것이 왜 이리 두려운지 모르겠습니다.
아니 아들이 무서운 겁니다.
흘러간 시간은 다윗을 이렇게 만들어 놓았습니다.

'나는 정처없이 가니'

다윗 왕은 잇대에게 가라고 하고 있었지만 그의 목소리는 흔들리며 떨리고 있었습니다. 그의 목소리에는 제발 자신을 두고 가지 말라는, 늙은 다윗을 버리지 말라는 호소가 섞인 것 같았습니다. 늙으면 생에 대한 애착(愛着)이 강해진다고 하지요. 다윗도 잇대가 간다면 붙잡을 수 없기에 가라고 했지만 내심은 가지 말고 나를 도와 달라고 애원하고 있었답니다. 그런데 잇대가 다윗의 애원을 들었는지...

"전하, 무슨 말씀을 그리하십니까? 신(臣)은 전하를 목숨 다해 지킬 것이옵니다. 전하께서 가시는 곳에 신(臣)도 갈 것이며 전하께서 머무시는 곳에 신(臣)도 머물 것이옵니다!"

『여호와의 사심과 우리 주 왕의 사심으로 맹세하옵나니 진실로 내 주 왕께서 어느 곳에 계시든지 무론 사생하고 종도 그곳에 있겠나이다』(:21)

잇대.
참 친구입니다.
외로움과 고통 중에 있는 다윗을 버리지 않는 사람입니다.
잇대는 다윗의 권력을 사랑한 사람이 아니었답니다.
다윗의 가능성을 사랑한 사람도 아니었습니다.
그는 다윗이라는 "사람"을 사랑한 사람이었습니다.
다윗이 패기가 있을 때도 사랑했습니다.
다윗이 성공하고 있을 때도 사랑했습니다.
그러나 다윗이 죄를 지었을 때도 그를 버리지 않았습니다.

아니 다윗이 죄로 인하여 비난받고 있을 때도
그의 곁을 떠나지 않았습니다.
그리고 이제 늙어서 모든 권력을 잃게 되었고
미래가 보이지 않을 뿐만 아니라
실패한 인생의 추한 늙은이 모습임에도 불구하고
여전히 그를 사랑하고 있었습니다.
잇대.
참 좋은 친구입니다.

우리에게도 그런 친구가 있답니다.
예수님입니다.
그 분은 나의 모든 것을 사랑한답니다.
잘하고 있을 때는 물론이고
죄악 가운데서 잘못하고 있을 때도 변함없이 사랑한답니다.
모든 것을 잃고 미래가 보이지 않을 때도
그래서 사람들에게 싫어 버린바 된다 하더라도
나를 떠나지 않겠다고 하는 아주 좋은 친구랍니다.

늙은 다윗이 감동을 받았습니다. 잇대의 말을 들은 다윗은 고마웠고 행복했습니다. 정말 고마웠습니다. 혹시나 잇대가 정말 떠나겠다고 하면 어쩌나 했는데 함께 있어 주겠다고 약속을 했기 때문입니다. 늙은 다윗 왕은 잇대의 말을 듣고 두 번 다시 돌아갈 것을 권면하지 않았습니다. 그러다가 정말 돌아간다고 하면? 다윗은 불안했기 때문입니다. 그래서 잇대의 결심을 들은 다윗은 이렇게 말을 이었습니다. 다시 권면하면 정말로 갈까봐 그랬나 봅니다.

"이보게나 자네가 앞서 가게나."

잇대는 다윗의 건너가라는 말을 듣고 피난이라는 고통 가운데서도 늙은 다윗 왕을 바라보면서 사랑의 미소를 지었습니다. 마치 잇대의 미소는 '왕이시여! 안심하십시오. 제가 당신을 지키겠습니다.'라는 말 같았습니다.

잇대는 말없이 늙은 다윗 왕을 지나가면서 자기 사람들로 하여금 기드론 시내를 건너가게 했답니다.

『다윗이 잇대에게 이르되 앞서 건너가라 하매 가드 사람 잇대와 그 종자들과 그와 함께 한 아이들이 다 건너가고』(:22)

모두 건넜습니다. 이제 다윗이 건널 차례가 되었습니다. 도망가는 늙은 다윗 왕의 건너는 모습을 보면서 백성들은 대성통곡하기 시작했습니다. 파란만장한 인생을 살았던 다윗의 굳어진 마음도 백성들의 통곡 소리에 더 큰 고통을 겪고 있었습니다. 가슴 속에서 복받쳐 오르는 아픔으로 인해 흐르는 눈물은 푹 파인 주름을 따라 흘러내리고 있었습니다. 다윗이 탄 마차의 마부는 더 이상 지체할 수 없었는지 말을 몰기 시작했습니다. 그리고 기드론 시내를 건넜습니다. 흐르는 눈물을 애써 참아가면서, 자신이 세운 왕도(王都) 다윗 성이라고 부르던 예루살렘을 돌아보면서 그렇게 어디론가 가고 있었습니다.

늙은 다윗 왕이 예루살렘 성을 급하게 나올 때 다윗이 가장 귀중하게 여기는 언약궤를 챙긴 사람들이 있었습니다. 사독과 아비아달을 비롯한 레위 사람들이었습니다. 자신의 목숨이 어떻게 될 줄 모르는 상황에서도 언약궤를 챙겼습니다. 가볍지가 않은 언약궤입니다. 그러나 제사장들은 함부로 하지 않았습니다. 하나님의 법대로 그 무거운 것을 어깨에 메었습니다.

『사독과 그와 함께한 모든 레위 사람이 하나님의 언약궤를 메어다가 내려놓고』(:24상)

우리는 상황에 따라 하나님의 말씀을 변질시킬 때가 종종 있습니다.
그런데 우리의 선배들은 그렇게 살지 않았습니다.
전쟁 중이라도 피난 중이라도
하나님의 법(율법)에
언약궤는 항시 메는 것으로 되어 있기에
갈등하지 않고 메었습니다.
하나님 말씀에 대한 절대적인 순종이
하나님을 사랑하는 것이랍니다.
하나님을 사랑하시나요? 그렇다면 주의 계명을 지키는 겁니다.
하나님께선 그런 사람에게 가장 좋은 것으로 채워 주신답니다.

늙은 다윗은 제사장 사독이 고마웠습니다. 자신이 사랑하는 언약궤를 가지고 왔기 때문입니다. 그러나 다윗은 언약궤를 보면서 마음이 기쁘지 않았습니다. 존귀한 언약궤가 고난의 피난길을 나서야 하는 것이 하나님께 죄송스러웠기 때문입니다. 피난을 떠나는 자신이 하나님께로부터 버림받고 있다는 죄책감 때문이었습니다. 그래서 사독에게 이렇게 말합니다.

"사독 제사장, 언약궤를 도로 갖다 놓으시오. 내가 하나님의 은혜를 입어 성으로 다시 돌아가게 된다면 다시 언약궤를 볼 것 아니겠소. 그러나 하나님께서 등 돌리시고 나를 보지 않겠다 하시면 여호와의 뜻을 따라야 할 것 아니요. 그러니 개의치 말고 언약궤를 성으로 가져다 놓으시오."

『하나님의 궤를 성으로 도로 메어 가라 만일 내가 여호와 앞에서 은혜를 얻으면 도로 나를 인도하사 내게 그 궤와 그 계신 데를 보이시리라 그러나 저가 말씀하시기를 내가 너를 기뻐하지 아니한다 하시면 종이 여기 있사오니 선히 여기시는 대로 내게 행하시옵소서 하리라』(:25-26)

어떤 이는 언약궤를 자신의 영달(榮達)을 위한 도구로 이용합니다.
엘리 제사장의 아들 홉니와 비느하스 같은 사람들입니다.
저들은 전쟁에서 승리하기 위한 목적으로 언약궤를 다루었습니다.
그러나 다윗은 그렇지 않았습니다.
언약궤가 자신을 위해 있도록 한 것이 아니라
단지 그는 언약궤를 존귀히 여길 뿐입니다.
우리의 신앙생활이 이와 비슷합니다.
우리는 혹 신앙을
우리의 잘됨이나 성공을 위한 도구로 다루고 있지는 않는지요?
아니면 하나님을 존중히 여기는 마음으로

신앙생활을 하고 있는지요?

사무엘상 2장 30절 말씀에

『나를 존중히 여기는 자를 내가 존중히 여기고

나를 멸시하는 자를 내가 경멸히 여기리라』 하셨음을

잊지 마십시오!

"사독 제사장, 내 모르는 일이네만 자네와 아히마아스, 그리고 요나단은 예루살렘에서 머무르시오. 그리고 예루살렘 정황을 잘 살피다가 기별을 드리면 알려 주시오."

『왕이 또 제사장 사독에게 이르되 네가 선견자가 아니냐 너는 너희의 두 아들 곧 네 아들 아히마아스와 아비아달의 아들 요나단을 데리고 평안히 성으로 돌아가라 너희에게서 내게 고하는 기별이 올 때까지 내가 광야 나룻터에서 기다리리라 사독과 아비아달이 하나님의 궤를 예루살렘으로 도로 메어다 놓고 거기 유하니라』(:27-29)

이 피난의 길에서 기억나는 하나님을 바라보면서 시(詩)를 한편 지었답니다.

하나님이여 주는 나의 하나님이시라

내가 간절히 주를 찾되 물이 없어 마르고

곤핍(困乏)한 땅에서 내 영혼이 주를 갈망(渴望)하며

내 육체가 주를 앙모(仰慕)하나이다

내가 주의 권능과 영광을 보려 하여 이와 같이 성소에서

주를 바라보았나이다
주의 인자(仁慈)가 생명보다 나으므로
내 입술이 주를 찬양할 것이라
이러므로 내 평생에 주를 송축하며 주의 이름으로 인하여
내 손을 들리이다
골수(骨髓)와 기름진 것을 먹음과 같이 내 영혼이 만족할 것이라
내 입이 기쁜 입술로 주를 찬송하되
내가 나의 침상(寢床)에서 주를 기억하며
밤중에 주를 묵상(默想)할 때에 하오리니
주는 나의 도움이 되셨음이라
내가 주의 날개 그늘에서 즐거이 부르리이다
나의 영혼이 주를 가까이 따르니
주의 오른손이 나를 붙드시거니와
나의 영혼을 찾아 멸하려 하는 저희는 땅 깊은 곳에 들어가며
칼의 세력에 붙인 바 되어 시랑(豺狼)의 밥이 되리이다
왕은 하나님을 즐거워하리니 주로 맹세한 자마다 자랑할 것이나
거짓말하는 자의 입은 막히리로다 (시 63:1-11)

늙은 다윗 왕이 탄 마차와 함께 왕을 따르는 사람들이 감람산에 이르렀을 때입니다. 모두가 힘이 들었습니다. 어린 아이들이 칭얼대는 것은 물론이고 소리를 지르면서 우는 아이들도 많이 있었습니다. 여인들의 모습은 지칠 대로 지쳐 있었습니다. 피난길에 가지고 나온 짐들을 양 손에 들기도 하고 어깨에 메기도 했습니다. 모두들 파김치가 되어 있었습니다. 그러나 감람산을 넘어가야

합니다. 그래야 안전하기 때문입니다. 사람들은 앞에서 안내하는 몇몇 군사들의 지시에 따라 움직였습니다. 임금의 마차도 움직여 감람산을 넘어야 했습니다. 그런데 산(山) 길을 마차가 갈 수 없었습니다. 왕을 모시던 수행원들이 어쩔 줄 몰라 하자 다윗은 눈치를 챈 듯 마차에서 내립니다. 부축을 받으면서... 그리고는 감람산 언덕을 걸어 올라갑니다. 굽은 허리와 흔들거리는 다리, 그리고 늘어진 어깨... 늙은 왕 다윗의 모습이었습니다. 더 이상 머리를 들 수가 없었습니다. 자신의 모습을 백성들 앞에서 보이는 것이 부끄러웠습니다.

감람산을 오르는 길은 노인 다윗에게는 쉽지가 않았습니다. 하늘에서는 야속하게도 뜨거운 태양이 이글거리며 감람산을 태우고 있었습니다. 늙은 다윗의 이마에 땀방울이 맺혔습니다. 조금 걷다가 긴 한숨을 쉽니다. 언덕 오르는 것이 힘이 듭니다. 누군가가 임금의 머리로 내리쬐는 태양 빛을 막기 위해 수건을 건네주었습니다. 다윗은 마다하지 않았습니다. 육십 중반이 지나는 다윗에게 감람산을 오르는 것이 너무도 힘든 일이었습니다.

그런데 엎친 데 덮친 격으로 왕궁에서 신고 나온 부드러운 신발이 거친 감람산의 흙과 돌바닥을 견디지 못했는지 이내 찢어졌습니다. 신발이 다윗의 발을 보호하기는커녕 오히려 무거운 짐이 되자 다윗은 신을 벗어 버렸습니다. 맨발입니다. 임금님의 발이 맨발입니다. 늙음으로 인해 막대기처럼 앙상하게 된 다윗의 장딴지 뼈, 그리고 거기에 덮여진 나무껍질 같은 피부... 다윗의 다리에 힘이 없습니다. 땡볕 아래 맨발로 감람산을 오르는 늙은 다윗... 산을 오르는 다윗의 얼굴은 눈물로 범벅이 되어 있었습니다.

『다윗이 감람산 길로 올라갈 때에 머리를 가리우고 맨발로 울며 행하고 저와 함께 가는 백성들도 각각 그 머리를 가리우고 울며 올라가니라』(:30)

산에 오르는 시간이 한참 걸렸습니다. 정상쯤 오르자 조그만 산당이 하나 있었습니다. 이제는 쉬어야 합니다. 백성도 지쳤고 늙은 다윗도 더 이상 걷는다는 것은 무리였습니다. 산 위의 바람은 시원했습니다. 그러나 아무도 어디로 가는지 모르면서 산을 오른 겁니다. 모두가 말이 없습니다. 가끔 새들이 재잘거릴 뿐, 산 위에 그렇게 사람이 많은 데도 조용할 뿐입니다.

쉬고 있는 다윗에게 한 사람이 찾아왔습니다. 함께 온 사람 같지 않았습니다. 지금 방금 온 것 같았습니다. 그리고 이런 보고를 했습니다.

"전하, 아히도벨이 반역자 압살롬과 함께 있다 하더이다..."

다윗은 기가 막혔습니다. 아니 숨을 쉴 수가 없었습니다. 십수 년 전에 더 이상 정치를 하지 않겠다고 하면서 낙향을 한 아히도벨이 지금 칠십이 훨씬 넘어선 나이에 압살롬의 모사(謀士)가 되었다는 것이 다윗에게는 충격이었습니다. 정치에서 손을 떼겠다던 자가 이제 자신을 모반한 무리의 브레인(Brain)이 되다니요! 아히도벨의 소식을 들은 다윗은 숨찬 목소리로 하늘을 향해 이렇게 중얼거렸습니다. '배신자로구먼, 배신자야! 아무도 믿을 놈이 없다 하더니... 하나님이 그 놈의 모략을 망하게 하시겠지... 하나님께서 그렇게 하셔야 할 텐데...' 다윗은 아히도벨 지략의 탁월성을 알고 있기에 두려웠던 겁니다.

『혹이 다윗에게 고하되 압살롬과 함께 모반한 자들 가운데 아히도벨이 있나이다 하니 다윗이 가로되 여호와여 원컨대 아히도벨의 모략을 어리석게 하옵소서 하니라』(:31)

아히도벨에 관한 생각이 지워지지 않았습니다. 분하기도 하고 서럽기도 했습니다. 어떻게 해석을 해야 하는지를 몰랐습니다. 자신 때문에 아히도벨이 겪은 고통을 모르는 것은 아니지만 그래도 충분히 용서를 빌었고 또 빌었었습니다. 그리고 밧세바를 잘 데리고 살고 있는데... 아히도벨을 나무라기보다는 자신에 대해 가슴이 아팠습니다. 섭섭함을 막을 길이 없었는지 이렇게 시(詩) 한 수를 읊었습니다.

하나님이여 내 기도에 귀를 기울이시고
내가 간구할 때에 숨지 마소서
내게 굽히사 응답하소서 내가 근심으로 편치 못하여 탄식하오니
이는 원수의 소리와 악인의 압제(壓制)의 연고(緣故)라
저희가 죄악으로 내게 더하며 노하여 나를 핍박하나이다
내 마음이 내 속에서 심히 아파하며 사망의 위험이 내게 미쳤도다
두려움과 떨림이 내게 이르고 황공(惶恐)함이 나를 덮었도다
나의 말이 내가 비둘기같이 날개가 있으면 날아가서 편히 쉬리로다
내가 멀리 날아가서 광야에 거하리로다(셀라)
내가 피난처에 속히 가서 폭풍(暴風)과 광풍을 피하리라 하였도다

내가 성내에서 강포와 분쟁을 보았사오니
주여 저희를 멸하소서 저희 혀를 나누소서
저희가 주야로 성벽 위에 두루 다니니
성중에는 죄악과 잔해(殘害)함이 있으며
악독이 그 중에 있고 압박과 궤사가 그 거리를 떠나지 않도다
나를 책망한 자가 원수가 아니라 원수일진대 내가 참았으리라
나를 대하여 자기를 높이는 자가 나를 미워하는 자가 아니라
미워하는 자일진대 내가 그를 피하여 숨었으리라
그가 곧 너로다 나의 동류, 나의 동무요 나의 가까운 친우로다
우리가 같이 재미롭게 의논하며
무리와 함께 하여 하나님의 집 안에서 다녔도다
사망이 홀연히 저희에게 임하여 산 채로 음부에 내려갈지어다
이는 악독이 저희 거처에 있고 저희 가운데 있음이로다
나는 하나님께 부르짖으리니 여호와께서 나를 구원하시리로다
저녁과 아침과 정오에 내가 근심하여 탄식하리니
여호와께서 내 소리를 들으시리로다
나를 대적하는 자 많더니
나를 치는 전쟁에서 저가 내 생명을 구속하사
평안하게 하셨도다
태고(太古)부터 계신 하나님이 들으시고(셀라) 변치 아니하며
하나님을 경외치 아니하는 자에게 보응(報應)하시리로다
저는 손을 들어 자기와 화목한 자를 치고 그 언약을 배반하였도다
그 입은 우유 기름보다 미끄러워도
그 마음은 전쟁이요

그 말은 기름보다 유(柔)하여도 실상은 뽑힌 칼이로다
네 짐을 여호와께 맡겨 버리라
너를 붙드시고 의인의 요동(搖動)함을
영영히 허락지 아니하시리로다
하나님이여 주께서 저희로
파멸(破滅)의 웅덩이에 빠지게 하시리이다
피를 흘리게 하며 속이는 자들은 저희 날의 반도 살지 못할 것이나
나는 주를 의지하리이다(시 55:1-23)

아히도벨이 압살롬의 반역 대열에 끼었다는 것이 늙은 다윗을 무척이나 힘들게 했습니다만 늙은 다윗의 입에서 기도가 흘러나온 겁니다.

다윗이 당한 심적(心的)인 고통이 하나님을 바라보게 했다는 것이
우리에게 은혜를 줍니다.
어떤 이는 아픔을 해소하지 못하고
방황의 세계로 갈 때가 있습니다.
술을 찾기도 하고, 도박을 하기도 하고,
이성(異性)을 찾기도 하고,
죄악을 저지르기도 하고...
그러나 우리는 이 답답함들을 가지고
주님을 바라보아야 합니다.
세상 어느 곳에도 길도 대답도 없답니다.
그러나 하나님께 모든 것을 아뢰고 기다리면

하나님의 인도하심을 경험하게 될 것입니다.

고통 중에 하나님을 바라보세요.
두려움 중에 하나님을 생각하는 겁니다.
파멸이 다가오고 있다 하더라도 믿음의 눈을 포기하지 마십시오.
오직 주 만을 굳게 의지하고 붙드는 겁니다!

한참 쉬던 다윗과 사람들이 다시 피난길을 가기 시작했습니다. 힘든 길을 갑니다. 얼마나 갔을까요. 평소에 사람들이 자유롭게 올라와 기도하곤 하던 마루턱에 이르렀을 때였습니다. 반대쪽에서 한 노인이 지팡이를 짚고 뒤뚱거리면서 올라오고 있었습니다. 옷이 찢어져 있었습니다. 머리에는 흙을 뒤집어쓰고 있었구요. 그 노인은 산마루턱까지 올라와 숨도 돌리지 않은 채 다윗 왕에게 절을 합니다.

"폐하! 후새이옵니다. 기억하시겠습니까? 이놈 후새입니다!"

후새였습니다. 오래 전의 친구입니다. 젊었을 때는 대단히 영특한 모략가로 정평이 나 있던 사람이었습니다만 아히도벨과의 정치적 경쟁에서 밀려 오래 전에 낙향한 지인(知人)이었습니다. 다윗은 언제나 후새에 대하여 미안한 마음을 가지고 있었습니다. 수십 년이 지나도록 가까이서 한 번 만나 보지 못하고 궁금했었습니다. 그런데 뜻밖에 피난길에서 잊혀졌던 고마운 친구 후새를 만난 겁니다. 얼마나 놀랍고 반가웠는지요. 외로움에 목말라 있던 다윗은 후새를 끌어안았습니다. 그리고 하염없이 울었습니다. 둘은 손을 잡고 서로를 바라봅니다. 너무 많이 늙었습니다. 다윗의 반짝거리던 눈은 이제 희미해져 있었고 붉던 머리카락도 모두 사라지고 흰머리만 날릴 뿐입니다. 이도 몇 개가 빠져 있었고 얼굴은 주름으로 가득 차 있었습니다. 허리도 굽어 있구요. 다윗만이 그런 것은 아니었습니다. 후새도 다윗처럼 아니 다윗보다 더 많이 늙어 있었습니다.

『다윗이 하나님을 경배하는 마루턱에 이를 때에 아렉 사람 후새가 옷을 찢고 흙을 머리에 무릅쓰고 다윗을 맞으러 온지라』(:32)

후새는 다윗을 돕고 싶었습니다. 다윗은 후새의 그 충성스러운 마음을 알고 있었습니다. 그러나 후새는 너무 늙었습니다. 자신보다 더 늙은 후새가 자신과 함께 있는 것은 도움이 아니라 짐이었습니다. 그래서 다윗은 늙은 후새가 자신을 위해서 할 수 있는 일을 부탁했습니다. 예루살렘에 가서 압살롬의 사람이 되는 위장을 하라는 것이었습니다. 그리고 아히도벨의 지략을 꺾는 역할을 부탁하였답니다.

"후새, 아히도벨이 압살롬과 결탁하여 짐을 반역하였다네. 자네가 그 사람의 꾀를 누구보다도 잘 알고 있지 않은가? 그러니 나를 좀 도와주게나. 자네만이 그를 이길 수 있다이!"

『다윗이 저에게 이르되 네가 만일 나와 함께 나아가면 내게 누를 끼치리라 그러나 네가 만일 성으로 돌아가서 압살롬에게 말하기를 왕이여 내가 왕의 종이니이다 이왕에는 왕의 부친의 종이었더니 내가 이제는 왕의 종이니이다 하면 네가 나를 위하여 아히도벨의 모략을 패하게 하리라』(:33-:34)

후새는 망설이지 않았습니다. 다윗을 위해서는 무슨 일이든지 할 수 있었고 하고 싶었습니다. 그 마음을 가지고 예루살렘을 향해 갔습니다. 막중한 임무를 가지고 가는 후새에게 예루살렘에 남아서 활동하고 있는 정보원들이 누구인지를 알려 주었습니다. 사독, 아비아달, 아히마아스, 요나단... 팔십에 가까운 늘그막에 다윗을 위해 무슨 일인가를 할 수 있다는 생각에 후새의 발걸음은 참으로 행복해 보였습니다. 반면 이처럼 좋은 친구가 있다는 것에 다윗은 감동하고 있었답니다.

『사독과 아비아달 두 제사장이 너와 함께 거기 있지 아니하냐 네가 궁중에서 무엇을 듣든지 사독과 아비아달 두 제사장에게 고하라 저희의 두 아들 곧 사독의 아히마아스와 아비아달의 요나단이 저희와 함께 거기 있나니 무릇 너희 듣는 것을 저희 편으로 내게 기별할지니라』(:35-36)

다윗이 빠져나온 예루살렘의 궁궐 안에는 다윗의 후궁 열 명만이 남아 있었습니다. 그리고 예루살렘 성은 다윗의 피난으로 인해 어두운 거리였습니다. 그러나 다윗의 비밀 요원들이 동태를 살피고 있었습니다. 늙은 후새도 성문을 지나 걸어 들어오고 있었습니다. 그런데 그 뒤를 따라 먼지를 일으키면서 패기로 가득 찬 젊은 군부대가 입성하는 것이었습니다. 대단하고 웅장한 입성이었습니다. 늘씬한 키에 붉고 긴 머리털을 휘날리면서, 미소와 함께 반짝이는 눈으로 거리를 바라보는 자는 품위 자체가 거목(巨木)이었습니다. 쭈글쭈글하고 허리가 굽은 다윗과는 비교도 할 수 없었습니다. 호위병 또한 화려했습니다. 거민들은 이 무리의 입성의 위엄을 보고 기가 죽었습니다. 압살롬의 입성이었습니다. 다윗이 무서워하면서 도망해야 했던 이유의 장본인인 압살롬이었습니다.

『다윗의 친구 후새가 곧 성으로 들어가고 압살롬도 예루살렘으로 들어갔더라』(:37)

❹ 삼하 16:1-4

기회주의자

늙은 다윗과 그의 사람들이 감람산과 마루턱을 지나는 중이었습니다. 피난길에 백성은 물론 다윗도 배가 무척이나 고팠습니다. 자신을 따라 나서서 고생하는 어린 아이들과 아낙네들 그리고 여러 사람들이 고맙기도 하였지만 무척이나 미안하기도 했습니다. 더욱이 배가 고프다는 생각을 하니 더욱 미안했습니다. 그러나 아무 것도 공급해 줄 수 있는 것이 없었답니다.

맞은 편 멀리서 나귀 두 마리와 더불어 나귀 뒤에는 무엇인가를 가득 싣고 오는 사람이 보였습니다. 그의 나귀에는 왕의 신하였던 사람들을 태우고 자기는 걸었답니다. 자신은 지금까지 종으로 지내왔음을 은연중에 보이고 싶은 거였습니다. 그리고 왕이 보낸 사람들을 섬기고 있었음을 나타내는 거였지요. 계략이었습니다. 물건들은 장사꾼 모습이었습니다. 그 사람 시바가 다윗과 함께 피난하는 사람들에게로 가까이 온 겁니다. 그리고 다윗 왕을 찾았습니다. 시바는 다윗 왕에게 큰 절을 한 후에 자신을 소개합니다.

"전하, 므비보셋을 모셨던 사환 시바이옵니다."

왕이 볼 때에도 그는 분명 신하였습니다. 왕궁 사람으로 보이는 사람들이 나귀에서 내리는 것을 보니 분명 시바는 종으로서 산 거라는 생각이 들었습니다. 시바는 자신이 나귀에 실어 가지고 온 것들을 보였습니다. 떡이 200 덩어리였습니다. 건포도가 100 송이, 여름 실과 100개, 포도주 한 가죽 부대... 다윗 왕의 눈이 동그래졌습니다. 그렇지 않아도 배고픈 백성들에 대해 미안한 마음을 가지고 있었는데 음식을 가지고 온 것입니다.

다윗은 절박한 상태에서 헤어날 수 있는 돌파구를 만난 겁니다. 다윗이 물었습니다.

"이 물건들이 무엇인고?"

시바는 이렇게 대답했습니다.

"전하, 종은 므비보셋을 모시는 사환이온데 전하께서 악한 놈들에게 고초를 당하시어 쫓기고 있다는 말을 듣고는 부랴부랴 이 음식들을 준비해 왔나이다."

『다윗이 마루턱을 조금 지나니 므비보셋의 사환 시바가 안장 지운 두 나귀에 떡 이백과 건포도 일백 송이와 여름 실과 일백과 포도주 한 가죽부대를 싣고 다윗을 맞는지라 왕이 시바에게 이르되 네가 무슨 뜻으로 이것을 가져 왔느뇨 시바가 가로되 나귀는 왕의 권속들로 타게 하고 떡과 실과는 소년들로 먹게 하고 포도주는 들에서 곤비한 자들로 마시게 하려 함이니이다』(:1-2)

다윗은 너무 고마웠습니다. 그러나 시바가 이런 친절을 베풀었다고는 생각하지 않았습니다. 지난 번 은혜를 베풀어준 절뚝발이 므비보셋이 한 행동이라고 생각했습니다. 그래서 다윗은 그 일을 행한 므비보셋이 어디 있느냐고 물었습니다.

"이보게나. 자네가 모시는 므비보셋은 어디 있는가? 압살롬의 아들 말이야."

『왕이 가로되 네 주인의 아들이 어디 있느뇨』(:3상)

다윗은 므비보셋이 고마웠고 그런 친절을 베푼 므비보셋에 대한 뿌듯한 마음으로 물은 거였습니다. 그런데 시바의 대답은 다윗의 기대를 무너뜨렸습니다.

"전하, 개의치 마시고 들으소서. 신이 예루살렘에서 전하의 명대로 므비보셋을 주인으로 모시고 있었나이다. 그런 중에 반란의 소문을 들어 걱정을 하고 있던 차에 므비보셋의 계략을 우연히 들어 어찌할까 하다가 이렇게 왕께로 달려 왔나이다. 듣기로는 므비보셋이 전하의 은덕을 모르고 이번 기회에 베냐민 지파를 회복해야겠다고 하면서 음모를 꾸미고 있나이다."

『예루살렘에 있는데 저가 말하기를 이스라엘 족속이 오늘 내 아비의 나라를 내게 돌리리라 하나이다』(:3하)

늙은 다윗 왕의 마음이 무너져 내렸습니다. 다윗 마음에 다른 못을 박는 소리였습니다.

"그렇다면 지금까지 므비보셋은 자신의 가문을 망하게 한 것을 다윗의 짓이라고 생각하고 있었단 말인가? 므비보셋은 지금 다윗의 망함을 즐기고 또 조소하고 있다는 말인가?"

다윗의 마음이 찢어지고 있었답니다.

"그래? 자기 나라를 찾겠다고 하더란 말이지? 인생무상이로다! 시바야, 네가 쫓기는 나를 잊지 않고 이리 생각해 주니 고맙구나. 내 지난날 므비보셋에게 준 모든 것들을 다 네게 주노니 네가 알아서 하거라!"

『왕이 시바더러 이르되 므비보셋에게 있는 것이 다 네 것이니라 시바가 가로되 내가 절하나이다 내 주 왕이여 나로 왕의 앞에서 은혜를 입게 하옵소서 하

니라』(:4)

시바.

원래는 사울의 종이었습니다.

그런데 사울이 망하게 되자

다윗에게 붙어 살 궁리를 한 철새(?)였습니다.

어쨌건 간에 다윗은 이 시바를 배척하지 않고 옆에 두었었습니다.

시바는 자신의 출신이 사울 왕조였기에

어떠하든지 다윗의 마음에 들기 위해

기회를 엿보고 있던 사람입니다.

그런데 어느 날 다윗이 사울 집안사람을

찾으라는 말을 들었습니다.

시바는 이것을 기회로 삼았습니다.

공을 세우고자 나서서 사울의 손자인 므비보셋을 찾아 알렸습니다.

물론 다윗의 사울 자손 찾음에 대한 해석을

전(前) 왕조의 사람들을 찾아

모두 몰살(沒殺)할 것이라고 생각했었지요.

그런데 생각과는 달리 몰살(沒殺)이 아니라 은혜를 베풀었고

사울 왕가의 땅을 모두 돌려준 것입니다.

뿐만 아니라 자신은 다시금 사울 자손의 종으로

일하게 한 것이지요.

시바는 다윗의 명을 따라 므비보셋의 종으로 살았습니다.

그런데 므비보셋의 땅이 다윗 왕의 명(命)에 의한 것이라면

또 다시 다윗의 명(命)으로 인해

다른 사람에게 줄 수 있다는 생각을 했습니다.

그래서 생각해 낸 것이

다윗으로 하여금 므비보셋을 미워하게 하는 방법이었습니다.

그래서 거짓을 꾸며 므비보셋을 나쁜 놈으로 만드는 반면

자신은 다윗에게 충성된 사람으로 드러나게 하고 있는 것이지요.

기회주의자입니다.

진리와 정의의 길에 서서 행동하는 사람이 아니라

출세와 성공, 배부름을 위해서 움직이는

철새와 같은 사람입니다.

❺ 삼하 16:5-14

원한에 맺혀 사는 자

다윗의 피난 행렬이 바후림이라는 곳에 이르렀습니다. 피난길은 늙은 다윗에게는 무척이나 힘든 길이었습니다. 사람을 만나는 것도 귀찮았습니다. 조용히 쉬고 싶을 뿐입니다. 늙은 다윗의 기력 때문이었습니다.

그런데 갑자기 요란한 소리가 들려왔습니다. 마치 미친놈처럼 떠들어 대고 있었습니다. 다윗을 저주하는 소리였습니다. 아주 노골적인 표현이었습니다.

"이런 빌어먹을 놈아, 네가 왕이냐? 주인 사울을 배반하고 죽이고 왕이 되어 떵떵거리고 살더니 이제 저주를 받는구나. 내 일찍부터 네놈이 이렇게 될 줄 알았느니라. 네놈이 괜시리 아들놈에게 쫓겨났겠느냐? 하나님이 너의 악한 일을 갚아 주시는 거니라. 네 놈은 저주를 받은 거야. 저주!"

시므이는 침을 뱉으면서 다윗을 저주하고 욕했던 겁니다. 게다가 돌까지 던졌습니다. 늙은 다윗은 시므이가 던지는 돌로 몸을 움츠렸습니다. 옆에 있던 신하들은 보기에도 듣기에도 민망했는지 자신들의 몸으로 돌을 막아내며 늙은 왕을 보호했답니다.

『다윗 왕이 바후림에 이르매 거기서 사울의 집 족속 하나가 나오니 게라의 아들이요 이름은 시므이라 저가 나오면서 연하여 저주하고 또 다윗과 다윗 왕의 모든 신복을 향하여 돌을 던지니 그 때에 모든 백성과 용사들은 다 왕의 좌우에 있었더라 시므이가 저주하는 가운데 이와 같이 말하니라 피를 흘린 자여 비루한 자여 가거라 가거라 사울의 족속의 모든 피를 여호와께서 네게로 돌리셨도다 그 대신에 네가 왕이 되었으나 여호와께서 나라를 네 아들 압살롬의 손에 붙이셨도다 보라 너는 피를 흘린 자인 고로 화를 자취하였느니라』(:5-8)

다윗의 고통입니다.
왕이 된지 벌써 수십 년이 지나갔는데
아직도 사람들 가운데는 다윗이 사울의 집안을 무너뜨리고
왕권을 빼앗은 사람으로 기억되고 있는 겁니다.
사실 다윗은 결코 사울을 제거하고 왕이 된 것이 아니었습니다.
그러나 사울의 집안에서는 적어도 그렇게 기억되고 있는 겁니다.
다윗의 인생이 무엇이 잘못된 것일까요?

목동으로 행복하고 평안하던 다윗이
진정 출세하고 성공한 것인데
왜 이리도 힘든 여정을 살고 있는 것이냐 하는 질문입니다.
참으로 성공한 인생인지요?
아무리 역사에 남아 있는 다윗이지만
그의 인생을 따르고 싶은 마음은 없습니다.
우리가 그를 멀리서 보고 멀리서 생각할 때는 아름다웠습니다.
진정 우리가 생각하는 이상형으로
하나님의 마음에 합한 사람이었습니다.
그런데 다윗의 인생 어느 부분 하나 평안하거나
해결된 문제를 가지고 있지 않다는 것입니다.
적어도 늙어서는 조용해야 하는데
늙어서까지 수십 년 전에 받은 오해들을
다시 받아야 했던 인생입니다.
마치 아무 것도 해결되지 않은 채
힘들게 살아가고 있을 뿐입니다.
신앙으로 이겨낸다기 보다는
밀려오는 고통의 강을 떠밀려서 건너고 있다는 생각이 듭니다.

왕 주변의 신하들이 시므이의 저주를 더 이상 듣기가 거북했습니다. 아비새가 분을 삼키지 못하고 칼을 뽑았습니다. 단칼에 시므이를 베겠다는 의지였습니다. 다윗에게 허락을 요청했습니다.

"전하, 제가 저놈의 주둥아리를 막고 오겠습니다. 저런 개 같은 놈의 소리를 듣고만 있을 수는 없지요!"

『이 죽은 개가 어찌 내 주 왕을 저주하리이까 청컨대 나로 건너가서 저의 머리를 베게 하소서』(:9)

"아니야. 그러지 말게나. 그러지 말아. 시므이가 떠드는 것이 하나님이 시키신 일인 줄 누가 알겠는고? 나는 내가 억울하다고 할지 모르지만 하나님은 저 사람이 하는 말처럼 나를 저주하고 계시는 건지 누가 알겠는고. 그러니 그냥 두게나. 하나님이 알아서 하실 것이 아니겠는지..."

시므이의 저주는 다윗의 귀를 아프게 한 것이 아니라 마음을 아프게 했습니다. 그러나 다윗은 모든 것이 귀찮은 듯 분을 내지 않았습니다. 오히려 그의 반응은 의욕을 잃은 사람과 같았습니다.

『스루야의 아들들아 내가 너희와 무슨 상관이 있느냐 저가 저주하는 것은 여호와께서 저에게 다윗을 저주하라 하심이니 네가 어찌 그리하였느냐 할 자가 누구겠느냐』(:10)

아픔.
말이 사람을 아프게 합니다.
어렸을 때는 회초리가 무서웠습니다.
그런데 커가면서 마음이 아픈 것이 무서워집니다.
전에는 사울의 창과 칼이 무서웠습니다.

그런데 지금은 시므이의 말이 늙은 다윗을 심하게 때립니다.
회초리로 맞은 상처는 시간이 지나면 없어졌습니다.
그런데 말로 맞은 상처는 시간이 지나도 그대로 있답니다.
늙은 다윗의 마음에 시므이가 심하게 상처를 내고 있습니다.
이것이 아픔입니다.
마음이 아프기에 하나님께 울부짖었습니다.
『혹시 여호와께서 나의 원통함을 감찰하시리니
오늘날 그 저주 까닭에 선으로 내게 갚아 주시리라』(:12)
말(言)이라는 채찍으로 골이 파이셨나요?
말(言)이라는 돌에 맞아 멍이 드셨나요?
말이라는 보이지 않는 칼로 너무 깊이 찔리셨나요?
아무도 그 상처 볼 수가 없기에 더 큰 고통이랍니다.

그러나 얼마나 아프신지요?
너무 아파서 걷지도 못하고
너무 쓰라려서 만지지도 못하고
너무 깊이 파여서 잠도 자지 못하고 있답니다.
그러나 그 상처를 가지고 주님께로 오십시오.
주님이 당신의 상처를 만져 주신답니다.
그 분의 만져 주심은 아프지 않습니다.
그리고 그 분이 당신의 상처에 입을 맞춰 주실 것입니다.

시므이.

악을 그칠 줄 모릅니다.

무슨 유익이 있을까요?

아무런 유익도 없습니다.

그런데 온갖 더러운 저주를 쏟아 붓고 있습니다.

『다윗과 그 종자들이 길을 갈 때에 시므이는 산비탈로 따라가면서 저주하고 저를 향하여 돌을 던지며 티끌을 날리더라』(:13)

우리도 그럴 때가 있습니다.

정확하게 알지도 못하면서 괜한 정의감으로

분을 내고 입에 담지 못할 저주를 하곤 합니다.

아무런 유익도 없으면서 말입니다.

다윗 왕, 너무 피곤합니다. 더 이상 걸을 수 없었습니다. 그래서 갈 길이 급하지만 쉬어야 했답니다.

"혹시 내가 원통함을 당하고 있다면 하나님이 갚아 주시겠지. 내가 시므이의 말을 들으면서 잘 참으면 하나님께서 갚아주시던지 할 게 아닌지. 그래 하나님이 아실 거야."

돌을 던지더라도 욕을 하더라도 아무런 반응이 없자 시므이의 저주는 그치지를 않았습니다.

⑥ 삼하 16:15-23

예루살렘 궁궐의 새 주인

새롭게 왕관을 쓴 압살롬이 당대 최고의 책사(策士)인 아히도벨과 함께 예루살렘 궁궐에 들어섰습니다. 압살롬의 마음이 뿌듯했습니다. 이 궁궐의 주인이 되기 위해 얼마나 오랫동안 기다려 왔었는지요. 그런데 이제 그 꿈을 성취한 것입니다. 노련한 아히도벨을 얻었기에 더더욱 든든했습니다.

궁정 뜰을 거닐고 있는데 한 노인이 압살롬에게 찾아왔습니다. 그리고 정중하게 절을 하더니 새 왕 압살롬 만세를 부르는 겁니다. 압살롬은 그가 다윗의 오랜 친구인 후새라는 것을 알 수 있었습니다. 후새 역시 아히도벨에 뒤지지 않는 지략(智略)가임도 알고 있었습니다. 그런데 후새는 다윗의 사람으로서 당연히 다윗과 함께 있을 것으로 알았는데 압살롬 앞에 와 있는 겁니다. 압살롬은 너무 이상했습니다. 그래서 물었답니다.

"이보시오 후새 양반, 내 당신은 다윗의 친구인 줄 알고 있는데 어떻게 내게 온 것이요? 도망가고 있는 늙은이와 같이 있어야 하는 거 아니요? 이것 참 뜻밖인데?"

『이것이 네가 친구를 후대하는 것이냐? 네가 어찌하여 네 친구와 함께 가지 아니하였느냐』(:17)

압살롬은 다윗을 아버지로 부를 수 없었는가 봅니다.
아니 아버지로 인정하지 않기로 한 것 같습니다.
아니면 함께 쿠데타를 꾸민 심복들 앞에서
다윗을 아버지로 부르면 나약해 보일까하여
애써서 아버지로 부르지 않고 있답니다.
못된 놈입니다.
자기 아버지를 보고 "네 친구"라뇨?
나쁜 놈이네요.

압살롬의 질문에 천재적인 지략가인 후새의 대답은 압살롬의 의심을 단번에 없앨 수 있었습니다.

『그렇지 아니하니이다 내가 여호와와 이 백성 모든 이스라엘의 택한 자에게 속하여 그와 함께 거할 것이니이다 또 내가 이제 누구를 섬기리이까 그 아들이 아니니이까 내가 전에 왕의 아버지를 섬긴 것 같이 왕을 섬기리이다』(:18-19)

후새의 대답이 흥미 있습니다.
다윗과 압살롬을 칭할 때의 용어를 주의 깊게 보면 그렇습니다.
그는 압살롬을 다윗의 아들이라고 표현합니다.
그리고 다윗은 압살롬의 아버지라고 신경 써서 표현하고 있습니다.
후새의 말은 압살롬에게 인륜(人倫)을
저버리지 말라는 메시지였습니다.

압살롬은 외모는 출중(出衆)했을지 모르지만 머리는 텅 빈 사람이었는가 봅니다. 왜냐하면 후새의 "아버지" 또는 "아들"이라는 의도적인 용어를 못 알아듣고 후새를 받아들이는 것을 보니 그렇습니다. 뿐만 아니라 왕궁의 주인으로 들어오기는 했는데 그 다음에는 어떻게 해야 하는지를 몰라 하는 걸 보니 머리가 빈 사람이라는 생각이 드는 거지요.

압살롬은 아히도벨을 불러 할 일을 부탁했습니다.

"아히도벨, 이제 내가 예루살렘에 왔으니 무슨 일을 해야 왕 됨을 사람들에게 알게 할꼬? 내 아히도벨께서 하라는 대로 하여 왕의 권위를 만방에 알리리이다! 그러니 말만 하시오!"

『압살롬이 아히도벨에게 이르되 너는 어떻게 행할 모략을 우리에게 가르치라』(:20)

아히도벨은 다윗에게 원한이 있는 사람입니다. 손녀딸인 밧세바의 문제로 말입니다. 다윗에게 원수를 갚는다면 똑같은 방식으로 갚고 싶었습니다. 그런데 지금 다윗의 후궁 열 명이 궁궐에 있는 겁니다. 그래서 생각해 낸 것이 다윗의 이 후궁들을 강간하게 하는 것이었습니다. 그것도 다윗이 밧세바를 본 그 장소에서 말입니다.

"전하, 사나이의 힘은 아랫도리에 있습니다. 전하가 천하의 용장임을 만인에게 알리소서. 궁에 천하의 미색을 갖춘 여인들 열 명이 있나이다. 저들이 지난날 다윗을 받들었던 계집들이옵니다. 저 계집들을 한 시에 처리하소서. 그리하면 만백성들이 전하의 힘을 두려워할 것입니다. 전 왕의 후궁을 마음대로 한다는 것은 천하를 얻은 자만이 할 수 있는 일이옵니다. 그러니 후궁들과 한날을 지내심으로 백성들로 하여금 전하의 위엄을 떨치시옵소서. 그것도 무더운 여름 궁 지붕에 올라가 만인이 보는 앞에서 행하소서!"

"그래? 그것 참 기가 막힌 아이디어이구먼! 그럼 당장 궁의 지붕에 천막을 치시오. 내 오늘 내 정력이 얼마나 대단한지를 만방에 보이겠소이다. 아주 신나는 일인걸!"

『아히도벨이 압살롬에게 이르되 왕의 아버지가 머물러 두어 궁을 지키게 한 후궁들로 더불어 동침하소서 그리하면 왕께서 왕의 부친의 미워하는바 됨을 온 이스라엘이 들으리니 왕과 함께 있는 모든 사람의 힘이 더욱 강하여지리이다 이에 사람들이 압살롬을 위하여 지붕에 장막을 치니 압살롬이 온 이스라엘 무리의 눈앞에서 그 부친의 후궁들로 더불어 동침하니라』(:21-22)

아히도벨이 제안한 압살롬의 다윗 왕 후궁 강간 방법은
무척이나 악랄한 방법이었습니다.
상식에 벗어난 인륜(人倫) 파괴 행위였습니다.
그러나 이 악한 제안이 받아들여진 겁니다.
왜 이런 무모한 제안이 받아들여졌을까요?
아히도벨의 다윗에 대한 원한 갚음이라는
속뜻이 감춰져 있었기 때문입니다.
그 의도가 숨겨졌기에 아히도벨의 후궁 강간 사건은
진정 압살롬의 정치적인 입지를 위한
당대 최고로 존경받는 사람이 하나님께로부터 받은
최고의 지략으로 받아들여진 겁니다.
성경은 아히도벨의 모략이 받아들여 질 수밖에 없었던 상황을
이렇게 기록하고 있습니다.

『그 때에 아히도벨의 베푸는 모략은 하나님께 물어 받은 말씀과 일반이라 저의 모든 모략은 다윗에게나 압살롬에게나 이와 같더라』(:23)

⑦ 삼하 17:1-4
또 하나의 숨겨진 음모

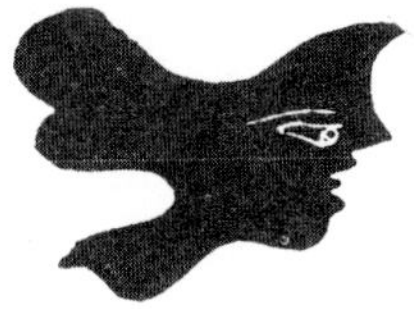

쿠데타를 일으키고 예루살렘 궁에 주인이 된 압살롬에게 첫 번째 공식 업무를 아버지의 후궁(後宮)과 동침하는 것으로 제안한 사람은 아히도벨이었습니다. 수십 년 전 손녀딸을 취하기 위해 손녀 사위를 전쟁에서 죽이고 손녀의 가슴에 못을 박은 일을 생각하면 견딜 수가 없었습니다. 게다가 손녀를 데려다가 살고 있는 모습은 아히도벨을 격분시켰습니다. 더욱이 신앙을 운운하면서 살고 있는 다윗의 모습이 역겨웠던 겁니다. 다윗이라는 인물, 용서할 수 없는 놈이요 구역질나는 놈이었습니다.

압살롬이 다윗을 반역했다는 소문을 들었을 때 아히도벨은 하나님께서 악인을 심판하시는 것이라고 생각했습니다. 왕세자 암논이 누이동생 다말을 범하고 또 압살롬이 암논을 죽였다는 소식을 들었을 때부터 다윗이 천벌을 받고 있다고 판단했습니다. 하나님께 제사를 드리면서 경건한 신앙인인 것처럼 행동하는 다윗의 모습은 위선이었고 하나님도 역겨워하는 종교 쇼라고 생각했었습니다. 그런데 이제 아들 압살롬의 반역의 칼로 인해 다윗의 인생이 심판을 받고 있는 겁니다.

아히도벨에게 다윗은 파렴치한 인간이었습니다. 위선자요 인간쓰레기였습니다. 그 인간쓰레기 다윗에 대한 원한을 갚기 위해 압살롬의 첫 공무(公務)에 대한 조언으로 다윗의 후궁들과의 동침을 권한 겁니다. 그것도 그 정사(情私) 장면을 백성들이 보도록 궁궐 지붕에 천막을 쳐 놓고 말입니다.

「원한 갚음」이라는 깊은 뜻은 모르고 아히도벨의 위장된 충언(?)을 받아들인 미련한 압살롬이 궁궐 지붕에서 열 명의 다윗 후궁들을 욕보이고 있는 동안 아히도벨은 술을 마시고 있었습니다. 80세에 가까운 노인네가 혼자서 쉬지 않고 술을 마시고 있었습니다. 다윗의 이름을 부르면서 허탈하게 웃습니다. 큰 소리를 지릅니다. 미친 사람처럼 다윗을 야유했습니다.

"네 놈이 내 가슴에 못을 박았어. 개새끼 같은 놈. 내 손녀사위를 전쟁에서 죽게 하고... 뭐 전쟁에서는 사람이 죽을 수도 있고 전쟁에 패할 수도 있다고? 지가 죽여 놓고 죽은 사람을 영웅이라고 칭찬을 해? 영웅의 젊은 년이 과부 되었다고 안타까워하는 쇼를 하더니 지가 데려다가 살아! 개 같은 놈. 개만도 못한 놈. 천벌을 받을 놈! 네 놈이 그런 가증하고 위선된 삶을 살고도 무사할 줄 알았느냐? 이놈아, 하늘이 보고 있다! 이놈아, 하늘이 너를 심판하고 있는 거야. 이 망할 놈아! 네 마누라들을 네 아들놈이 가지고 놀고 있는 것을 보란 말이야, 이놈아!"

아히도벨의 독살스런 말은 마치 실성(失性)한 사람의 것과 같았습니다. 대낮부터 마신 술로 인해 노인 아히도벨은 그렇게 쓰러졌습니다.

아침이 되었습니다. 술에서 깨어난 아히도벨은 정신이 들었습니다. 어제 압살롬으로 하여금 다윗의 후궁들을 욕보이게 한 생각이 머리에 가득 찼습니다. 압살롬이 다윗의 후궁들을 욕보이는 것을 보았을 때는 승리의 쾌감이 있었습니다. 밤새껏 술을 마시면서 다윗에 대한 원수 갚음을 생각할 때는 후련했었습니다. 그런데 술이 깨자 다시 찾아 온 다윗에 대한 생각은 분을 일으켰습니다. 죽이고 싶었습니다. 전에 낙향하여 힘없이 살 때는 다윗에 대한 분이 솟아나더라도 어쩔 수 없이 참을 수밖에 없었습니다. 힘이 없었기 때문입니다. 그러나 지금은 아닙니다. 늙은 다윗이 군사도 없이 말도 없이 도망가고 있습니다. 머리 나쁜 압살롬을 설득해서 군사를 얻어 다윗을 쫓아가 단칼에 죽여야겠다는 생각이 든 것입니다. 자신의 손으로 다윗을 쳐 죽여야겠다는 생각이 들었습니다. 그 마음으로 궁궐로 들어갔습니다.

"전하. 제게 군사를 주소서. 12,000명이면 족하겠나이다."

"아히도벨께서 이 아침부터 군사를 달라고 하시다뇨? 뭐가 그리 급하시어 군사를 요청하시나이까? 그리고 12,000명이나 말입니다."

"전하. 전하의 보좌를 견고히 하기 위하여 지난밤에 얻은 지략이 있사옵니다. 전하의 원수 다윗은 지금 지칠대로 지쳐있는 상태일 것이옵니다. 먹고 마실 것이 턱없이 부족할 뿐만 아니라 그의 몸도 소인처럼 늙은 몸이 아니오니이까? 그런 그가 기진해 있을 것이 분명하오니 신이 군사들을 데리고 쫓아가서 전하의 원수를 죽이려 하나이다. 물론 다른 사람들의 생명은 건드리지 않고 오직 전하를 역습할 수 있는 괴수인 다윗만을 죽이려는 거지요. 그렇게 되어 그가 죽게 되면 그 수하에 있던 장수들과 군사들은 전하에게 무릎을 꿇고 충성된 신하들이 될 줄로 생각되나이다. 신이 이 일을 차질 없이 하여 전하의 보좌를 견고케 하려 하오니 군사를 내 주소서."

> 『이제 나로 하여금 사람 일만 이천을 택하게 하소서 오늘밤에 내가 일어나서 다윗의 뒤를 따라 저가 곤하고 약할 때에 엄습하여 저를 무섭게 한즉 저와 함께 있는 모든 백성이 도망하리니 내가 다윗 왕만 쳐 죽이고 모든 백성으로 왕께 돌아오게 하리니 무리의 돌아오기는 왕의 찾는 이 사람에게 달렸음이라 그리하면 모든 백성이 평안하리이다』(:1-3)

나라를 세우는 데 절대적으로 필요한 지략가요 풍부한 경험의 소유자요 백성에게 존경을 받고 있는 아히도벨이 어제는 강력한 왕권 표방을 위하여 다윗의 후궁들을 욕보이는 모략을 베풀더니 이번에는 자신이 피난길에 있는 다윗을 따라가서 공격하여 다윗만을 죽이고 오겠다는 겁니다.

압살롬은 일단 예루살렘 궁궐의 주인이 되었지만 다윗이 살아있는 한 불안할 수밖에 없었습니다. 물론 다윗에게는 군사력도 없을 뿐만 아니라 늙은 다윗이 다시 예루살렘을 탈환하기 위해 온다는 것은 불가능한 일이라는 것을 알고 있었습니다만, 그래도 다윗이 살아있는 것이 신경에 거슬리는 것만은 사실이었습니다. 그런데 80세에 가까운 아히도벨이 다윗을 죽이겠다고 나서는 겁니다. 그것도 단지 다윗만을 죽이고 다윗을 따라간 사람들은 압살롬에게로 돌아오도록 회유하겠다는 겁니다.

『내가 다윗 왕만 쳐 죽이고 모든 백성으로 왕께 돌아오게 하리니 무리의 돌아오기는 왕의 찾는 이 사람에게 달렸음이라 그리하면 모든 백성이 평안하리이다』(:2하-3)

이 구절에 대한 본래의 말은 이렇습니다.(70인역본)
『(싸움을 하고 나간/저자 주(註)) 신부가
다시 자기 남편에게로 돌아오는 것처럼…』
"압살롬을 등지고 다윗을 따라 나간 사람들을 설득하여
기쁜 마음을 가지고 압살롬을 섬기는 백성으로
돌아오게 하겠다"는 말입니다.

다윗만 죽이면 이스라엘 전체에 시시비비의 문제가 없을 것이고 압살롬을 중심으로 하나가 될 것인데 그 일을 아히도벨이 하겠다니 압살롬은 물론이요 이스라엘의 장로들도 흔쾌히 여겼답니다.

『압살롬과 이스라엘 장로들이 다 그 말을 옳게 여기더라』(:4)

❽ 삼하 17:5-14

하나님의 개입

아히도벨은 수십 년 동안 맺힌 자신의 개인적인 한(恨)을 갚기 위한 모략을 꾸미고 있는 겁니다. 그러나 쿠데타를 일으킨 압살롬과 그를 따르는 반역자들 입장에서는 아히도벨이 내놓은 모략보다 더 좋은 모략이 없었습니다. 힘들이지 않고 모든 것을 처리할 수 있는 기회라고 여겨졌지요. 문제의 씨앗으로 남아 있는 다윗만 죽이면 평안해지기 때문입니다. 그런데 압살롬의 생각에 또 다른 노련한 지략가인 후새의 의견도 듣고 싶었습니다. 만일 아히도벨의 의견이 실패한다면, 반란을 일으킨 압살롬으로서는 다윗을 제거함에 있어서 자칫 실수하게 되면 백성들의 원성(怨聲)을 살 수가 있기 때문이었습니다.

“이보게들, 아히도벨의 지략이 괜찮기는 하지만 그의 의견을 따르기 전에 다른 의견을 들어보는 것이 어떻겠나? 내 생각에는 후새의 의견이 어떨까 하는데... 그 사람 역시 다윗을 누구보다도 잘 알고 있는 사람이 아닌가? 그러니 그의 의견이 어떤가를 듣는 것도 나쁘지 않아. 물론 내가 듣기에도 아히도벨의 의견이 아주 좋지만... 만일 후새도 아히도벨과 같은 의견이라면 그야말로 두말할 것도 없이 실행하도록 하면 되는 것이 아니겠어? 한 번 물어보자구. 돌다리도 두들겨 가면서 건너는 거 아니겠어? 어서 그를 부르게나.”

『압살롬이 이르되 아렉 사람 후새도 부르라 우리가 저의 말도 듣자 하니라』(:5)

하나님의 개입하심입니다.
아히도벨의 모략은 완벽했습니다.
그의 계산대로 다윗은 지금 지쳐있습니다.
싸울만한 군사도 없습니다.
무엇보다 그는 늙었고 두려움에 빠져있는 상태입니다.
만일 압살롬의 반란군이 따라 붙는다면
다윗을 따르던 사람들은 모두 흩어져 도망할 수밖에 없는 상황이고
그렇지 않다 하더라도 반란군과 대치할 만한
능력이 없는 상황이었습니다.
압살롬의 군사가 치고 들어가 다윗을 제거하기에
너무도 좋은 조건입니다.
그런데 이 완벽한 모략을 듣고도

하나님은 압살롬으로 하여금 늙은 후새의 말을 듣고 싶도록
생각을 넣어 주셨습니다.
하나님의 개입하심입니다.
『사람이 마음으로 자기의 길을 계획할지라도
그 걸음을 인도하는 자는 여호와시니라』(잠 16:9)

인간의 머리 굴림과 계산함을
하나님이 바라만 보고 계시지 않는답니다.
마음속에 무슨 마음을 품고 있는지를 아시는 하나님은
결정적인 순간에 악한 일을 바꿔 자신의 역사를 이루어 가신답니다.
그러므로 악인이 현재 형통하고 있다고 속상해 할 필요 없습니다.
악인에 대항하여 피곤해 할 필요가 없습니다.
악인이 하는 대로 그냥 놔두십시오.
살아 계신 하나님께서 때가 되면 악인의 도모를
무너뜨리실 겁니다.

늙은 후새는 아히도벨의 모략이 현실에 대한 정확한 판단이고 기막힌 전략이라는 것을 알고 있었습니다. 지금 당장이라도 다윗을 이길 수 있는 최고의 묘안(妙案)이라는 것을 알고 있었습니다. 과연 노련한 아히도벨은 천재적이었고 현실을 정확하게 분석하는 지략가였습니다. 두 늙은 당대 최고의 지략가(智略家)들의 불꽃 튀는 모략들입니다. 후새는 빈틈없는 아히도벨의 모략을 무너뜨려야 했습니다. 그러기 위해서는 압살롬을 설득해야 합니다. 압살롬 설득을

위해 이런 사실을 먼저 설명했습니다.

"전하, 아히도벨이 당대 최고의 지략을 가진 사람인 것은 온 백성이 다 아는 사실이옵니다. 신도 아히도벨의 모략을 늘 존경해 왔사옵니다. 그러나 이번 일에 대한 그의 모략은 무척이나 위험한 지략이라 사료되옵니다. 우선은 왕께서도 알고 계시는 것처럼 전하의 아버님 되시는 다윗은 어려서부터 싸움에 능한 용사가 아니옵니까. 그가 비록 나이 들어 쫓기는 가운데 있긴 하옵니다만 그 마음속에 분이 가득한 상태일 것이옵니다. 그가 들에 있으니 들을 잘 아는 그는 전하께서 기습하실 것을 알고 장소를 옮겨가며 비밀스러운 곳에 몸을 숨기고 있을 것이 분명하옵니다. 만일 우리 중에 누군가가 그를 찾으러 갔다가는 그를 찾지도 못하고 기습을 당하여 오히려 큰 화를 입을 것이라 생각됩니다. 그러니 함부로 추격하지 마소서! 우리가 알고 있는 것처럼 그를 따르고 있는 사람들 또한 용사 중의 용사이옵니다."

『왕도 아시거니와 왕의 부친과 그 종자들은 용사라 저희는 들에 있는 곰이 새끼를 빼앗긴 것같이 격분하였고 왕의 부친은 병법에 익은 사람인즉 백성과 함께 자지 아니하고 이제 어느 굴에나 어느 곳에 숨어 있으리니 혹 무리 중에 몇이 먼저 엎드러지면 그 소문을 듣는 자가 말하기를 압살롬을 좇는 자 가운데서 패함을 당하였다 할지라 비록 용감하여 사자 같은 자의 마음이라도 저상(沮喪)하리니 이는 이스라엘 무리가 왕의 부친은 영웅이요 그 종자들도 용사인줄 앎이니이다』(:8-10)

점잖은 노인 후새의 말은 충분한 가능성 있는 말이었습니다. 압살롬은 다윗의 역사(歷史)를 잘 알고 있었습니다. 후새의 말대로 다윗은 전쟁터에서 살아온 영웅적인 존재였습니다. 그 다윗이 후새의 말대로 행동하고 있을 가능성도 충분하다는 것을 생각하기 시작한 겁니다. 노련한 후새에게 설득당하고 있었답니다.

말을 잘해야 합니다.
후새는 매우 논리적으로 말을 하고 있습니다.
논리는 상대방의 머리에 호소하는 방법입니다.
논리는 상대방을 이해시키는 첫 번째 관문입니다.
사람들은 머리가 이해되면 가슴으로 반응을 보입니다.
그런 후에 행동을 하는 것이 정상입니다.
그러므로 말을 잘해야 합니다.
급하게 말하지 말고
전하려는 것보다 흥분이 앞서지 말아야 합니다.
가장 중요한 것을 흥분하면서 말하면
말이 잘못 전달 되는 경우가 많습니다.
빨리 전하려 하지 말고 정확하게 전달하는 것이 매우 중요하답니다.
그리고 합리적이고 타당성 있는 말을 해야 합니다.
말은 사람을 움직이게 하는 첫 번째 문입니다.
아히도벨의 생각과 작전은 옳았지만
단지 결론뿐이었기에

현실과 동떨어진 의견을 가지고 있는
후새의 말이었음에도 불구하고
서론을 차근차근 이야기한 후새의 말에 밀리게 된 것입니다.
말,
생각하면서 잘합시다.

압살롬은 정치를 할만한 그릇이 아니었습니다. 왕이 되고 싶어서 왕이 되었습니다만 왕이 무엇을 하는 직책인지는 모르고 있었습니다. 그의 왕에 대한 생각은 권력을 휘두르고 백성들과 신하들에게 대접받는 영광스러움뿐이었습니다. 백성을 다스리고 섬기는 일에 대하여는 전혀 생각해 보지 않은 사람인 것 같습니다. 그는 귀가 얇았습니다. 아히도벨의 첫 번 제안이 인륜 파괴 행위임에도 불구하고 아무런 생각 없이 따른 인물입니다. 그리고 두 번째 모략인 다윗 제거에 관한 것도 생각 없이 좋아하던 사람입니다. 뿐만 아니라 늙은 후새가 아히도벨의 의견에 문제점을 말하자 거기에 또 수긍을 한 사람입니다. 귀가 얇은 압살롬은 늙은 후새의 말에 강하게 흔들리고 설득당하고 말았습니다. 이때를 기회로 노련한 후새는 미련한 압살롬의 영웅(英雄)심리와 허영(虛榮)심리를 부추겨서 전장에 직접 나가도록 하는 모략을 내놓았답니다.

"전하, 소인의 지략을 들어 보시겠나이까?"

"말해 보시오. 후새."

"신의 생각은 전하께서 사람을 모으셔야 한다는 겁니다. 온 이스라엘에 사람을 보내어 많은 사람을 모으소서. 전하는 이 나라의 주인이시옵니다. 그리고 그들 앞에서 군장을 하시고 친히 전쟁을 이끄심이 바람직 한 줄 아옵니다. 전하께서 친히 앞장서시면 징집된 사람들은 전하의 모습을 보고 환호할 것이며 저들의 사기 또한 하늘을 찔러 전하를 따를 것이옵니다. 그런 후에 전하를 따르는 백성들과 함께 갑작스럽게 다윗이 있는 곳을 덮쳐야 할 줄 압니다. 선발대는 다윗과 함께한 군사들을 먼저 처치해야 할 것입니다. 그런 후 혹 다윗의 사람들이 성으로 도망해 숨었다 하더라도 전하를 따르는 백성들과 함께 성을 통째로 끌어서 강에 처넣으실 각오를 하셔야 할 것이나이다. 전하는 그만한 병력을 가지고 계시지 않사옵니까? 다윗의 사람들을 먼저 치셔야 하옵니다."

『나의 모략은 이러하니이다 온 이스라엘을 단부터 브엘세바까지 바닷가의 많은 모래같이 왕께로 모으고 친히 전장에 나가시고 우리가 그 만날 만한 곳에서 저를 엄습하기를 이슬이 땅에 내림같이 저의 위에 덮여 저와 그 함께 있는 모든 사람을 하나도 남겨 두지 아니할 것이요 또 만일 저가 어느 성에 들었으면 온 이스라엘이 줄을 가져다가 그 성을 강으로 끌어들여서 그곳에 한 작은 돌도 보이지 않게 할 것이니이다』(:11-13)

현실 상황은 독자의 입장에서 보면
분명 아히도벨의 모략이 합리적입니다.
만(萬)에 하나 잘못된다 하더라도
압살롬은 전장에 나가지 않았기에 재기(再起)할 수 있습니다.

그의 전략은 압살롬을 보호하는 전략입니다.
그런데 영웅심과 허영심에 충동되어 있는 압살롬은
노련한 후새가 제안한 모략에 마음을 빼앗긴 겁니다.
뿐만 아니라 아히도벨이 말한 군사들의 숫자 12,000명으로
다윗을 쫓는 것보다는
후새의 제안처럼 이스라엘 전 지역에서 사람들을 모아
모래와 같은 숫자로 다윗을 쫓을 때
반드시 이길 것이라고 생각했고,
다윗 하나만 제거하는 것보다는
다윗을 따르는 모든 사람들을 제거하는 것이
훨씬 낫다고 생각한 겁니다.
게다가 자신이 직접 나가 싸움을 승리로 이끌고 돌아오면
자신의 입지가 견고해질 것이라는 계산도 나왔던 것입니다.

판단의 실수(?)입니다.
아니 압살롬이 스스로의 결정을 그렇게 하도록
하나님께서 일하신 겁니다.
『이는 여호와께서 압살롬에게 화를 내리려 하사
아히도벨의 좋은 모략을 파하기로 작정하셨음이더라』(:14하)
이것이 무서운 겁니다.
하나님이 사람 마음의 움직임에 개입하십니다.
우리는 이것을 하나님의 절대 주권이라고 표현합니다.
압살롬의 잘못된 판단이 아닙니다.
하나님의 일하심입니다.

우리의 삶 속에서 일어나는 일들이
짜증스러울 때가 많이 있습니다.
어느 때는 무척 좋고
어느 때는 왜 이렇게 어려울까 하는 생각이 드는 경우가
무척이나 많습니다.
이해가 되지 않는 일들이 주변에서 너무도 많이 일어납니다.
그러나 분명한 것은 하나님이 살아서 모든 일들을
통치하신다는 겁니다.
하나님의 개입하심이지요.
지금 이해가 되지 않으신가요?
조금만 기다려 보셔요.
그 숙제가 풀리면서 일하신 하나님에 대한
감격의 눈물을 흘리게 될 겁니다.

9 삼하 17:15-20

일하는 사람들

예루살렘 궁궐의 구시대(舊時代) 세력 청산 작업 작전(Master Plan)이 나왔습니다. 전국적으로 군사를 모집하여 압살롬이 친히 선두에 서서 다윗과 그 종자들을 추격하고 완전히 몰살시킨다는 작전이었습니다. 그 계획은 궁궐 안에서 일급비밀이었습니다. 만일 계획이 누설되어 다윗 진영의 사람들에게 알려지게 되면 다윗은 숨던지 아니면 찾을 수 없는 곳으로 도망할 것이기 때문입니다.

그러나 이 작전을 제시한 사람은 다윗의 신복인 80세에 가까운 후새 영감입니다. 압살롬도 이스라엘 장로들도 노인 후새가 다윗의 간첩(Spy)이라는 것은 상상도 하지 못하고 있었던 겁니다. 역사는 이렇기에 흥미로운가 봅니다!

다윗 세력 청산을 위한 모략을 내놓은 늙은 후새가 다윗의 간첩이라고 의심한 사람은 아무도 없었습니다. 후새가 지팡이를 짚고 거리를 다닐 때면 저 늙은이의 머리에서 무슨 지략(智略)이 나오겠나 하는 측은함이 들 뿐이었습니다. 그의 늙은 외모가 그를 무능(無能)한 사람으로 보이게 했기 때문입니다. 그래서 사람들은 후새에게 주목하지 않았습니다. 그는 어디를 가든지 관심 밖의 사람이었답니다.

이날도 후새는 여느 늙은이처럼 거리를 걷는 중에 제사장 사독과 아비아달을 만나 인사를 주고받았습니다. 제사장들과 늙은 후새와의 만남을 이상하게 보는 사람은 아무도 없었습니다. 신앙의 문제로 이야기를 하고 있는 것으로 여길 뿐입니다. 물론 사독과 아비아달 그리고 늙은 후새도 아주 자연스럽게 만남을 이어가고 있었습니다. 그러나 초라하여 누구도 신경을 쓸 필요가 없는 세 사람의 만남처럼 보입니다만... 그렇지 않았습니다. 압살롬의 다윗 세력 제거 계획에 대한 정보가 어수룩하게 보이는 후새 노인으로부터 유출되고 있는, 그리고 다윗과 그의 세력들이 어떻게 해야 피하고 살 수 있는지에 대한 전략이 꾸며지고 전해지는 순간이었던 겁니다.

"이보시오 제사장 나리들, 잘들 지내고 있소이까?"

사독과 아비아달을 보고 능청스럽게 안부를 묻고 있었습니다.

"아 오랜 만이구려 후새 영감. 건강은 좀 어떠신지요. 요즘은 제사 드리는 곳에서도 통 볼 수가 없습니다. 무슨 일이 있으슈?"

"일은 이 늙은이에게 무슨 일이 있겠소. 하루 세끼 밥이나 잘 먹다가 때가 되면 하나님이 부르시는 곳으로 가야지."

"오래 건강하게 사셔야지요."

"고맙구려..."

아비아달과 사독 그리고 후새는 이런 저런 이야기를 나누고 있었던 겁니다.

"이보게들, 어른 다윗 전하에게로 가서 지금 반역군들이 하는 일을 소상하게 전하게나. 오늘 밤 다윗 왕을 기습할 걸세. 그러니 왕께서 힘이 드신다 하더라도 광야 나루터에서 주무시지 마시고 반드시 건너가시도록 하게나. 그렇지 않으면 모두가 몰살당할 수 있어. 어서들 가게. 사안이 심각하다이."

"그렇게 하겠소이다만 이 일을 전하는 건 우리 아들이 해야만 하는데... 요나단과 아히마아스 말이요... 하여간 그들을 찾아 전달하는 일은 우리가 알아서 할테니 염려 마시오."

『이에 후새가 사독과 아비아달 두 제사장에게 이르되 아히도벨이 압살롬과 이스라엘 장로들에게 여차여차히 모략을 베풀었고 나도 여차여차히 모략을 베풀었으니 이제 너희는 빨리 사람을 보내어 다윗에게 고하기를 오늘밤에 광야 나루터에서 자지 마시고 아무쪼록 건너가소서 하라 혹시 왕과 그 좇는 자들이

몰사할까 하노라 하니라』(:15-16)

사독과 아비아달이 후새로부터 들은 이야기는 화급(火急)을 다투는 이야기였습니다. 왜냐하면 바로 그날 밤에 되어질 일이었기 때문입니다. 그러나 주변 상황이 함부로 행동할 수 없는 정황이었기에 마치 아무 일도 없는 것처럼 단지 늙은 노인과 잠시 신앙 이야기를 주고받고 헤어지는 것처럼 여유를 부려야 했습니다.

세상은 조용했습니다. 그러나 사독과 아비아달은 이 정보를 전달하기 위해 아들들을 찾았습니다만 아들들은 예루살렘 안에 있지 않았답니다. 사람들에게 눈에 띄면 안 되기 때문에 성 밖에 나가 있었던 거지요. 사독과 아비아달은 성 밖을 나가 요나단과 아히마아스를 만나 자신들의 말을 전해 줄 믿을 만한 여인 하나를 찾아갔습니다. 그리고 후새에게 들은 이야기를 전해 주면서 예루살렘 성 밖 가까이에 있는 에느로겔이라는 우물에 있을 요나단과 아히마아스를 찾아가 정보를 그대로 전하게 했답니다.

『그 때에 요나단과 아히마아스가... 에느로겔 가에 머물고 어떤 계집종은 저희에게 나와서 고하고』(:17상)

여인네의 움직임은 신속했고 지혜로웠습니다. 우물가에서 서로들 물을 얻어 마시는 것 같은 연극(?)을 하면서 역사를 만들어 가는 정보를 전달하였습니다.

"여보시오들, 물 한잔 들이키시겠소?"

여인네의 말이 무엇인가를 전하려는 것을 알 수 있었습니다.

"그러지요. 한잔 주시오. 목이 마르니 여인께서 주시는 물을 마시고 정신 좀 차려야겠소이다."

"그대들을 보니 제사장들 같은데 성함이나 알아 둡시다."

"우리 이름? 나는 요나단이고 이 양반은 아히마아스요. 이름이 마음에 드시오? 하하."

"어르신들, 제게 사독과 아비아달 제사장께서 주신 말이 있습니다. 사안이 급하니 물을 마시면서 들으십시오."

"어서 말하게나."

여인은 물을 마시고 있는 요나단과 아히마아스에게 아주 간단하게 말을 전했답니다. 그런데 저들의 대화가 의심스러웠는지 누군가가 이상한 눈으로 기웃거리고 있었지요. 압살롬의 비밀 간첩이었던 겁니다. 다윗의 주변에는 다윗과 그의 무리들의 동태를 살피는 압살롬의 간첩이 있었습니다. 다윗 주변에서 비밀스럽게 활동하던 간첩은 지금까지는 아무런 움직임이 없었는데 얼마 전까지만 해도 예루살렘 주변에서 서성거리던 제사장 요나단과 아히마아스가 나타난 것이 이상했던 겁니다. 하여간 여인네의 이야기를 들은 요나단과 아히마아스는 신중하고 조심스럽게 주변을 살피면서 요단강 쪽으로 향했습니다.

『저희는 가서 다윗에게 고하더니』(:17하)

압살롬이 보낸 간첩은 요나단과 아히마아스가 나타난 것이 이상했는데 아니나 다를까 다윗에게 큰 절을 하더니 무슨 말인가를 신중하게 전달하고 있는 것을 보았습니다. 그런데 다윗에게 보고하고 있는 중에 요나단과 아히마아스가 자신들과 여인이 우물에서 대화하고 있는 것을 유심히 보고 있었던 사람이 그 자리에 또 있는 것을 본 겁니다. 얼마나 놀랬는지요. 소름끼치는 일이었습니다. 물론 그 사람은 거리가 멀기에 이들이 다윗에게 전하는 말이 무슨 말인지를 몰랐습니다만 서로의 눈빛은 어색함과 의심 그리고 위험을 교차시키고 있었습니다.

압살롬이 보낸 간첩은 이 알 수 없는 상황을 예루살렘에 보고해야 했습니다. 무엇인가 심상치 않은 이야기들이 오고 간다는 느낌이 있었기 때문입니다. 그는 압살롬이 있는 예루살렘으로 사력(死力)을 다해 달렸습니다. 무슨 내용인지는 몰라도 요나단과 아히마아스가 다윗에게 무엇인가를 전달하고 있는 것이 분명했기 때문입니다. 요나단과 아히마아스는 압살롬의 첩자가 말을 타고 예루살렘으로 달려가는 것을 보고 다윗에게 보고를 마치자마자 바후림으로 달렸습니다. 몸을 숨겨야 했기 때문입니다. 분명 압살롬의 군사들 몇 명이 자신들을 잡기 위해 올 것이기 때문입니다.

정말 그랬습니다. 압살롬은 첩자의 보고를 받자마자 군사를 보내어 요나단과 아히마아스를 잡아오도록 했습니다.

『한 소년이 저희를 보고 압살롬에게 고한지라』(:18상)

바후림에 도착한 요나단과 아히마아스는 무조건 아무 집으로 들어갔습니다. 그 집 마당에서는 한 여인네가 일을 하고 있었습니다.

"이보시오. 우린 다윗 왕의 사람들이요. 우릴 도울 수 있겠소?"

여인의 결정에 이들의 목숨이 걸려 있는 겁니다. 이들의 간청을 들은 여인이 도와주면 압살롬의 군사들의 손에서 구원을 받을 수 있습니다만 여인이 도와주지 않으면 발각되어 죽을 수밖에 없는 긴박한 상황이었습니다. 일단 하나님께 운명(?)을 맡기고 마당 한가운데 있는 우물 속으로 내려갔답니다. 그런데 여인이 이들을 도운 겁니다.

『그 두 사람이 빨리 달려서 바후림 어떤 사람의 집으로 들어가서 그 뜰에 있는 우물 속으로 내려가니 그 집 여인이 덮을 것을 가져다가 우물 아구를 덮고 찧은 곡식을 그 위에 널매 도무지 알지 못할러라』(:18하-19)

우물에 숨자마자 압살롬의 군사들이 들이닥쳤습니다. 그리고 마당에서 일하고 있는 여인에게 아히마아스와 요나단이 어디 있는지를 물었습니다. 우물 속에 있는 두 사람이 숨을 죽이고 있으면서 여인의 대답을 기다리고 있을 뿐입니다.

"오, 주여!"

그런데 여인이 이렇게 말하는 소리가 들려왔습니다.

"예, 보았지요. 두 사람이었는데 그들이 뭔가에 쫓기는 것처럼 겁을 먹고 있었고 시내를 건너가더이다."

『그들이 시내를 건너가더라』(:20중)

우물 속 깜깜한 곳에서 요나단과 아히마아스는 하나님께 감사의 기도를 드렸습니다.

선한 일을 하더라도 위험한 때가 찾아온답니다.
그러나 하나님의 개입하심을 잊으면 안 됩니다.
하나님은 당신의 사람을 위해 누군가를 숨겨 놓으셨고
준비해 놓으셨답니다.

❿ 삼하 17:21-23
승자와 패자

압살롬의 군사들을 피한 요나단과 아히마

아스는 다시 다윗 진영으로 갔습니다. 오늘 밤 안으로 강을 건너야 한다는 급한 전갈을 해야 했기 때문입니다. 피난길에 지치고 힘든 늙은 다윗이었지만 요나단과 아히마아스의 정보를 듣고 밤새껏 따르는 자들과 함께 요단강을 건널 수밖에 없었습니다. 물론 정보가 새어 나간 것을 압살롬은 알지 못했습니다.

압살롬이 후새를 만나 다윗 세력 제거에 대한 모략을 듣고 있었지만 아히도벨은 압살롬과 후새의 만남을 알지 못했습니다. 아마도 압살롬은 후새를 은밀히 만나 의견을 물었던 것으로 생각됩니다. 하여간 아히도벨은 압살롬이 자신의 모략을 받아들였다는 것으로 믿고 얼마 후에는 자신의 가슴에 못을 박은 다윗을 제거할 시간이 다가옴에 흥분하고 있었습니다. 그의 머릿속에는 자신이 압살롬 정부의 일등 공신이 되어 수십여 년 동안의 한(恨)을 풀면서 평안한 여생을 보낼 생각으로 가득 차 있었던 거지요. 그러면서도 그는 압살롬을 비웃고 있었답니다. 압살롬이 왕이지만 머리가 나쁘고 판단력이 없는 젊은 무식(無識)한 놈이므로 한 손에 주무를 수 있다고 생각하고 있었던 거지요.

그런 아히도벨의 기대와는 달리 다윗 제거 모략에 차질이 생겼습니다. 다윗이 그 종자들과 함께 지난 밤 요단강을 건넜다는 누군가의 정보 때문이었죠. 아히도벨의 모략은 지칠 대로 지친 다윗을 기습 공격한다면 어두움 속에서 늙은 다윗은 도망갈 수 없을 것인 반면 다윗의 주변 사람들은 도망갈 것이라고 생각했지요. 그렇게 되면 늙은 다윗은 홀로 남아 두려움 가운데서 죽음을 기다리게 될 것이고... 그 때 유유히 걸어가서 쳐 죽이려고 한 것이 그의 모략이었습니다. 그런데 다윗이 요단강을 건너갔답니다. 요단강에 있어야 하는데...

자신의 계책(計策)이 먹혀 들어갈 수 없는 상황이 된 겁니다. 다윗이 강 건너 도망갔기 때문입니다. 소식을 접한 아히도벨은 당황했습니다. 다윗이 한밤중에 요단강을 건너간 것이 이해가 되지 않았습니다. 아니 분명 다윗은 요단강을 건너 갈 형편이 아니었습니다. 그런데 건너갔다는 것이 아히도벨을 복잡하게 만든 겁니다.

'정보가 새 나갔다는 말인가? 누군가가 첩자가 있다는 말인가?'

아히도벨은 도무지 이해할 수가 없었습니다.

다윗이 요단강을 건너간 이상 자신이 세운 계획은 무용(無用)했습니다. 다른 계획을 세워야 했습니다. 그러나 더 급한 것은 이 상황을 압살롬에게 가서 이야기해야 하는 거였습니다. 그는 잠 못 이룬 밤을 지낸 이튿날 이른 아침 서둘러 궁궐로 갔습니다. 왕을 뵙기 위해 왕의 집무실 가까이에 이르렀습니다. 그런데 웃음소리가 들립니다. 여러 사람들의 웃음소리입니다. 왕을 모시는 신하는 아히도벨이 왕을 만나기 위해 온 것을 큰 소리로 고했습니다.

"전하, 아히도벨이 전하를 뵙기 위해 와 있습니다!"

"모시거라."

압살롬은 아히도벨을 들게 했습니다. 왕의 집무실에는 왕과 장로들 몇몇과 함께 있었습니다. 그런데 뜻밖의 인물이 있는 겁니다. 허리가 굽고 삐쩍 마른 옛 친구 후새였습니다. 얼마나 놀랐는지요.

'아침 일찍 후새가 웬일일까?'

"이스라엘 최고의 모략가요 지략가이신 아히도벨께서 오셨군요?"

압살롬의 말이었습니다. 그리고 계속되었답니다.

"그대께서 말씀하시길 다윗과 그 종자들이 피곤할 때 따라갈 것이라고 하셨던가요? 당신이 12,000명의 군사들과 늙고 지쳐있는 다윗을 따라가면 다윗의 종자들이 겁이 나서 다 도망할 것이라고 하셨던가요? 다윗은 늙어서 도망도 못 갈 것이라고... 그러면 아히도벨께서 힘없는 다윗만을 쳐 죽일 것이라고 했죠? 아하! 그리고 다윗을 따르던 사람들을 내게로 돌아오게 할 것이라고. 신부가 신랑에게 돌아오는 것처럼 사람들이 내게로 돌아오게 될 것이라고 말하시지 않았던가요? 그런데 이를 어쩝니까? 다윗과 그 종자들이 어젯밤 멀리 멀리 도망갔답니다. 요단강을 건너 멀리 멀리 도망갔답니다!"

말은 계속 들렸습니다.

"아히도벨, 이제 당신의 머리도 녹이 슬었는가 보구려. 상황 판단을 못하는 미련한 노인이 되었구려. 옛날 그 머리가 아니야!"

압살롬의 아히도벨을 향한 비꼬는 말투였습니다. 그리고 계속해서 말합니다. 함께 있는 후새 영감을 친절히 보면서...

"같은 늙은이인데 왜 이리도 차이가 나는 건지 모르겠소이다. 후새 영감은 다윗이 분명 그렇게 만만한 존재가 아니라는 것을 알고 있습디다. 다윗이 도망할 것도 알고 다윗을 훤히 읽고 있습디다. 그러니 후새 영감을 믿는 것이 낫지, 당신과 같은 미련한 사람을 믿고 무슨 일을 하겠소? 하하하! 집에 가서 술이나 마시고 인생 마무리나 잘하시오! 늙어 쓸모없는 사람이 궁에 들락거리면 나라가 망하는 법이요. 나이가 들었어도 자기 발전을 위해 게으르지 않은 후새 같은 사람이면 몰라도 말이요."

압살롬이 아히도벨을 쳐다보면서 하는 비아냥거림이었습니다.

늙은 아히도벨의 몸 구석구석에서 작은 경련이 일어나고 있었습니다. 이마에는 작은 땀방울이 맺혔습니다. 손끝에서부터 힘이 빠져나갔습니다. 30대 중반의 돌대가리인 압살롬에게 치욕을 당하고 있는 겁니다. 뱃속 깊은 곳에서 용솟음치는 분노를 누르기가 쉽지 않았습니다. 더군다나 후새와 함께 차를 마시면서 애담(愛談)을 나누며 자신을 쓰레기 취급하는 분위기는 아히도벨의 가슴에 기름을 뿌리고 있었습니다.

늙은 아히도벨은 한마디 변명도 못하고 힘없이 왕의 집무실을 빠져나왔습니다. 그리고 후둘후둘 떨리는 다리를 억지로 지탱하면서 집으로 돌아갑니다.

"인생이 무언고? 인생이 무언고? 아무 것도 이루지도 잡지도 못하고 원통함만 지니고 사는 것이 인생인고? 힘 있는 놈들의 횡포장이 인생인고? 악한 놈들이 권력을 쥐고 더 악한 놈이 그 권력을 빼앗는 것이 인생인고? 쓰레기 같은 인생! 정의도 공의도 없는 인생!"

아히도벨의 골 파진 주름을 따라 눈물이 하염없이 흐르고 있었습니다. 분함과 억울함의 눈물이었습니다. 그리고 주먹을 쥐고 흥얼거리며 집을 향해 갔습니다.

"다윗 이놈! 내가 너를 음부에서도 잊지 않으마!"

집에 당도한 아히도벨은 몇 가지의 짐을 챙겼습니다. 그리고 잠시 고향에 다녀오겠다고 식구들에게 이야기를 하고 평생 타고 다니던 말을 끌고 슬픔의 노래를 부르며 고향집으로 갔습니다. 그리고 그날 밤 안방 대들보에 끈을 묶어 목매어 죽었답니다.

『아히도벨이 자기 모략이 시행되지 못함을 보고 나귀에 안장을 지우고 떠나 고향으로 돌아가서 자기 집에 이르러 집을 정리하고 스스로 목매어 죽으매 그 아비 묘에 장사되니라』(:23)

아히도벨은 훌륭한 사람이었습니다.
그는 지혜의 사람이었고 명철한 사람이었습니다.
당대(當代) 최고의 모략가였습니다.
그러나 그 마음속에 있던 용서 못하는 응어리가
위대한 잠재력을 가진 그를 인생의 패자로 만들었습니다.
인생 속에는 원통함이 있기 마련입니다.
억울한 일이 있답니다.
아니 없다면 비정상적인 인생이거나 거짓말을 하는 겁니다.
그러나 당연히 있고 반드시 있는 인생의 부분들인
이러한 속상함을 어떻게 다루시렵니까?

용서라는 보자기로 상대방을 덮으십시오.

용서라는 수건으로 당신의 눈을 가리십시오.

이해라는 담요로 상대방을 따뜻하게 덮어주십시오.

그러면 당신의 몸에서 향기가 난답니다.

당신의 가슴에서 감동과 기쁨이

화산의 용암(鎔巖)처럼 흘러난답니다.

주님이 우리를 그렇게 대해 주셨지요.

용서.

사람들은 주님으로부터 받은 것 말고,

당신으로부터 용서받고 싶답니다.

패자는 용서 못한 사람이구요,

승자는 용서한 사람이랍니다.

⓫ 삼하 17:24-26

패륜(悖倫)

요단을 건넌 다윗과 그의 사람들은 마하나임이라는 곳에 이르렀습니다. 마하나임은 전에 사울의 아들 이스보셋이 정부를 세웠던 곳입니다. 작은 마을이 아니지요. 반면에 압살롬은 후새의 조언에 따라 친히 군복을 입고 선두에 서서 모래와 같은 숫자의 사람들을 이끌고 아버지를 잡아 죽이려 요단을 건너고 있습니다.

웃기는 장면입니다. 권력이 뭔지는 모르겠으나 걷기도 힘든 고령의 늙은 아버지를 죽이려고 군대를 이끌고 가는 압살롬이 한심해 보일 뿐입니다. 제대로 된 놈인지 모르겠습니다. 하여간 압살롬은 자신의 아버지를 죽이기 위해 군대장관을 임명했습니다. 자신의 사촌인 아마사라는 장수였습니다. 어쨌든지간에 압살롬은 아버지를 죽이기 위해 마하나임으로 가는 길목에 있는 길르앗에 군사들의 진(陣)을 쳤습니다.

『압살롬이 아마사로 요압을 대신하여 군장을 삼으니라 아마사는 이스라엘 사람 이드라라 하는 자의 아들이라 이드라가 나하스의 딸 아비갈과 동침하여 저를 낳았으며 아비갈은 요압의 어미 스루야의 동생이더라 이에 이스라엘 무리와 압살롬이 길르앗 땅에 진 치니라』(:25-26)

권력(權力)이 무엇일까요?
사람들은 힘을 가지면 무엇이든지 할 수 있다고 생각하기에
힘을 가지려고 합니다.
권력이라는 힘이 있으면 좋은 머리도 빌려올 수 있습니다.
권력이 있으면 돈도 빼앗을 수가 있습니다.
좋은 머리를 가진다고 권력을 얻을 수 있는 것이 아니고
돈을 가지고 권력을 살 수 있는 것도 아닙니다만
권력이라는 것을 가지고는 머리도 돈도 얻을 수 있습니다.
그래서 사람들은 권력을 쥐려고 하는가 봅니다.
모든 것이 그렇지만
특히 권력은 좋은 것(?)입니다.
그런데 권력이 좋은 사람의 손에 들려졌을 때 좋은 것이지
나쁜 사람의 손에 권력이 들어가면 너무도 나쁜 것이되지요.
그 무한한 힘을 가지고
사람을 협박하기도 하고
사람을 죄인 만들기도 하며

사람을 죽이기도 합니다.

(물론 이 땅에서만 그렇습니다.

하늘에서는 정확한 판단을 내릴 겁니다.)

타락한 사람들이 권력을 쥐려고 하는 것은

섬김과 봉사를 위한다는 슬로건을 표면적으로 내걸면서

권력을 달라고 애걸하지만

속에는 힘 있는 자가 되어 남을 누르고 다스리고

대접받기 위함입니다.

그렇기에 아버지까지라도 죽이는 패륜(悖倫)을 범하면서까지

권력을 쥐려고 하는 거지요.

12 삼하 17:27-29

고마운 사람들

60대 중반의 늙은 다윗과 그를 따르는 남녀와 노인들 그리고 아이들... 모두가 정말로 지쳐있었습니다. 압살롬의 칼이 미치지 못하도록 하기 위해 밤을 새면서 요단을 건넜고 또 쉬지 않고 걸어서 마하나임에 이르렀지만 그 고생은 말로 표현할 수 없었습니다.

다윗에게 있어서는 정말 힘든 피난길이었습니다. 전에 사울에게 그렇게 쫓기면서 다녔어도 그때는 힘든 것을 몰랐습니다. 젊었었기 때문입니다. 그런데 지금은 그렇지 않습니다. 도무지 걷기가 어렵습니다. 조금만 걸어도 숨이 찹니다. 다리가 후들후들 떨리고 손도 떨립니다. 흘러간 세월들이 육체를 이처럼 만들었습니다.

배도 고팠습니다. 지난밤부터 제대로 먹은 것이 없었습니다. 아니 먹을 것도 없었습니다. 잠도 제대로 자지 못했습니다. 물론 씻지도 못했습니다. 정말 힘이 들었습니다.

누군가가 오고 있다는 소리를 들었습니다. 무기를 가지고 오는 군사들이 아니라 수레에 짐을 싣고 오는 사람들이랍니다. 사람이 얼마 되지 않는다는 소리에 안심이 되었습니다만 궁금했습니다. 어떤 사람들일까 하는.

찾아 온 사람들이 다윗을 만나겠다는 겁니다. 나이 많은 사람들이었습니다. 소비라는 사람과 마길이라는 사람 그리고 바르실래라고 하는 사람이었답니다. 음식을 많이 가지고 온 겁니다. 밀을 가지고 왔습니다. 보리, 밀가루... 곡식도 볶아 왔습니다. 콩, 팥, 볶은 녹두, 꿀, 뻐터, 양(羊), 치즈... 다윗과 피난길에 있던 사람들이 허기를 해소할만한 풍성한 양의 식물이었습니다. 아마도 자신들의 많은 재산을 털어서 음식을 준비한 것 같았습니다. 뿐만이 아니었습니다. 칠십에 가까운 늙은 다윗의 쉬지 못한 여정을 생각해서인지 침상(寢牀)도 가져왔습니다. 피곤을 씻으라고 대야와 질그릇도 가지고 왔답니다. 내일이 보이지 않는 쫓겨난 늙은 다윗을 위해서 말입니다.

희망이 없이 망해 가는 피난길에 있는 늙은 다윗을 도운 사람들은 다윗을 멀리해도 되는 사람들이었답니다.

소비는 암몬 사람입니다. 암몬의 수도 랍바에 살고 있던 나아스의 아들이었습니다. 어떤 면으로는 다윗에게 수없이 공격을 받고 조공을 바친 성(城) 사람입니다. 다윗에 대한 감정이 좋을 리가 없는 사람입니다. 아니 다윗만 없었으면 자신의 나라와 자신의 고향인 랍바 성(城)이 평화로울 수 있었을 것이라고 생각할 수 있는 사람입니다. 어떤 면으로는 원수입니다. 그런데 이런 사람이 다윗을 돕는 데 가담한 겁니다.

사람들은 잘 나가는 사람에게 투자를 합니다.
망해 가는 사람이나 망한 사람에게는 핀잔과 비판을 던질 뿐입니다.
그러나 잘되어 가는(?) 사람에게는 비판도 하지 않습니다.
그 방법이 옳지 않은 것이 보임에도 불구하고 말입니다.
그런데 마하나임에 당도한 다윗은 망한 사람임에도 불구하고
그리고 재기할만한 가능성이 희박한 처지입니다.
그러나 이 사람들은
자신들의 재산을 털어서 돕고 있습니다.
이것을 사랑이라고 말합니다.
이것을 의리라고 말하는 것입니다.
이렇게 할 수 있는 것은
사람 자체를 권력보다 가치 있는 것으로 인정하기 때문입니다.
사람을 소중히 여기기 때문입니다.
우리는 성공하고 있는 사람,
성공에 곧 도달할 사람에게 투자합니까?
당신은 필요한 사람에게 사랑을 베풀고 있습니까?

사랑.

사랑할 가치가 있는 것을 사랑하는 것은 누구나 할 수 있답니다.
사랑을 줄 필요가 없는 사람을 사랑하는 것은 위대함입니다.
그러나 사랑할 수 없는 사람,
나에게 피해를 주는 사람을 사랑하는 것은
신앙입니다. 원수 사랑입니다.
소비의 다윗에 대한 사랑은 자신에게 무척이나 불편한 사람이고
자신을 괴롭힌 사람에 대한 베풂입니다.
이것이 소비의 위대함이었습니다.

사랑은 감정이 아닙니다.
좋은 감정의 흐름에 따라 마음이 가는 것은 사랑이 아니라
'좋아함'입니다.
사랑은 의지입니다.
감정이나 느낌의 흐름과는 상관없이 열매 맺을 수 있는 것이
사랑입니다.
그러므로 원수를 사랑하라고 하신 주님의 말씀에 대하여
핑계를 댈 수 없답니다.
소비는 다윗을 좋아한 것이 아닙니다.
사랑한 것입니다.
당신도 소비와 같은 사랑을 베풀 수 있답니다.

마길이라는 사람입니다. 이 사람은 수십 년 전에 패망한 사울의 후손인

절뚝발이 므비보셋을 십여 년 동안 보살펴준 사람입니다. 아마도 세월을 따라 나이가 많이 들었을 것으로 생각됩니다. 당시 므비보셋이 사울의 후손이라는 것을 알았는지는 알 길이 없습니다만 불구자인 므비보셋을 내치지 않고 잘 보살펴 준 사람입니다.

다윗의 권세가 하늘을 찌르고 있을 때 므비보셋이 군사들에 의해 잡혀간 것을 보고 무척이나 힘들어했었습니다. 그런데 생각과는 달리 다윗이 므비보셋을 죽이지 않고 왕자처럼 사랑으로 대해 준 것을 본 거지요. 수십 년 동안 다윗의 므비보셋에 대한 변함없는 보살핌을 본 마길은 긴 세월이 지나는 동안 감동을 받았답니다. 그런데 노년에 이른 마길이 자신이 보아왔던 왕 다윗이 아들에게 쫓겨 어려움에 처해 마하나임으로 피신을 왔다는 소식을 들은 겁니다. 마길은 생각할 필요도 없이 다윗을 도와야 한다고 나섰습니다. 자신을 죽이려 했던 사울의 자손을 수십 년 동안 자신의 아들처럼 변함없이 대해 준 사람에 대한 신의 때문이었습니다.

바르실래라는 사람입니다.(19장 32절 말씀을 보면 바르실래의 나이가 80세로 되어 있습니다. 다윗도 늙었지만 바르실래에 비하면 다윗은 10년 이상 젊네요.) 80세의 노인이 몸을 움직이는 것은 쉽지가 않습니다. 더구나 바르실래에게는 앞날이 창창한 아들이 있었습니다. 만일 자신이 다윗을 도왔다는 것이 압살롬에게 알려지면 아들의 장래에 좋지 못한 영향을 끼칠 수 있습니다. 그러나 바르실래는 다윗을 모른 체 하지 않았습니다. 발 벗고 나서서 굶주림과 지침 그리고 낙심 가운데 있는 다윗을 찾아온 겁니다.

『다윗이 마하나임에 이르렀을 때에 암몬 족속에게 속한 랍바 사람 나하스의 아들 소비와 로데발 사람 암미엘의 아들 마길과 로글림 길르앗 사람 바르실래가 침상과 대야와 질그릇과 밀과 보리와 밀가루와 볶은 곡식과 콩과 팥과 볶은 녹두와 꿀과 뻐더와 양과 치스를 가져다가 다윗과 그 함께 한 백성으로 먹게 하였으니 이는 저희 생각에 백성이 들에서 시장하고 곤하고 목마르겠다 함이더라』(:27-29)

소비, 마길, 바르실래
모두가 다윗을 모른 체 해도 상관없는 사람들입니다.
그러나 저들은 그렇게 하지 않았습니다.
찾아갔습니다.
그리고 필요한 것을 공급해 주었습니다.
무엇을 바라서가 아닙니다.
다윗의 내일이 영광스러움으로 약속되어 있기 때문도 아닙니다.
단 하나, 긍휼히 여기는 마음이 있었기 때문입니다.
우리에게도 이런 순수한 마음이 있어야 합니다.
진정 사람을 긍휼히 여길 줄 아는 사람이
풍성한 마음을 소유한 사람이요,
넉넉한 여유의 사람이랍니다.
다윗은 이 세 사람 때문에 또 한 번 감동되었습니다.
아들은 아버지를 죽이겠다고 하고 있는데
아무런 관계없는 이들은 사랑을 베풀고 있다는 거지요.

그런 가운데 시(詩) 한 수를 지었답니다.

『내 의의 하나님이여 내가 부를 때에 응답하소서
곤란 중에 나를 너그럽게 하셨사오니
나를 긍휼히 여기사 나의 기도를 들으소서
인생들아 어느 때까지 나의 영광을 변하여 욕되게 하며
허사를 좋아하고 궤휼을 구하겠는고 (셀라)
여호와께서 자기를 위하여 경건한 자를 택하신 줄 너희가 알지어다
내가 부를 때 에 여호와께서 들으시리로다
너희는 떨며 범죄치 말지어다
자리에 누워 심중에 말하고 잠잠할지어다 (셀라)
의의 제사를 드리고 여호와를 의뢰할지어다
여러 사람의 말이 우리에게 선을 보일 자 누구뇨 하오니
여호와여 주의 얼굴을 들어 우리에게 비취소서
주께서 내 마음에 두신 기쁨은
저희의 곡식과 새 포도주의 풍성할 때보다 더하니이다
내가 평안히 눕고 자기도 하리니
나를 안전히 거하게 하시는 이는
오직 여호와시니이다』(시 4:1-8)

⑬ 삼하 18:1-5

싸움을 준비하는 다윗의 진영

압살롬과 그의 정예군인들 그리고 전국에서 소집된 수많은 사람들이 요단을 건넜다는 정보가 늙은 왕 다윗에게 전달이 되었습니다. 다윗의 보좌관들은 급박해지는 상황에 대처하기 위해 바빠지기 시작했습니다. 살기(殺氣)로 가득 차 칼을 들고 달려오는 압살롬과 반역자들을 보고만 있을 수 없었습니다. 방어해야 한다는 것이지요. 다윗에게는 아들에 대한 아버지로서의 정(情)이 있을지 모르지만 따라온 사람들은 압살롬 때문에 몰살(沒殺)당할 수 없다는 생각이었습니다. 그래서 다윗 왕에게 전투 명령을 내리라고 재촉하였습니다.

늙은 다윗 왕은 마음이 괴로웠습니다. 싸움을 걸어오는 우두머리는 자신의 친아들인 압살롬이기 때문입니다. 다른 사람이 달려든다면 요압과 아비새를 비롯한 장수들에게 전면전(全面戰)을 벌리도록 당장에 명령할 수 있습니다. 그런데 상대가 아들인 겁니다. 누가 잘했고 잘못했고가 아니라 아버지와 아들이 정권을 놓고 칼부림을 하고 있다는 자체가 너무도 황당한 일이고 창피한 일이었습니다. 그것도 백발이 날리고 허리에 힘이 없는 늙은 아버지 다윗과 패기에 차서 젊음이 흘러넘치는 아들과의 싸움이니 얼마나 기가 막힌지요!

우리가 성군(聖君) 중의 성군(聖君)이라고 부르는
다윗의 일대기 속에 꼴불견 사건으로 남아 있는 부분입니다.
우리가 읽을 때는 다윗이 오죽하면 아들과 싸우려 했을까 하면서
다윗 편에 서서 성경을 읽습니다만
객관적으로 보면
단순히 아버지와 아들과의 싸움으로만 보이는
웃기는 장면일 뿐입니다.

이것이 답답한 일입니다.
남 속도 모르면서 부자(父子)간의 싸움이라는
손가락질을 받아야 하니 말입니다.
사람들은 양보니 뭐니 하면서,
늙은 다윗이 권력에 환장했다는 해석과 함께
다윗을 추한 사람으로 여겨 고개를 돌립니다.
우리도 그런 비판을 받을 때가 있습니다.

옳고 그름도 모르는 사람들이
야속하게도 무조건 오해와 비판을 할 때가 있습니다.
이럴 때는 어떻게 해야 하는지요?
싸우고 싶어서 싸우는 것이 아닙니다.
적당히 괴롭히는 것에 대한 반응으로 싸우는 것이 아닙니다.
죽이려고 달려들고 있기에 피해보고
죽이려고 쫓아오기에 방어해 보는 것뿐입니다.
만일 도망가지 않거나 방어하지 않으면 죽습니다.
그래서 칼을 들은 것뿐이랍니다.

왜 싸우고 있는가?
비판하고 손가락질하기 전에
한번쯤 신중하게 생각해야 되지 않을까요?
어쩌면 싸우기 위해 싸우는 것이 아니라
그렇게 하지 않으면
죽기 때문에 할 수 없이 싸우는 척하는
입장일지도 모르기 때문입니다.
그 사람의 입장을 위로해 줘야 합니다.
아들에게 칼을 뽑아야 하는 다윗의 입장을
한번쯤 진지하게 생각해 보십시오.
지금 우리는 늙은 아버지 다윗이 눈물 흘리며
주춤거리고 떨면서
칼을 잡고 있는 것을 이해해 주고 위로해 주어야 합니다.

다윗은 주춤거리며 결정(?)을 했습니다. 전투에 참여할 수 있는 사람들을 세도록 했습니다. 예루살렘에서부터 함께 온 사람들은 그렇게 많지 않았습니다만 요단 동편에 살던 사람들이 많이 모인 상태입니다. 그리고 어디서 왔는지 꽤 되는 숫자였습니다. 요압이 중심이 되어 전투력을 삼등분(三等分) 했습니다. 제1대(隊)는 요압이 지휘했고, 제2대(隊)는 그의 동생 아비새가 맡았습니다. 제3대(隊)는 블레셋 사람으로서 다윗의 충성스런 장수가 된 잇대가 맡기로 했습니다. 부대가 신속하게 정렬되자 요압은 다윗에게로 가서 보고를 합니다. 요압도 무척이나 늙었습니다. 요압의 보고를 받은 다윗은 흔들리는 걸음으로 모인 군사들 앞으로 갔습니다. 그리고 말합니다.

"여러 제군들, 내가 전쟁에 나갈 것이요. 내가 나가야 하는 전쟁이요..."

『나도 반드시 너희와 함께 나가리라』(:2하)

압살롬과 대면하여 싸우려고 나가는 군사들에게 함께 가겠다고 하는 다윗의 마음이 헤아려지지 않습니다. 자신의 아들과 싸우러 가는 것에 대한 미안함일까요? 아니면 아버지를 죽이러 오는 아들의 가슴에 칼을 꽂기 위해서일까요? 아닙니다. 아들 압살롬을 보호하기 위해서랍니다. 자신을 보호하기 위한 명분으로 압살롬의 군대를 대항하여 싸우러 나간 군인들이 압살롬을 향해 활을 쏘고 압살롬의 가슴에 창끝을 들이대고 압살롬에게 칼을 휘두를까봐, 그래서 압살롬이 다치거나 죽을까봐서 늙은 다윗은 전장에 나가겠다는 겁니다. 아버지는 아들이 칼에 맞지 않게 하고 싶은 겁니다. 아버지는 아들을 죽이려는 사람들을 막으려는 겁니다. 전쟁은 자신이 죽거나 압살롬이 죽으면 끝난다는 것을 압니다. 늙은 다윗은 자신이 이긴다는 것은 압살롬이 죽어야 한다는 것임을 압니다. 그래서 압살롬이 죽기 전에 인생을 다 살은 자신이 먼저 죽겠다는 마음이었습니다. 이런 마음을 요압이나 아비새가 알 리가 없습니다. 이런 아버지의 마음을 수천의 사람들이 있었지만 아무도 알지 못한답니다. '나도 반드시 너희와 함께 나가리라'는 말의 깊은 뜻을 모르는 백성들은 이렇게 말했답니다.

"전하, 전하는 이곳에 계시옵소서. 적들은 우리에겐 관심이 없사옵니다. 자기들이 나라를 얻기 위해선 전하를 없애야 하기에 달려드는 것이옵니다. 전하의 생명은 무리 만 명보다 중하나이다. 그러하오니 이곳에 계시옵소서. 저희들이 목숨을 걸고 싸워 승전 소식을 가지고 오겠나이다."

『왕은 나가지 마소서 우리가 도망할지라도 저희는 우리에게 주의하지 아니할 터이요 우리가 절반이나 죽을지라도 우리에게 주의하지 아니할 터이라 왕은 우리 만 명보다 중하시오니 왕은 성에 계시다가 우리를 도우심이 좋으니이다』(:3)

고마운 백성들의 말입니다. 그런데 그게 아닙니다. 아들을 보호하고 싶어서 전쟁에 가려는 것인데 말입니다.

세 대로 나뉘어 압살롬의 군대와 싸우러 출정(出征)합니다. 늙은 다윗은 문 곁에 서서 출정하는 군사들을 보면서 피 튀는 전쟁터를 머릿속에 그려봅니다.

『문 곁에 서매』(:4중)

아들 압살롬이 비참하게 쓰러지는 장면이 문득 스쳐 지나갑니다. 다윗은 깜짝 놀랐습니다. 아들의 죽는 상상으로 인해… 출정하는 군사들을 앞에서 이끌고 있는 요압과 아비새와 잇대를 불렀습니다.

"이보게 잇대 장군, 내 부탁 좀 들어 주게나. 싸워 이기게나. 그런데 내 아들 압살롬을 너그럽게 봐주게나. 그 녀석이 철이 없어 이런 짓을 한 것이라네. 악한 놈들이 내 아들 압살롬을 충동해서 지들이 잘 살아 보려고 반역을 꾀한 거야! 그러니 내 아들 압살롬을 너그럽게 대해 주게나. 내 간절히 부탁하이! 이 늙은이의 소원이라네."

『나를 위하여 소년 압살롬을 너그러이 대접하라』(:5)

잇대에게 말하는 늙은 다윗의 목소리는 애절했습니다. 그러다가 다시 큰 소리로 부탁했습니다. 요압과 아비새와 잇대가 군사들에게 전하지 않는다 하더라도 전장에 나가는 백성들이 모두 자신의 뜻을 알고 싸우도록 하기 위한 아버지의 마음이요 소리 지름이었습니다.

"나를 위하여… 소년 압살롬을 너그러이 대접하라. 나를 위하여… 소년 압살롬을 너그러이 대접하라."

⓮ 삼하 18:6-18

전투

요단을 건넌 압살롬과 그의 군사들인 이스라엘 사람들이 에브라임 수풀 근처에서 다윗의 군대와 만났습니다. 에브라임 수풀은 마하나임 가까이 있는 곳이었습니다. 압살롬과 이스라엘 사람들의 추격이 거의 다윗을 따라 왔음을 의미하는 겁니다. 다윗의 군대는 수(數)로는 열세였습니다만 이래 죽으나 저래 죽으나 마찬가지라는 생각에 혼신을 다해 싸웠습니다. 정말 혼신을 다해. 그 혼신 다함이 하늘에 닿았는지 예상과는 달리 승리의 여신은 다윗의 군사들에게로 기울어지고 있었습니다. 다윗의 군사들이 얼마나 사력(死力)을 다해 싸웠던지 2만 명의 사람들을 죽이는 대(大) 승리를 얻었습니다. 더욱 행운이었던 것은, 밀리던 압살롬의 이스라엘 군사들은 칼에 맞아 죽는 자보다 도망가다가 늪에 빠져 죽는 사람이 더욱 많았습니다.

『그 날에 수풀에서 죽은 자가 칼에 죽은 자보다 많았더라』(:8하)

압살롬은 자신의 군사들이 무참하게 패하고 있는 것을 보고 당황해 하고 있었습니다. 압살롬도 밀리고 있었습니다. 반면에 다윗의 군사들은 전세(戰勢)의 사기가 높아지면서 전쟁의 마무리를 향해 달리고 있을 때였습니다. 압살롬은 큰 소리로 퇴각(退却) 명령을 했습니다. 군사를 새롭게 정비하고 재시도 해야 하기 때문이었습니다. 그야말로 후새가 이야기 한 것처럼 다윗의 전투 전략은 우습게 여길 것이 아니라는 생각을 했습니다. 이스라엘 군은 모두가 후퇴했습니다. 후퇴하는 압살롬의 군대를 보고 다윗의 군사들은 더욱 사기가 충천해졌습니다. 요압과 아비새 그리고 잇대의 목소리가 전쟁터를 쩡쩡 울리고 있었습니다.

"반역의 괴수들을 한 놈도 남기지 말라! 적을 한 사람도 남기지 말고 처치하라!"

압살롬은 당황하고 있었습니다. 전세(戰勢)가 완전히 기울어진 줄 알고 고삐를 돌려 후퇴하려고 했습니다. 그런데 이게 웬일인가요? 자신을 향하여 다윗의 군사들이 달려오고 있는 겁니다. 압살롬은 무서웠습니다. 다른 병사들이 숱하게 도망하고 있음에도 불구하고 다윗의 군사들은 압살롬만을 향해서 질주하고 있는 것입니다. 압살롬만 죽이면 전쟁이 끝이 나기 때문입니다. 압살롬은 죽고 싶지 않았습니다. 무서웠습니다. 그는 자신이 타고 있던 노새의 엉덩이를 힘껏 내려쳤습니다. 그리고 혼신의 힘을 다해 달렸습니다. 있는 힘을 다해 달렸습니다. 숲은 나무들로 인해 달리기가 쉽지 않았습니다. 여기저기 나무 가지들이 거추장스럽게 걸리곤 했습니다. 더군다나 머리에 쓰고 있는 투구는 시야를 가렸고 오히려 짐이 되었습니다. 달리면서 머리에 뒤집어 쓴 투구를 벗었습니다. 그리고 뒤를 돌아보면서 쫓아오는 다윗 군사를 향해 집어 던졌습니다. 그의 머리털은 풍성했습니다. 정말 아름다운 머리털이었습니다. 노새를 타고 질주하는 압살롬의 모습은 머리털의 날림으로 인해 더더욱 찬란했습니다. 그런데... 질주하고 있는데 갑자기 압살롬을 위에서 확 끌어당기는 것이 있었습니다. 노새는 달리던 힘을 멈추지 못하고 앞으로 나아갔습니다. 위에서 끌어당기는 것에 의해 압살롬은 나무에 매달리게 된 겁니다.

위에서 끌어당긴 것은 사람이 아니었습니다. 압살롬의 그 풍성하고 아름다운 머리털이 상수리 나뭇가지에 걸려버린 겁니다. 그래서 공중에 대롱대롱 매달리게 된 겁니다.

> 『압살롬이 다윗의 신복과 마주치니라 압살롬이 노새를 탔는데 그 노새가 큰 상수리나무 번성한 가지 아래로 지날 때에 압살롬의 머리털이 그 상수리나무에 걸리매 저가 공중에 달리고 그 탔던 노새는 그 아래로 빠져나간지라』(:9)

꼴이 우스웠습니다. 머리털이 상수리나무에 걸려 공중에 매달려 있는 압살롬의 모습이 우스웠습니다. 요압 장군을 따라오던 다윗의 군사가 그 꼴을 보고 배꼽을 잡고 웃었습니다.(아마도 인류 역사상 머리털이 나무에 걸려 목숨을 잃은 장수는 압살롬뿐이 아니겠는가 하는 생각이 듭니다.) 배꼽을 잡고 웃고 있던 군사가 공중에 매달려 있는 압살롬을 보고 아주 여유 있게 비웃었습니다. 머리털도 만지며 비웃었습니다. 다윗의 군사 한 사람이 매달려 있는 압살롬을 지키기로 하고 다른 한 사람은 요압에게 달려갔습니다. 적(敵)의 수장(首將) 압살롬이 상수리나무에 매달려 있다는 보고를 하기 위해서였습니다.

상수리나무에 머리털이 걸려서 공중에 달려 있는 압살롬
심장이 고동을 쳤습니다.
불안했습니다.
숨은 거칠어지고 식은땀은 온 몸을 적시고
아래서는 한 군사가 칼을 가지고 장난 치면서 조롱하고 있고...
많은 생각이 지나갑니다.

일찍 죽은 아들들이 불연 듯 생각이 났습니다.
아들을 셋 낳았었는데 모두가 일찍 죽었기 때문입니다.
한 아이가 태어나서 귀여움을 받을만하면 알 수 없는 병으로 인해
죽어버렸습니다.
둘째 아이도 셋째 아이도 태어나서 어린 나이에 죽어버렸습니다.
아이가 죽을 때마다 압살롬은 가슴이 찢어졌습니다.
아이가 죽느니 자신이 죽고 싶었습니다.

죽은 아들들이 보고 싶었습니다.
눈물이 흘렀습니다.

아버지 다윗을 생각했습니다.
늙어서 거동도 편치 않은 아버지가 생각이 났습니다.
자신은 자기의 아들들의 죽음을 그렇게 아파했었는데 아니 지금도
일찍 죽은 세 아들들만 생각하면 가슴이 미어지는데
자신의 아버지 다윗은 그렇지 않았음이 기억되면서
아버지가 미운 겁니다.

큰 형 암논을 편애(偏愛)하던 아버지 다윗이 미웠습니다.
사랑하는 누이동생 다말을 강간해도 야단 한 마디 하지 않던
아버지가 미운 겁니다.
자신이 형 암논을 죽이고 외할아버지 나라로 가 있을 때도
3년이나 지나서 불러온 아버지가 미웠습니다.
그리고 불러다 놓고 2년이란 세월 동안
만나주지도 않고 버려두었던 아버지가 미웠습니다.
형을 죽인 것이 나쁜 일인 줄은 알지만
그 아버지는 그런 못된 암논이 왕이 된다면
나라가 얼마나 엉망이 될 것인가를 생각했다면
자신을 이해할 수 있는 일이었는데
아버지는 자신을 끝까지 받아주지 않았음이 원망스러웠습니다.
아버지에게 서러움을 받은 인생이었기에

그 아버지가 미운 겁니다.

반역도 그렇습니다.
늙은 아버지가 왕세자를 세우지 않고
권력을 쥐고 있는 것이 답답했었습니다.
분명히 자신을 왕세자로 책봉을 해야 하는데
그렇게 하지 않는 것이 자신을 미워해서
책봉하지 않았기 때문이라고 생각했기에
아버지가 미웠고
그래서 뜻있는 사람들이 모여서 권력을 창출한 거였습니다.
자신을 이렇게 만든 것은 아버지였습니다.

압살롬은 공중에 매달려 주마등처럼 지나가는
지난날들을 생각합니다.
"늙은 내 아버지 다윗은 승리했다고 나를 비웃고 있겠지?"
권력에 미쳐 있는 아버지가 자신을 죽이는 것은
파리 목숨처럼 여길 것이라고 생각하면서
서러움과 저주의 시간들을 보내고 있었습니다.
"다윗은 아버지도 아니다!"
"아들에 대한 인정도 없는 냉혈(冷血) 동물과 같은 존재가
다윗이다!"
"권력에 미친놈!"
압살롬의 악에 받친 마음속의 저주였습니다.

압살롬은 다윗의 마음을 모릅니다.
자신은 자신의 아들들이 죽을 때마다
가슴이 찢어지는 경험을 했는데
다윗은 오히려 아들을 죽이려고 한다고 저주하고 있는 겁니다.
자신이 아버지를 죽이려고 쫓아온 것은 새까맣게 잊고 말입니다.
어느 아버지가 아들의 아픔을 보고 좋아하겠습니까?
어느 아버지가 아들의 죽음을 보고 무덤덤하겠습니까?
아닙니다.
아버지는 그렇지 않습니다.
아버지는 아들 앞에서 근엄한 표정을 지을지 모릅니다.
아버지는 아들이 병들어 아파할 때
신문만 보면서 무관심한 것처럼 앉아 있을지 모릅니다.
아버지는 아들이 죽어 갈 때
아주 침착하게 그리고 눈물도 안 보일지 모릅니다.
그런데 그렇지 않습니다.
아버지의 가슴은 울고 있습니다.
아버지의 가슴은 천 갈래 만 갈래로 찢어지고 있습니다.
아버지의 심장은 오그라들고 있습니다.
아버지의 목구멍에서는 피가 넘어오고 있답니다.
늙은 다윗의 소리를 들어보십시오.
아버지의 애절한 소리 말입니다.
"나를 위하여 소년 압살롬을 너그러이 대접하라!"
체면도 없이 그를 죽이지 않으면
자신이 죽어야 한다는 논리를 알면서도

"나를 위하여 소년 압살롬을 너그러이 대접하라!"

하소연하고 있는 겁니다.

혹시 하나님 아버지께 원망하고 있지 않으신가요?

하나님 아버지께서 편애(偏愛) 하신다고

속상해 하고 있지는 않으신가요?

그렇기에 누구에게는 풍요한 삶을 허락하시고

나에게는 고통을 주고 계신다고 생각하고 있지는 않으신가요?

누구의 기도는 속히 들어 주셔서 간증하게 하시면서도

나의 기도는 듣지도 않고 계신다고 원망하고 있지는 않으신지요?

하나님은 나를 미워하신다고, 나를 용서하지 않으신다고

하나님을 미워하고 있지는 않으신가요?

아닙니다.

하나님은 그런 분이 아닙니다.

하나님은 당신을 사랑하십니다.

아무런 변화가 없기에 하나님은 나를 미워하신다고

생각하지 마십시오.

그건 오해입니다.

하나님은 다윗의 마음보다

더 따뜻한 애정(愛情)을 가지고 계신답니다.

당신을 향해서 말입니다.

압살롬이 상수리나무에 달려 있다는 보고를 받은 요압은 정신이 번쩍

들었습니다. 전쟁이 생각보다 쉽게 마무리되기 때문이었습니다. 요압은 보고자에게 물었습니다.

"그를 죽였느냐?"

"아닙니다. 그냥 매달려 있을 뿐입니다."

요압은 압살롬을 죽이는 것이 최고의 공훈이라고 생각하고 있었습니다. 그런데 멍청하게도 압살롬이 상수리나무에 달려 있는 것을 보고도 죽이지 않고 보고하고 있는 군사가 한심스러웠습니다. 요압의 생각에는 '압살롬이 매달려 있습니다.'라고 보고하는 것보다 '내가 압살롬을 죽였습니다.'라는 보고가 훨씬 현명한 보고라고 생각하고 있었던 거였습니다.

"야 이 얼간이 같은 놈아, 어째 그런 멍청한 보고를 하느냐? 끝을 본 보고를 해야 하지 않겠느냐? 이놈아, 매달려 있는 놈 죽였다는 보고를 해야 내가 네게 상을 줄 것이 아니냐? 네가 죽였다는 보고만 했어도 내가 너에게 은 10개를 주었을 것이다! 미련한 놈 같으니라고."

『요압이 그 고한 사람에게 이르되 네가 보고 어찌하여 당장에 쳐서 땅에 떨어뜨리지 아니하였느뇨 내가 네게 은 열 개와 띠 하나를 주었으리라』(:11)

은 열 개는 보통 사람의 일 년 연봉(年俸)에 해당하는 대단한 상금(賞金)입니다. 게다가 옷을 입을 때 명예와 권위를 상징하는, 오늘날로 말하면 훈장과 같은 띠를 상(賞)으로 받아 가문에 영예가 되는 상징물을 얻을 수 있을 뻔했다는 겁니다. 그런데 군사의 대답이 요압을 당황하게 했습니다.

"장군, 진심으로 하시는 말씀입니까? 전 그렇게 생각하지 않습니다. 제가 은 열 개를 상금으로 받는다 하더라도 다윗 왕의 아들을 죽일 순 없습니다. 우리가 분명 전쟁으로 출정할 때 모두가 들은 말이 있습니다. 왕께서 압살롬 왕자를 죽이지 말라고 간곡하게 하신 말씀입니다. 우리 모두가 왕의 처절한 부탁을 들었잖습니까? 그런데 그를 죽이라는 건 말도 안 됩니다."

> 『내가 내 손에 은 천개를 받는다 할지라도 나는 왕의 아들에게 손을 대지 아니하겠나이다 우리가 들었거니와 왕이 당신과 아비새와 잇대에게 명하여 이르시기를 삼가 누구든지 소년 압살롬을 해하지 말라 하셨나이다』(:12)

병사는 늙은 다윗이 성문(城門)에 서서 싸움터에 나가는 행렬을 보고 아주 큰 소리로 부탁하는 소리를 기억하고 있었습니다. 아니 늙은 다윗이 요압과 아비새와 잇대에게 왜 그렇게 크게 말하는 지를 알고 있었습니다. 아버지의 아들에 대한 마음이 어떠한지를 알고 있었습니다. 싸움은 누구를 죽이러 가는 것이고 군사들은 죽여야 하는 목표물이 누구인지를 알고 있었습니다. 압살롬이었습니다. 수천 수만의 사람들이 아닙니다. 압살롬만 죽이면 전쟁이 끝이 납니다. 그런 것을 알고 있는 늙은 다윗은 아들을 제발 죽이지 말라고 부탁한 겁니다. 이 아버지의 심정을 병사가 알고 있었던 거지요. 이 마음을 아는 병사는 얼마

간의 보상 때문에 다윗의 가슴에 못을 박으려 하지 않았습니다. 후손들의 자랑거리가 될 훈장 때문에 다윗의 가슴에 못을 박는 일을 하지 않은 겁니다.

귀한 마음입니다.
한순간만 눈감으면 졸지에 부자가 될 수 있습니다.
한순간만 양심을 버리면
후손들에게 자존감이 될 수 있는 것을 남겨줄 수 있는 기회입니다.
물론 후손은 왜곡된 진실을 참인 줄 알고 살겠지만
우리는 후손들에게 존경받기 위해
양심을 팔고 있지는 않으신지요?
우리의 과거의 공로로 인해 지금 받고 있는 칭찬들이
진정 부끄러움 없는 진실인가요?
후손들에게 훈장을 남기지 않아도 됩니다.
훈장이라는 물건만 보고
후손들에게 조상의 위대함(?)을 남기려 하는
거짓을 하면 안 됩니다.
하나님 앞에서 웃긴 꼴을 당하게 될 것이기 때문입니다.

그런데 병사는 요압의 귀에 요압의 숨겨진 마음을 드러내는 충격적인 이야기를 합니다.

"장군, 내가 압살롬 왕자를 죽였다면 아마 장군은 제 목을 치셨을 겁니다. 다윗 왕께서 압살롬을 죽이지 말라고 하신 명령 거역 죄로 저를 죽이셨을 게 아닙니까? 저는 왕의 명령을 지킨 겁니다."

『내가 만일 거역하여 그 생명을 해하였더면 당신도 나를 대적하였으리이다』(:13하)

지금 요압의 말은 압살롬을 죽이고 왔으면 칭찬하고 영웅으로 만들고 상을 주었을 것이라고 말하지만 그 말은 진심이 아님을 폭로하고 있습니다. 진짜로 압살롬을 죽이고 왔다면 다윗의 부탁을 거절한 명령 불복종자라는 죄목을 씌워 자신을 죽이고 싶은 것이 요압의 진심이 아니냐고 폭로하고 있는 거지요.

요압은 압살롬을 죽이고 싶었습니다. 죽여야 함을 알고 있었습니다. 그런데 다윗의 애절한 부탁을 지울 수가 없는 겁니다. 만일 자신이 압살롬을 죽이고 나면 다윗의 말을 듣지 않은 사람이 되는 것이 되기 때문입니다. 그렇기에 자신은 다윗의 말을 들어서 압살롬을 선대하려 했는데 무식한 병사가 과잉 충성을 해서 압살롬을 죽였다는 상황을 만들고 싶은 거였습니다. 그래서 병사가 압살롬을 죽여주면 속으로는 통쾌하지만 겉으로는 다윗의 뜻을 따르려 했다는 속임수를 위해서 압살롬을 죽인 병사를 명령 불복종 죄인으로 만들려고 했던 것이 요압의 계산이었던 거지요. 그렇게 되면 자신의 뜻대로 압살롬의 시체를 가지고 다윗에게 가서 속 다르고 겉 다른 쇼를 하여 다윗에게는 인정을 받고 자신의 뜻은 뜻대로 이루려고 했던 겁니다. 그런데 이 숨겨진 계산이 일개의 병사에게 들켜버린 겁니다.

『내가 만일 거역하여 그 생명을 해하였더면 당신도 나를 대적하였으리이다』(:13)

요압, 병사의 말을 들었을 때
자신의 마음이 들킨 것 같아 얼마나 화끈거렸을까요?
숨겨진 의도...
우리는 이런 이중적인 쇼를 얼마나 많이 하고 있는지요.
특히 힘이 있는 사람들이 이런 장난을 많이 한답니다.
사람을 자기 손에서 자신을 위해
장난감처럼 이용해 먹으려는 악(惡)한 일 말입니다.
물론 본인은 악(惡)이라고 말하지도 생각하지도 않습니다.
지혜라고 합니다.
아닙니다.
그것은 지혜가 아니라 악입니다.
자신의 실리(實利)를 위해서 머리를 굴리는 겁니다.
지혜를 빙자하여 악(惡)을 행하고 있는 겁니다.

사람들은 이것을 안답니다.
힘 있는 요압은 음흉한 계획을 가지고
마치 선한 사람인 것처럼 말하므로
힘없는 병사를 속일 수 있을 것이라고 생각했습니다.
그러나 자기만 똑똑한 줄 알았던 바보입니다.
똑똑한 척 하지 마세요.
다 안답니다.

단지 힘이 없고 약해서 속아 주는 척하는 것뿐입니다.
차이는 가졌다는 것과 가지지 못했다는 차이일 뿐
느끼는 것이나 생각하는 것은
매 일반이랍니다.

상수리나무에 매달려 있는 압살롬은 무척이나 힘이 들었습니다. 어떻게 머리털이 나뭇가지에 걸렸는지는 몰라도 아무리 몸부림을 쳐도 가지에서 머리털이 빠지지 않습니다. 빠지지는 않는다 하더라도 나뭇가지라도 부러져 주면 좋겠는데 나뭇가지도 부러지지 않습니다.

고통입니다. 시간이 지나가면서 다윗의 군사들이 하나 둘씩 이 희귀한(?) 광경을 보기 위해 몰려들었습니다. 다윗의 아들, 위풍당당하고 잘 생긴 아들 압살롬의 초라한 모습입니다. 사람들은 매달려 있는 압살롬을 보고 조롱했습니다. 어떤 사람은 발로 툭 건드려 보기도 했습니다. 어떤 이는 아버지를 죽이려고 혈안이 된 파렴치한 놈 얼굴이나 제대로 보자며 조소를 했습니다. 견딜 수 없는 수모(受侮)가 끊이지 않았습니다. 수모(受侮)의 소리가 계속되는 동안 압살롬은 매달려 있는 고통에서 헤어나기 위해 몸을 움직여 봅니다만 그럴수록 더욱 초라해질 뿐이었습니다. 시간과 함께 시끄러움 속에서 조롱받고 있는데 누군가가 하는 소리가 압살롬의 귀를 자극했습니다.

"저런 파렴치한 놈을 잡아 죽이라고 하지 왜 너그럽게 대하라는지 이해가 안 돼!"

"지 애비를 죽이려고 달려온 놈을 그래도 잘 대해주라니...."

"야 이놈아, 넌 다윗 왕이 아니었으면 벌써 들짐승의 밥이 되고도 남았음을 아냐?"

"다윗 왕께서 너 때문에 흘린 눈물만 받았어도 한 통은 되겠다."

"지 아버지가 얼마나 사랑하는지 저 놈은 모를 거야!"

아버지 다윗이 자신을 사랑한답니다. 사람들이 그렇게 말하는 겁니다. 아버지 다윗을 아는 사람들이 말입니다. 자신이 그리도 미워하는 아버지 다윗이 자신을 사랑한다는 거예요! 아버지를 죽이겠다고 달려온 자신을 너그럽게 대하라고 했답니다. 압살롬은 더 이상 몸부림을 칠 수가 없었습니다. 너무 힘이 들 때면 몸을 비틀어 보기도 했지만 늙은 아버지가 자신을 너그럽게 대하라고 한 말, 그리고 늙은 아버지가 자신을 사랑하고 있다고 하는 귀에 들린 사람들의 말이 압살롬의 가슴을 미어지게 했습니다.

상수리나무에 매달린 고통이 아닙니다. 아버지가 너그럽게 대하라고 성문 곁에서 부탁했다는 말 때문에 고통스러운 겁니다. 압살롬은 울었습니다. 하염없이 울었습니다. 아버지께 미안해서입니다. 아버지의 사랑을 지금 알았기 때문입니다. 자신을 너그럽게 대하라는 아버지의 말이 있었기에 죽지는 않을 것이라는 생각이 스쳐갔습니다. 그러면서 굳게 결심합니다.

"아버지 앞에 가서 무릎을 꿇고 빌리라. 아버지 앞에 가서 잘못했다고 용서를 구하리라..."

요압은 병사의 날카로운 해석에 황당했는지 말을 돌렸습니다. 아니 진정 압살롬을 죽였다면 상(償)을 주었을 것이라는 자신의 말을 진실로 만들기로 했습니다. 그래서 말을 탔습니다. 마음이 들켰다는 민망함으로 인해 요압은 제정신이 아니었습니다. 분했습니다. 일개 병사라는 놈에게 속을 들키다니... '이놈아 내가 압살롬을 죽이면 되잖냐!' 요압은 날카로운 창 셋을 굳게 잡고 압살롬이 매달려 있다는 곳으로 질주했습니다.

군사들이 모여 있었습니다. 요압 장군이 바람을 가르며 창을 손에 쥐고 달려오는 것을 군사들이 보았습니다. 다윗 왕의 간절한 부탁이 있었기에 아무도 압살롬에게 손을 대지 않고 있는 겁니다. 물론 요압도 다윗의 부탁에 따라 압살롬을 너그럽게 대할 수밖에 없을 것이라고 생각하고들 있었습니다. 요압 장군이 탄 말이 가까이 오자 군사들은 박수를 치면서 환영했습니다. 누군가가 말에서 내리는 요압 장군에게 말했습니다.

"장군! 다윗 왕의 너그럽게 대하라는 말씀만 없었다면 저 놈은 벌써 우리 손에 죽었을 겁니다."

그런데 요압은 아무런 반응이 없습니다. 무뚝뚝합니다. 말도 없습니다. 무척이나 화가 난 표정입니다. 압살롬이 나무에 매달려 생포(生捕)하게 되었는데도 요압의 표정은 어두웠습니다. 총사령관의 표정이 어두운 것을 안 군사들은 이내 조용해졌습니다. 요압은 창을 쥐고 매달려 있는 압살롬에게로 걸어갑니다. 아버지에 대한 사죄의 마음을 가지고 있던 압살롬은 요압 장군이 다가오는 것을 보면서 '이제 내려져서 아버지에게로 가겠구나' 하는 생각을 하고 있었습니다. '가서 아버지께 무릎을 꿇고 용서를 구해야지...' 생각을 할 때입니다.

다가온 요압의 입에서 말 한 마디가 나올 줄 알았습니다. 그리고 압살롬도 무슨 말로 대답할 것인가를 생각하고 있었답니다. 그런데... 요압 장군은 아무 말도 하지 않는 겁니다. 그리고 쥐고 온 날카로운 창을 불끈 잡더니 큰 소리를 지르며 매달려 있는 압살롬의 심장을 후볐습니다.

"야 이 개새끼야!"

주변은 졸지에 조용해졌습니다. 압살롬 심장에 꽂힌 창을 뽑지도 않은 채 요압은 뒤를 돌아보았습니다. 그리고 건방지게도 자신에게 말대꾸를 했던 병사의 눈을 뚫어지게 쳐다봅니다. 요압의 눈은 들킨 속마음에 대한 분노의 눈빛이었습니다. 요압은 자신의 속마음을 말했던 병사에게서 눈을 떼지 않으면서 주변에 있던 열 명의 병사들을 향해 말했습니다.

"반역자 새끼를 죽여 버려!"

『요압이 가로되 나는 너와 같이 지체할 수 없다 하고 손에 작은 창 셋을 가지고 가서 상수리나무 가운데서 아직 살아 있는 압살롬의 심장을 찌르니 요압의 병기를 맡은 소년 열이 압살롬을 에워싸고 쳐 죽이니라』(:14-15)

요압이 무섭습니다.

아니 인간이 이런 존재입니다.

악을 꾀한 자신의 음모가 드러나면 더 악해집니다.

그 음모를 완전히 지우기 위해서 잔인해집니다.

음모가 아니었다고 포장하기 위해서입니다.

회개를 하면 얼마나 좋을까요?

그런데 그렇지 않다는 말입니다.

우리도 (지금은) 요압을 나쁜 놈이라고 말할지 모르지만

우리도 그런 악한 본능이 있답니다.

그러므로 악한 일에 빠지지 않기 위해

악한 일을 꾀하면 안 됩니다.

단순하게 삽시다.

속과 겉을 투명하게 하고 살자구요.

그것이 그리스도인의 삶이랍니다.

압살롬.

뉘우치기만 하고...

아버지에게 할 말이 있는데

눈물만 흘리다가

심장에 창이 꽂혀 저 세상 사람이 되었답니다.

누군가와 풀지 못한 일이 있지 않습니까?
부모와 자식 간에 그런 일이라면 더욱 가슴이 아프네요.
형제와 형제간에 그런 일인가요?
그래요 누군가가 섭섭하게 했겠지요.
그러나 섭섭한 것은 작은 일이고
너무 많이 오해하고 있답니다.
푸십시오!
변명도 하지 마시고
들으려고도 하지 마시고
손잡고 서로 서로 미안하다고 말하지 않으시겠습니까?
자존심?
한번만 버리세요.
짓밟히면 어떻습니까?
한번만 미안하다고 하면 된답니다.

말하려고 굳게 마음먹었던 압살롬
말하려고 했는데
말할 기회가 주어지지 않았습니다.
아버지와 하고 싶은 말이 있었는데
못하고 죽었잖아요.

전쟁이 끝났습니다. 요압의 마음은 무거웠습니다. 성문 곁에서 "나를 위하여 소년 압살롬을 너그러이 대접하라."고 말하면서 애절히 부탁하던 늙은 다윗 왕의 모습이 떠올랐기 때문입니다. 하여간 나팔수를 불러 전쟁이 끝났음을 알리게 했습니다. 그리고 어디론가 풀 죽은 모습으로 걸어가고 있었답니다.

군사들은 이 어이없는 광경을 보고 있다가 갈기갈기 찢어져 매달린 압살롬의 시체를 끌어냈습니다. 그리고 수풀 속으로 시체를 던졌습니다. 군사들은 큰 돌을 하나씩 가져다가 압살롬의 시체를 덮었습니다. 큰 돌무덤이 되었습니다. 모두가 압살롬의 무덤을 뒤로 하고 우울한 마음으로 그 자리를 떠나갔습니다.

몇 개월 후에
다윗이 예루살렘 군정으로 다시 돌아간 후에, 왕궁 한구석에서
압살롬이 자기가 죽은 다음에 세워 두도록 하기 위한
비석을 누군가가 찾아냈습니다.
일찍 세 아들을 잃은 압살롬은 자신이 죽은 다음
비석 세워 줄 자식이 없음을 알고
자기 스스로가 미리 만들어 놓은 거였습니다.
다윗은 그것을 보고 많이 울었습니다. 그리고 지시했습니다.
내 아들 압살롬의 돌무덤 앞에 세워두라고.

『압살롬이 살았을 때에 자기를 위하여 한 비석을 가져 세웠으니
이는 저가 자기 이름을 전할 아들이 없음을 한탄함이라
그러므로 자기 이름으로 그 비석을 이름하였으며
그 비석이 왕의 골짜기에 있고
이제까지 압살롬의 기념비(記念碑)라 일컫더라』(:18)

⓯ 삼하 18:19-33

기뻐할 수 없는 승리와 보고(報告)

압살롬의 반란군과 다윗의 군사들과의 싸움은 압살롬의 죽음으로 인해 끝이 났습니다. 그러나 승리를 했음에도 불구하고 다윗의 군사들은 누구도 기뻐하지도 기뻐할 수도 없었습니다. 압살롬이 요압에 의해 죽었기 때문입니다. 상수리나무에 매달려 있던 압살롬의 심장이 요압의 창으로 인해 터지고 병사들에 의해 난도(亂刀) 당한 것이 생각나면서, 동시에 싸울 때 싸우더라도 제발 압살롬을 너그럽게 대해 달라는 늙은 다윗 왕의 부탁이 생각났기 때문입니다.

압살롬의 죽음으로 전쟁이 끝났지만 군사들은 군사들대로 삼삼오오(三三五五) 모여서 기뻐할 수 없는 승리(?)를 이야기하고 있었습니다. 물론 요압과 아비새 그리고 잇대를 비롯한 지휘부의 사람들도 모여 기뻐할 수 없는 승리로 인해 어두운 침묵의 시간을 보내고 있었습니다. 그 때 젊은 제사장 아히마아스가 나섰습니다. 그는 다윗이 신뢰하는 제사장 사독의 아들입니다. 자신이 다윗에게 가서 하나님의 은혜로 싸움이 승리로 끝났다고 보고하겠다는 겁니다.

"장군, 어쨌건 간에 전쟁이 끝났음을 알려야 하지 않겠습니까? 제가 왕께 가서 말씀드리겠습니다."

『나로 빨리 왕에게 가서 여호와께서 왕의 원수 갚아 주신 소식을 전하게 하소서』(:19하)

아히마아스도 분위기를 모르는 것은 아니었습니다. 그러나 그렇다고 전쟁이 끝났음에도 불구하고 가만히 있을 수만은 없지 않느냐는 것이었습니다. 다윗 왕에게 정황을 설명하고 다음 단계를 취해야 한다는 겁니다. 침울한 가운데 있던 요압이 아히마아스의 말을 듣고 긴 한숨을 쉬면서 말합니다.

"아들이 죽었다는 소식을 전하는 건 미련한 짓이야!"

요압은 알고 있었습니다. 아니 요압의 가슴에도 보였습니다. 전쟁에 나설 때 자신과 아비새와 잇대를 불러 놓고 행진하고 있는 군사들이 다 듣도록 큰 소리로 "나를 위하여 소년 압살롬을 너그럽게 대접해 달라"고 간곡하게 부탁하던 다윗의 모습 말입니다. 그리고 지금도 성문에서 전쟁의 승패 소식이 아닌 압살롬의 생사여부의 소식만을 기다리고 있는 늙은 다윗의 처량함이 눈에 보이는 겁니다. 그렇기에 요압은 전쟁을 승리로 마무리 지었음에도 불구하고 기뻐할 수 없는 승리로 인해 고민하고 있는 거였습니다. 더군다나 다윗의 아들을 죽인 사람이 본인이기에 힘이 든 거였습니다.

그러나 전쟁의 총사령관으로서 가만히 있을 수는 없었습니다. 그래서 군사 한 사람을 불러 다윗 왕에게 전쟁의 소식을 전하라고 했습니다. 구스에서 온 사람이었습니다. 다윗 왕이 한 말을 모르는 병사였습니다. 아무런 말도 주지 않았습니다. 그냥 본 것만을 전하라고 했답니다.

"네가 이 전쟁 소식을 왕께 소상히 전하거라."

『구스 사람에게 이르되 네가 가서 본 것을 왕께 고하라』(:21상)

병사는 부지런히 달리기 시작했습니다. 그러면서 생각합니다. '본 것을 전하라고? 상수리나무에 머리털이 걸려 매달려 있던 압살롬의 심장을 요압이 창으로 찌른 후 열 명의 병사들을 시켜 쳐 죽이게 했는데... 그렇게 전해야 하나?' 달리고 있는 병사의 고민이었습니다. 병사가 달려갈 때 아히마아스는 요압 장군에게 소식을 가지고 가는 병사의 뒤를 따라가겠다고 졸랐습니다. 요압은 알 수가 없었습니다. 분명 압살롬의 죽음으로 인한 승리의 소식은 다윗의 마음을 괴롭게 하는 소식인데 자꾸만 가겠다는 겁니다. 요압은 한 번 더 권면했습니다.

"야 임마, 너 승리의 소식을 전한다고 무조건 왕이 좋아하는 게 아니야! 지금은 다른 때와는 달라 임마! 아무리 이겼다고 해도 상은커녕 임금님 마음에 불을 지를 거야 임마!"

『내 아들아 왜 달음질하려 하느냐 이 소식으로 인하여는 상을 받지 못하리라』(:22하)

요압도 언제 상(償)을 받고 언제 상을 받을 수 없는지를
알고 있습니다.
분명 요압은 반란군을 제압한 공로자입니다.
그런데 불순종한 사람입니다.
왕에게 상(償)을 받는 것은
공로를 세우거나 승리를 해서가 아닙니다.
상(償)은 순종 여부에 달려 있는 겁니다.
하나님 앞에서도 마찬가지입니다.
위대한 업적으로 상(償)을 받는 게 아닙니다.
순종 여부에 따라 상(償)이 주어진답니다.
일을 잘해서 능력 있는 사람으로 평가되는 것에
관심을 두지 마십시오.
하나님의 마음을 편하게 해드리는 것에 관심을 두셔야 합니다.

한 사람이 예물을 가지고 성전에 왔습니다.
그리고 그 많은 예물을 하나님께 바치려고 할 때입니다.

사람들은 그 예물을 보고 대단하다고 칭찬을 하고 있었습니다.
그런데 주님께서는 그 대단한 예물을 바치는 사람에게
이렇게 말씀하셨습니다.
“잠깐! 예물이 많구나.
그런데 하나님이 기다리시는 것은 많은 예물이 아니라
형제와 맺힌 것을 푸는 거란다.
하나님은 네가 대단한 일을 하는 것을 아시지만
하나님께서 원하시는 것은 대단한 일이 아니란다.
형제와의 원수 됨을 푸는 거란다.
그것에 대한 순종을 기다리고 계신단다.”

왜 아히마아스는?

왜 아히마아스는 누구보다도 먼저 다윗 왕에게 가려 했는지 모르겠습니다. 그도 압살롬을 너그럽게 대접해 달라는 늙은 다윗의 애절한 부탁을 알았던 사람이고, 다윗은 전쟁의 승패보다도 압살롬의 생사에 더 관심이 있다는 것을 알고 있는데, 압살롬의 죽음의 소식을 전하는 것은 좋지 않은 일임을 알고 있으면서도 누구보다도 다윗에게 먼저 가려고 하고 있다는 겁니다. 요압의 생각처럼 아히마아스는 상(償)을 받고 싶어서는 아닌 것 같습니다. 단지 압살롬 죽음의 비보(悲報)로 인해 늙은 다윗이 받을 충격에 대한 완충(緩衝) 역할을 하고 싶었던 것 같습니다. 전쟁에서 승리했다는 보고는 압살롬과 연결되기에 다윗으로 하여금 압살롬이 어떻게 되었을지를 예견하도록 하여 압살롬 죽음에 대한 소식을 직접 듣게 되더라도 너무 놀라지 않게 하려는 선한 의도가 있었을 것으로 추측을 합니다.

당신께서 해 놓은 일로 인해 상(償) 받을 거라고 생각하지 마십시오. 상은 하나님의 말씀에 순종한 것에 따라 주어진답니다.

그러나 아히마아스는 고집을 꺾지 않았습니다. 아무튼 가겠다는 겁니다. 결국 요압은 허락했답니다. 아히마아스는 요압의 허락이 떨어지자마자 달렸습니다. 구스 병사가 간 길보다 빠른 길을 알고 있던 아히마아스는 그 길로 병사를 앞질러 다윗이 있는 마하나임 성으로 달렸습니다.

사람들이 다윗을 위해 전쟁에 나간 지 며칠이 지났습니다. 싸우지 않으면 자신을 비롯한 모든 따르는 자들이 몰살당할 것이기에 전쟁을 하러 나갈 수밖에 없었습니다만, 다윗 왕의 마음은 갈피를 잡을 수가 없었고 불안했습니다. 싸움은 승리해야 하지만 반면에 승리하면 안 되는 싸움이기 때문이었습니다. 안절부절못하는 하루하루입니다. 한순간 한순간이 초조합니다. 싸움에서 지면 모두가 죽습니다. 싸움에서 이기면 아들이 죽어야 합니다. 아니 아들의 목숨을 너그럽게 대해 달라고 했기에 죽이지는 않겠지만 그의 인생이 초라해질 것을 생각하니 답답한 겁니다. 늙은 다윗의 고통입니다. 이런 것을 심통(心痛)이라고 했던가요? 다윗은 자신의 생(生)이 너무 길다고 생각하고 있었습니다. 아들이 보고 싶었습니다. 권력이건 뭐건 간에 아들 손 한번 잡아 보고 싶었고 아들하고 식탁에 앉아 오순도순 웃음 섞인 이야기하면서 밥 한 끼 먹고 싶었습니다. 그런 것이 행복인데...

이 날도 추스를 수 없는 마음을 가지고 서성거리고 있었습니다. 그런데 파수꾼이 소리를 지르는 겁니다. 어떤 사람이 성을 향해 달려오고 있다고 합니다. 다윗은 짐작했습니다. 전쟁 소식을 가지고 오는 사람이라는 것을. '어떤 소식일까?' 도대체 어떤 것이 좋은 소식인지를 판단할 수 없었던 다윗은 궁금하기만 했습니다. 생각중에 있는데 이번에도 파수꾼이 문지기를 바라보면서 또 소리를 질렀습니다. 또 한 사람이 달려오고 있다고 말입니다. 그러면서 파수꾼이 하는 말이 먼저 오는 사람이 자신이 보기에는 아히마아스처럼 보인다는 겁니다.

"아히마아스가 아닌가 하오. 뒤에 오는 사람은 누군지 모르겠소이다마는 앞에 달려오는 사람은 분명 아히마아스요!"

『파숫군이 가로되 나 보기에는 앞선 사람의 달음질이 사독의 아들 아히마아스의 달음질과 같으니이다 』(:27)

다윗은 아히마아스라는 이름을 듣고 반가웠습니다. 그는 언제나 좋은 소식을 가져오는 사람이라는 선입관이 있었기 때문입니다. 다윗은 전쟁의 결과에 대한 복잡하고 두려운 문제의 해결을 아히마아스가 가지고 오고 있다고 생각하고 있는 겁니다. 그래서 다윗은 잠시 행복했습니다.

"그래? 그 사람은 언제나 좋은 소식을 가지고 오곤 했지. 이번에도 그가 가지고 오는 소식은 아주 좋은 소식이니라."

『저는 좋은 사람이니 좋은 소식을 가져오느니라』(:27하)

아히마아스는 평화의 사람(Peace maker)이었습니다.

그가 나타나면 불안이 사라졌습니다.

그는 힘들어하는 사람에게 안식을 가져다주곤 했습니다.

불화가 있는 곳에 평화를 주고

분열이 있는 곳에 일치를 주며

미움이 있는 곳에 사랑을 주는 좋은 사람이었습니다.

그렇다고 해서 악과 타협하는 사람이라는 말이 아닙니다.

악한 사람을 변화시키는 사람이었겠죠.

사람을 격려하고 도와주고 편안하게 해주는 사람이었습니다.

어린 나이이지만

그는 참 좋은 성품의 사람이었습니다.

다윗은 이 어린 아히마아스를 귀하게 여겼습니다.

이 날도 불안으로 시간을 보내고 있던 다윗은

아히마아스가 온다는 소리를 듣고 마음이 편해졌답니다.

우리는 어떤가요?

사람들에게 보여지는 느낌은 어떤가요?

사람들에게 평화를 가져다주는 사람인가요? 아니면

사람들이 피하고 싶은 사람인가요?

아히마아스를 맞이하는 다윗의 마음은 평안했습니다. 아히마아스는 애처로운 눈으로 늙은 다윗을 바라보더니 정중히 엎드려 좋은 소식을 보고했습니다.

"전하, 평안하시오니까? 신(臣) 전쟁에서 전하의 명을 받아 전쟁을 수행하고 왔나이다. 전쟁을 통하여 여호와를 찬양하나이다. 전쟁은 전하의 승리나이다. 전하를 대적하는 모든 자들을 여호와께서 붙이셨나이다."

다윗은 좋았습니다. 그런데 아히마아스의 대답 속에 압살롬의 소식이 없습니다. 그래서 물었습니다.

"오, 그래 수고했다. 그런데 압살롬은 어찌 되었는고? 그 아이에게 아무 일도 없겠지?"

"전하, 신은 분명 아군이 반란군을 이긴 것은 알고 있사오나 승리의 소식이 너무 커 압살롬의 소식을 듣지 못하고 왔나이다."

아히마아스는 아주 지혜로웠습니다.

『평강하옵소서... 왕의 하나님 여호와를 찬양하리로소이다 그 손을 들어 내 주 왕을 대적하는 자들을 붙여 주셨나이다 왕이 가로되 소년 압살롬이 잘 있느냐 아히마아스가 대답하되 요압이 왕의 종 나를 보낼 때에 크게 소동하는 것을 보았사오나 무슨 일인지 알지 못하였나이다』(:28-29)

아히마아스의 보고를 듣고 있는 중에 구스 병사가 왕께 나아왔습니다. 그도 왕에게 싸움의 결과를 보고하기 위하여 입을 열었습니다. 늙은 다윗 왕은 압살롬에 관한 소식이 궁금할 뿐이었습니다. 그래서 물었습니다.

"너도 전쟁에서 나왔느냐? 그럼 압살롬의 소식을 가지고 왔느냐? 그는 잘 있겠지?"

다윗을 모르는 구스 병사는 생각 없이 요압이 하라는 대로 말했습니다.

"전하, 기뻐하시옵소서. 왕을 대적하는 자는 적장 압살롬과 같이 되기를 바라나이다."

『왕이 구스 사람에게 묻되 소년 압살롬이 잘 있느냐 구스 사람이 대답하되 내 주 왕의 원수와 일어나서 왕을 대적하는 자들은 다 그 소년과 같이 되기를 원하나이다』(:32하)

다윗은 알아들었습니다. 압살롬이 비참하게 죽었다는 것을.

늙은 다윗은 견딜 수가 없었습니다. 마음이 부서졌습니다. 그 아들이 어떻게 죽어 갔는지 전쟁을 많이 겪은 늙은 다윗은 상상할 수 있었습니다. 전쟁터의 잔인함이 지나갑니다. 그리고 아들 압살롬이 병사들에 의해 어떻게 죽어 갔는지를 상상하는 것은 어렵지 않았습니다. 늙은 다윗의 가슴이 미어지기 시작했습니다. 숨을 쉬기가 어려웠고 다리에는 힘이 풀어졌습니다. 떨리는 다리를 끌고 성(城) 위의 다락으로 올랐습니다. 흐르는 눈물을 닦으면서 올라갔습니다. 흐느낌이 모자라 통곡으로 변하는 신음 소리를 억제하면서 한 걸음 한 걸음을 떼었습니다.

"이 놈아, 압살롬아. 내 아들 압살롬아. 내 아들아 내 아들아. 내가 죽었어야지 네가 죽으면 어떡하냐! 압살롬아, 내 아들 압살롬아! 내 아들아."

『내 아들 압살롬아, 내 아들 내 아들 압살롬아! 내가 너를 대신하여 죽었더면, 압살롬 내 아들아, 내 아들아!』(:33)

부서지는 늙은이의 절규였습니다. 아무리 통곡해도 작은 소리로만 흘러나오는 늙은이의 절규였습니다. 쭈글쭈글한 손으로 성(城) 벽을 비벼대면서 올라갑니다. 부들부들 떨리는 늙은이의 손이 애처롭기만 합니다. 압살롬이 밉지 않았었습니다. 어느 아들보다도 잘 생긴 아들이었고 멋진 아들이었습니다. 왕으로 삼으려고 마음에 두고 있었던 아들입니다. 그가 왕이 되고 나면 주변 나라의 왕들이 풍모에 위압감을 받을 만큼 자신 있던 아들이었습니다. 그 아들을 사랑했습니다. 그 아들이 보고 싶었습니다. 그런데 그 아들이 죽었답니다. 아들에게 미안했습니다. 아들에게 너무 냉정하게 대했고 아들에게 쓸데없는 권위만 부린 것이 미안했었습니다. 미워한 게 아닌데도, 사랑하면서도 아들에게 표현 못하고 상처만 심어준 것이 가슴 아팠습니다. 이젠 풀어야겠기에 아들에게 사랑한다고 말해야겠기에 내 아들 압살롬을 너그럽게 대접해 달라고 했던 겁니다. 그런데 그 아들이 죽었답니다. 아들에게 할 말이 있는데, 아들에게 해주고 싶은 마음의 말이 있는데 그 아들이 죽었답니다. "내 아들 압살롬아, 내 아들 내 아들 압살롬아! 내가 너를 대신하여 죽었더면, 압살롬 내 아들아 내 아들아"

압살롬은 패륜아(悖倫兒)입니다.

자기를 낳아 준 아비를 향해 군사를 모집하고

칼을 들고 달려든 짐승만도 못한 놈입니다.

인간 역사에 있어서 찾아보기 힘든 나쁜 놈입니다. 몹쓸 놈입니다.

그런데 다윗에게는 아닙니다. 다윗에게는 보고 싶은 아들입니다.

얼굴을 만져주고 등을 두드려 주고 손을 잡아주고 싶은

매우 소중한 아들이랍니다.

요압이 압살롬을 나쁜 놈이라고 욕하더라도

다윗에게는 아닙니다. 나쁜 놈이 아닙니다.

어쩌다가 실수 한 것이지 원래는 착한 아이랍니다.

얼마나 좋은 아들인데요.

이스라엘의 온 백성이 압살롬을 죽여야 하는 악한 놈이라고 해도

다윗에게는 아닙니다.

다윗에게는 아들 압살롬보다 귀한 것이 없답니다.

자신의 생명보다 더 가치 있고 아름다운 것이 아들 압살롬이랍니다.

하나님 아버지의 마음을 아시나요?

당신의 아들에 대한 애정 말입니다.

하나님에게 아들이 하나 있었습니다.

그 이름은 예수랍니다.

얼마나 귀중한 아들인지요.

그런데 이 아들을 죽이셨답니다.

당신과 나를 위해서.

당신과 나를 당신의 아들과 딸로 삼으시기 위해서
자신의 귀중한 아들을 십자가에서 죽이셨답니다.
우리는 그 안에서 하나님의 아들과 딸이 되었답니다.
하나님은 자신의 자녀 된 우리를 그리도 예뻐하신답니다.
사랑하시고 귀하게 여기시고
누가 뭐라고 해도 변함없이 사랑하고 계신답니다.
다윗이 압살롬을 사랑하는 사랑과 비교할 수 없는
사랑으로 말입니다.

아버지를 죽이려고 했으나 여전히
다윗에게 압살롬은 아들이었습니다.
우리가 이 땅에서 많은 잘못과 실수와 죄악을 범합니다만
그래서 아버지 하나님의 채찍을 맞을 수도 있습니다만
그래도 분명한 것은
여전히 그분은 당신의 그리고 나의 아버지시랍니다.
『내가 확신하노니 사망이나 생명이나 천사들이나 권세자들이나
현재 일이나 장래 일이나 능력이나 높음이나 깊음이나
다른 아무 피조물이라도
우리를 우리 주 그리스도 예수 안에 있는
하나님의 사랑에서 끊을 수 없으리라』(롬 8:38-39)

⑯ 삼하 19:1-8상

이상한 눈물

압살롬이 죽었다는 소식이 마하나임 성에 있는 다윗에게 전해지고 있는 동안 에브라임(마하나임) 수풀 근처에 있던 요압과 그 군사들은 「기뻐할 수 없는 승리」로 인해 가슴 답답한 시간들을 보내고 있었습니다. 반면, 마하나임 성(城)에서는 60대 중반이 넘어가는 노인의 절규(絕叫)하는 소리가 성(城) 사람들을 무안(無顏)스럽게 하고 있었습니다. 주인공은 다윗이었습니다. 요압과 군사들은 답답했습니다. 전체를 생각하지 않고 단지 아들에 대한 정(情)과 그리움에 빠져 있는 다윗 왕 때문이었습니다. 아니나 다를까 마하나임으로부터 한 사람이 와서 다윗 왕과 성(城)의 분위기를 말했습니다.

"장군, 마하나임 성은 완전히 초상집입니다. 다윗 왕께서 정신을 차리지 못하시고 울고 계십니다. 성문에서 압살롬만 부르며 통곡을 하고 계시는 겁니다."

『왕이 압살롬을 위하여 울며 슬퍼하시나이다』(:1하)

다윗의 상태를 들은 요압과 군사들은 전쟁에서 큰 승리를 했음에도 불구하고 혼돈과 갈등을 지나서 짜증으로 더해가고 있었습니다. 사실상 늙은 다윗에 대한 충성으로 예루살렘을 떠나 이곳까지 왔고 목숨을 내놓고 싸운 것도 단지 다윗 왕을 위한 충성 때문이었는데, 다윗은 자신의 아들 죽은 것만을 고통스러워할 뿐 오히려 목숨을 내놓고 싸운 군사들을 무안(無顏)하게 하고 있기 때문이었습니다.

사실 이스라엘과의 싸움은 승산이 없는 싸움이었습니다. 군사 숫자로 보나 무기로 보나 게임이 될 만한 싸움이 아니었습니다. 누가 이야기 한 것처럼 하나님의 은혜로 기적적인 승리를 한 겁니다. 그렇기에 자신들은 개선군으로 칭찬과 영광을 받을 만한 가치가 있었던 거지요. 그런데 다윗 왕의 슬픔으로 영광스러운 환영은커녕 오히려 전쟁 이긴 것이 우스운 꼴이 되고 만 겁니다.

요압과 아비새 그리고 잇대를 비롯한 모든 군사들은 패잔병처럼 아무런 소리도 내지 못하고 조용히 성으로 들어가야 했습니다. 성(城) 가까이 왔을 때는 더더욱 조용히 움직였답니다. 군사들의 그러한 행동은 고통 가운데 있는 다윗 왕의 마음을 알고 있었기 때문입니다. 물론 성(城)에 있는 사람들도 조용했습니다. 단지 늙은 다윗 왕의 애곡(哀哭)하는 소리만 가냘프게 성(城)을 울리고 있을 뿐이었지요.

성(城)으로 입성하는 군사들도 다윗이 흐느끼는 소리를 들을 수 있었습니다. 군사들은 무척이나 무안했답니다. 조용히 성(城) 문을 통과하여 안으로 들어가고 있는데 정렬된 행렬 가운데 있던 누군가가 성(城) 문루(門樓)를 손가락으로 가리켰습니다. 조용히 걷고 있던 군사들은 그 가리킴을 따라 한 둘씩 눈을 돌렸습니다. 그리고는 한 사람씩 발걸음을 멈추기 시작했습니다. 왜냐하면 성(城) 문루(門樓)에 늙은 다윗 왕이 있었기 때문입니다. 소리가 새어나갈까 그랬는지 누가 볼까봐 그랬는지, 왕은 얼굴을 가리고 억제하지 못하는 큰 신음으로 울고... 그러다가 소리를 지르곤 했습니다.

"내 아들아, 내 아들 압살놈아, 이 놈아, 내 아들아 내 아들아!"

『내 아들 압살롬아 압살롬아 내 아들아 내 아들아』(:4)

제사장 아히마아스는 전쟁의 승리를
하나님께서 다윗 왕의 원수를 갚으신 것으로
해석했습니다(18:19).
하나님을 찬양해야 하는 일로 다윗에게 권면했습니다(18:28).
진정 그렇습니다.
이 싸움은 하나님께서 다윗에게 주신 승리였습니다.

그러나 아버지에게는 그렇지 않았습니다.

다윗은 왕이 된 후 40년 가까이 나라를 다스리고

수많은 전쟁을 해 오면서

승리할 때마다 감사와 찬송과 영광을 하나님께 돌렸습니다.

그런데 지금은 아닙니다.

분명 하나님의 은혜로 승리했습니다만

하나님께 감사할 수 있는 마음이 아닌 겁니다.

아들을 이겨 놓고는 감사할 수 없었습니다.

아들을 죽여 놓고는 찬송이 되지 않았습니다.

아무리 하나님께서 주신 승리지만

아들을 죽이고 얻은 승리는

기쁨도 아니고 감사할 수도 없었습니다.

오히려

아들 죽은 것으로 인해 미쳐버리고 싶을 뿐입니다.

승리를 하나님이 주셨지만

아들을 살리고 내가 죽어야 했다는 것이

아버지의 마음이었습니다.

만일 자기 아들의 죽음을 보고

하나님께 영광을 돌리는 행위를 한다면

그것은 위대한 신앙 같아 보일지 모르지만 위선(僞善)입니다.

그래요 모든 것에 감사해야지요.

모든 것이 하나님의 섭리이고 하나님의 뜻이고

하나님의 하시는 일입니다.
그러나 자식이 죽어가고 있을 때,
자식이 죽었을 때는
슬픈 것이 진실이고
견딜 수 없이 고통스러운 것이 정직한 겁니다.
슬퍼하는 것이 진실한 마음이라는 겁니다.

다윗은 하나님께서 전쟁에 승리케 하신 것을
명백하게 알고 있었습니다.
그러나 그는 아버지 됨을 감출 수 없었습니다.
지금 다윗이 하나님이 하신 위대한 일을 생각하기에는
아들의 죽음으로 인한 견딜 수 없는
가슴앓이를 삭일 수가 없는 겁니다.

하나님도 그 아픔을 아십니다.
그렇기에 아버지로서의 다윗이 가진 슬픔을
책망하지 않으신답니다.
그런 것이 아버지임을 알고 계시기 때문입니다

하나님은 당신의 아들이 죽을 때 가만히 계실 수 없었습니다.
자신이 자기의 아들을 십자가에 못 박아 죽이셨지만
하나님의 가슴은 너무 고통스러웠습니다.
아버지는 아들의 찢어지는 비명을 듣고 계실 수 없었습니다.

아들의 손과 발이 들어가는 못에 의해서 으스러지는 소리를
들으실 수가 없었습니다.
아들의 머리에 가시 면류관이 씌워지는 것을
도무지 보실 수가 없었습니다.
당신 아들의 심장이 터지는 소리를 듣고 계실 수만은 없으셨습니다.
그래서 아버지는 아들로부터 얼굴을 돌리셨답니다.

시간이 얼마나 더 흘러야 하는지 모릅니다. 전쟁이 끝났기에 더 이상 피난을 하거나 쫓겨 다녀야 하는 부담은 사라졌습니다. 그러나 단지 그것뿐 아무것도 변한 것이 없었습니다. 아니 변하려고 하는 어떤 움직임도 없었습니다. 함께 이곳까지 온 사람들은 지루했습니다. 다윗 왕이 압살롬을 부르면서 울고만 있다는 소식을 접할 뿐입니다. 아들이 죽은 것에 대한 아버지로서 마음이 오죽하겠느냐는 동정도 있었습니다. 어떤 이는 아들 셋을 차례로 잃은 다윗의 심정을 헤아리기도 했습니다. 그러나 이해하고 동정하려고 무던히 애들을 썼지만 기약없이 아들만을 부르고 있는 다윗의 모습에 짜증이 났습니다. 어떤 과격한 사람은 늙은 다윗의 계속되는 애곡(哀哭)의 청승맞음(?)을 보고 노망(老妄)이라고 표현하면서 짜증을 내기도 했습니다. 물론 다윗을 미워해서가 아닙니다. 답답해서 하는 말이었습니다.

다윗의 서글픔을 지켜보는 사람들은 삼삼오오 모여 다윗을 동정하면서 내심 무참하게 압살롬을 죽인 요압을 비난하곤 했습니다. 너무 잔인했고 섬뜩

했다고 하면서 수군대곤 했습니다. 다윗 왕의 애절한 부탁이 있었음에도 불구하고, 왕의 부탁을 알고 있었음에도 불구하고 나뭇가지에 매달려 아무런 반항도 할 수 없었던 압살롬의 심장을 창으로 후벼댄 요압의 잔인한 행동에 대단히 실망하는 눈치들이었습니다.

다윗의 애통이 계속되는 동안 사람들은 자기들 나름대로 다윗을 동정하는 반면 요압의 행동을 비판적으로 판단하고 있었고, 요압은 다윗의 애곡(哀哭)의 시간이 길어지자 압살롬을 죽인 것에 대한 미안함과 후회가 밀려오면서 마음이 약해졌습니다. 손에서는 술병이 떠나질 않았습니다. 저녁이건 낮이건 다윗의 애곡하는 소리를 들으면 괴로웠고 그럴 때마다 술을 퍼 마셨습니다.

'젠장, 내가 누구를 위해서 압살롬을 죽였는데?'

온종일 술을 마시면서 흥얼대는 소리였습니다.

마하나임 성(城)은 엉망이었습니다. 왕이라고 하는 다윗은 피골(皮骨)이 상접하여 죽은 아들의 이름만 부르면서 노망(老妄)들린 노인처럼 흥얼거리고 있고, 권력 2인자인 요압 장군은 밤낮 술에 취해 화만 내고 있고... 백성들은 두 지도자의 갈등 사이에서 눈치만 살피고 있었습니다.

요압이 술 기운으로 지내다가 정신을 잃고 죽은 아들 이름만 부르고 있는 다윗에게로 찾아갔습니다. 요압도 많이 늙었습니다. 다윗과 함께 지내온 세월이 벌써 36~7년이 되었으니 그의 나이도 어언 육십에 가까웠던 겁니다. 늙은 다윗은 여전히 음식도 제대로 먹지 않고 먼 산만 바라보면서 죽은 압살롬의 이름만을 부르고 있을 뿐이었습니다. 다윗을 본 요압은 취기(醉氣) 섞인 말로 고래고래 소리 질렀습니다.

"젠장, 내가 누굴 위해 목숨 걸고 싸웠나이까? 다 전하를 위한 것이고 전하의 아내와 자녀들을 위해 목숨을 걸고 싸운 거 아닙니까? 내 부하들도 그렇게 싸운 거란 말입니다. 그런데 전하를 죽이려 하고 우리 모두를 죽이려 한 반역자 압살롬 죽은 것 때문에 그러고 계시는 겁니까? 그럼 우리 모두가 죽었으면 하신 겁니까? 전하께서 지금 하시는 일을 보니 우리가 죽기를 바라셨다는 거 아닙니까? 전하께서 계속 그러시면 오늘 밤 다 떠날 겁니다. 우리가 다 떠나고 나면 전하 혼자 사실 수 있으신 줄 아십니까? 지난날 당한 화보다도 더 큰 화를 당하실 겁니다. 알아서 하십시오!"

『왕께서 오늘 왕의 생명과 왕의 자녀의 생명과 처첩들의 생명을 구원한 모든 신복의 얼굴을 부끄럽게 하시니 이는 왕께서 미워하는 자는 사랑하시며 사랑하는 자는 미워하시고 오늘 장관들과 신복들을 멸시하심을 나타내심이라 오늘 내가 깨달으니 만일 압살롬이 살고 오늘 우리가 다 죽었더면 왕이 마땅히 여기실 뻔하였나이다 이제 곧 일어나 나가서 왕의 신복들의 마음을 위로하여 말씀하옵소서 내가 여호와를 가리켜 맹세하옵나니 왕이 만일 나가지 아니하시면 오늘밤에 한 사람도 왕과 함께 머물지 아니할지라 그리하면 그 화가 왕이 젊었을 때부터 지금까지 당하신 모든 화보다 더욱 심하리이다』(:5-7)

협박이었습니다. 늙은 다윗은 무서웠습니다. 소리 지르는 요압이 무서웠습니다. 요압이 압살롬을 어떻게 죽였는지 다윗은 알고 있었습니다. 요압이 평생 자신을 도와 온 것을 알고 있었습니다만 그는 잔인한 사람이었고 인정이 보이지 않는 차가운 사람이었습니다. 도움을 받아왔지만 언제나 부담스러운 존재였습니다. 그 요압이 술 기운으로 그러는지는 모르지만 협박을 하고 있는 겁니다.

『내가 여호와를 가리켜 맹세하옵나니 왕이 만일 나가지 아니하시면 오늘밤에 한 사람도 왕과 함께 머물지 아니할지라 그리하면 그 화가 왕이 젊었을 때부터 지금까지 당하신 모든 화보다 더욱 심하리이다』(:7)

늙은 다윗의 손과 발이, 아니 온 몸이 파르르 떨리고 있었습니다. 두려움으로 인해 오그라드는 심장의 고통이 손과 발의 작은 떨림으로 나타나는 겁니다. 다윗은 아무런 말도 하지 못했습니다. 술 취한 요압이 허리춤에 찬 칼을 뺄 수도 있다는 공포가 밀려왔기 때문입니다. 다윗은 떨리는 마음으로 말없이 일어났습니다. 그리고는 집 문을 열고 마하나임 성(城) 문을 향해 터벅터벅 걸어 나갔답니다.

거리는 조용했습니다. 아니 슬픔으로 무겁게 가라앉은 거리였습니다. 그러나 집으로 갈 수 없었습니다. 요압이 무서웠기 때문입니다. 백성들은 지나가면서도 성문으로 터벅터벅 가고 있는 사람이 다윗 왕이라고는 생각을 못했습니다. 모두들 그냥 지나쳐 갈 뿐입니다.

성(城)문에 다다른 다윗 왕은 오랫동안 빈 자리였던 재판석에 올라앉았습니다. 문을 드나드는 사람들이 성문에 올라앉은 늙은이가 누군가 하고 보았답니다. 반갑게도 그는 다윗 왕이었습니다. 언제나 울고 있던 다윗 왕이 성문(城門) 재판석에 올라앉아 있는 겁니다. 백성들은 너무 고마웠습니다. 왕이 백성들에게로 나왔기 때문이었습니다. 모두들 큰 절을 하였습니다. 누군가가 성(城) 안의 사람들에게 이야기를 했는지 순식간에 사람들이 성문(城門)에 모여들었습니다. 그리고 큰 절을 하면서 서로들 안도와 기쁨의 교제를 하기 시작했습니다.

요압의 협박으로 밀려 성문(城門)에 나올 때는 두려움으로 가득 찼었습니다. 인생이 싫었습니다. 그런데 왕을 반갑게 맞이하는 백성들로 인해 다윗은 이내 마음이 감동되었습니다. 아픔과 상처 그리고 공허한 마음이 아침 안개 사라지듯 사라졌습니다. 자신을 찾아온 백성들의 얼굴을 보고 마음이 뭉클했고 감동되어 눈물이 흘렀습니다. 백성의 한 사람 한 사람의 인사를 받고 손을 만지면서 마주치는 눈빛은 말은 없었지만 서로 무슨 말인가를 깊게 주고받고 있었습니다.

늙은 다윗의 눈물은 자신을 의지하는 백성들에 대한 고마움과 이들을 책임지기 위해 아들을 죽여야 했던 자신의 기구한 운명에 대한 고통의 눈물이었습니다.

『왕이 일어나 성문에 앉으매 혹이 모든 백성에게 고하되 왕이 문에 앉아 계시다 하니 모든 백성이 왕의 앞으로 나아오니라』(:8상)

⓱ 삼하 19:8하-10
반역자들의 대책 회의

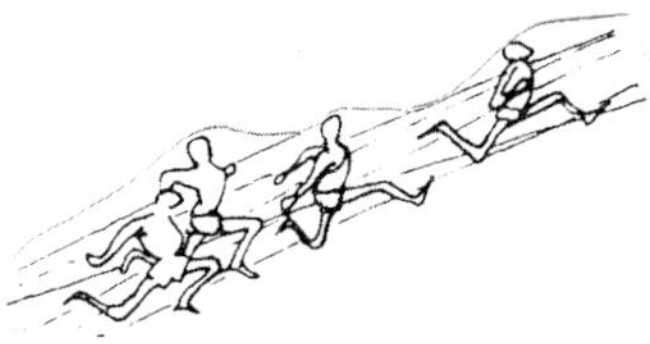

다윗과 그의 사람들이 마하나임에 머물러 안정을 취하고 있을 때 전쟁에서 패하고 고향으로 돌아간 압살롬의 반역에 협조했던 사람들의 대책 회의가 벌어졌습니다.

몇 년 전 압살롬이 수년 동안 재판을 하면서 전국적으로 인심(人心)을 얻을 때 백성들 사이에서는 압살롬이 왕이 되려고 한다는 괴소문이 간혹 퍼지고 있었습니다만, 사람들은 그러한 소문을 믿으려 하지도 않았고 그런 말을 하는 사람을 이상하게 취급하곤 했습니다. 왜냐하면 백성들을 대하는 압살롬의 행동이 무척이나 정중한 데다가 특히 압살롬에게 은혜를 입은 사람들은 그에 대하여 상당히 긍정적으로 소개하곤 했기 때문입니다. 따라서 그가 시퍼렇게 살아 있는 아버지 다윗을 제거하고 스스로 왕이 될 것이라는 소문은 압살롬을 싫어하는 사람들이 그를 제거하기 위해 꾸며낸 음모라고 생각했던 것이었지요. 그런데 백성들은 시간이 지나면서 그 소문이 음모라기보다는 오히려 마땅히 그렇게 되어야 하지 않겠느냐는 여론으로 바뀌고 있었던 겁니다.

그런데 어느 날 갑자기 압살롬의 세력이 전국에 잠식해 들어가 있는 겁니다. 그러더니 헤브론에서 압살롬이 왕이 되었다는 소문과 함께 당대 최고의 지략가로서 백성들에게 존경을 받고 있던 아히도벨이 압살롬 정권 중심부에 있다는 소문이 퍼진 거지요. 백성들은 다윗은 그만 물러나고 아들 압살롬이 정권을 이어 나라를 다스려야 한다는 생각들을 하고 있었습니다만 그렇다고 해서 쿠데타로 인한 정권 교체를 기다린 것은 아니었습니다. 평화적인 방법으로 정권이 이양(移讓)되기를 바란 겁니다.

그런데 압살롬이 아버지에게 칼을 들이대고 왕이 된 겁니다. 그러더니 어느 날 남자들을 소집했습니다. 도망가고 있는 다윗을 제거하기 위한 군사 모집이었습니다. 백성들은 물론 이스라엘의 원로들은 기가 막혔습니다. 뭔가가 잘못되고 있었기 때문입니다. 결국은 압살롬의 칼이 무서워 남자들이 모이긴 했습니다만 왕권을 든든히 하기 위해 도망가는 늙은 자기 아버지 다윗을 죽일 군대를 소집하는 꼴은 이내 원로들과 백성들을 실망시킨 거지요. 모인 군사들은 압살롬의 명령에 따라 늙은 다윗 왕을 제거하기 위해 전투에 참여했습니다만 대부분의 군사들은 달갑지 않은 참여였습니다. 아버지를 죽이겠다는 파렴치한 아들을 위해 싸운다는 것이 모인 모든 사람들을 찜찜하게 만든 겁니다. 이런 상태에서 이스라엘 사람들은 전쟁에 임했던 거지요. 죽기 살기로 싸워야만 했던 다윗의 군사들과는 전혀 다른 자세로 임했던 겁니다. 그러니 전쟁을 이길 수가 없었던 겁니다.

압살롬이 죽고 전쟁에 패했음에도 불구하고 이스라엘 사람들은 별다른 아쉬움이 없었습니다. 처음부터 명분이 없었기 때문입니다. 정치적인 명분도 분명하지 않았고 윤리적인 명분은 더더욱 없었기 때문입니다. 아니 윤리를 중시하는 저들에게 이 싸움은 부담이었습니다. 그렇기에 전쟁이 끝나자마자 이스라엘의 원로들은 곧바로 사태 수습에 들어갔습니다. 회의에서 다뤄진 것은 다윗 왕께 정중히 사과(謝過)를 하자는 거였습니다. 그리고 자신들이 압살롬 편에서의 전투에 참여한 것은 본의(本意)가 아니었음을 말하고, 다시 다윗 왕을 모셔오는 일을 함으로써 증명해 보이자는 의견이었습니다. 그렇게 종합된 대책을 세웠습니다.

"다윗 왕을 모셔 오세나. 우리가 압살롬을 원해서 따른 것은 아니지 않은가. 그러니 전후 사정이야 어떻든지 간에 다윗 왕께 가서 환궁하시라고 말씀을 드리는 것이 옳다이. 다윗 왕께 가서 우리가 압살롬을 따랐던 것도 사죄를 해야 하지 않겠어? 그렇게 해서라도 목숨을 구해야지. 가자고. 가서 왕을 모셔 옴세."

『이스라엘 모든 지파 백성들이 변론하여 가로되 왕이 우리를 원수의 손에서 구원하여 내셨고 또 우리를 블레셋 사람의 손에서 구원하셨으나 이제 압살롬을 피하여 나라에서 나가셨고 우리가 기름을 부어 우리를 다스리게 한 압살롬은 싸움에 죽었거늘 이제 너희가 어찌하여 왕을 도로 모셔 올 일에 잠잠하고 있느냐 하니라』(:9-10)

18 삼하 19:11-14

회복을 위한 움직임

다윗을 향한 마하나임 성(城)에 있는 사람들의 마음이 따뜻하였습니다. 다윗은 요압에게 협박을 받을 때만 해도 자신의 편에 서있는 사람이 없을 것이라고 생각했었는데 오히려 자신이 성문에 앉아 있을 때 백성들이 환영하는 것을 보면서 다시 용기가 났습니다. 여전히 사람들은 자신을 지지하고 있고 자신을 왕으로 인정하고 있는 것을 느낄 수 있었던 겁니다. 그러나 강 서편에 있는 다수(多數)의 이스라엘 사람들이 무섭기는 여전했습니다. 그래서 예루살렘 궁궐로는 들어갈 생각도 하지 못하고 있었답니다. 그런데 누군가가 이스라엘 사람들의 동태(動態)를 보고해 왔습니다. 이스라엘 사람들이 압살롬 반역을 도운 것을 후회하고 다윗을 예전처럼 왕으로 모시

자는 것으로 의견을 모았다는 보고였습니다. 다윗은 무척이나 안심이 되고 기뻤습니다. 백성들이 자신을 버리지 않았다는 생각 때문이었습니다.

용기를 다시 얻은 다윗 왕은 예루살렘으로 돌아가고 싶었습니다. 그러나 빈 궁궐이라고 해서 발걸음만 옮긴다고 되는 일이 아니었습니다. 자신을 쫓아낸 반역은 전국적이었지만 무엇보다도 유다 백성들이 일치가 되어 압살롬을 왕궁의 주인으로 만들었었기 때문입니다.

압살롬은 유다 백성들을 지지 기반으로 하기 위해서 제2인자의 직책인 군대장관 자리에 아마사라는 사람을 앉혔었습니다. 유다 사람들은 또한 압살롬을 적극적으로 지지했었습니다. 그렇기에 유다 백성들은 다윗이 왕궁으로 들어오는 것을 무척이나 부담스러워하고 있는 겁니다. 반역자를 인정하고 도와준 유다 사람들은 스스로가 다윗으로부터 불이익을 받을 것에 대해 두려워하고 있었던 겁니다. 다윗은 유다 사람들의 마음을 알고 있었습니다. 그렇기에 예루살렘으로 가기 전에 두려움 가운데 있는 유다 백성들을 달래야겠다고 생각하고, 스스로 미안해하고 있는 유다 백성들에게 사람을 보냈답니다.

지은 죄가 있는 유다 사람들은 다윗의 사람만 나타나면 긴장되곤 했습니다. 이번에도 다윗의 사람으로 알려진 사독과 아비아달 제사장이 나타나자 긴장했답니다. 그런데 사독과 아비아달의 입에서 나온 말은 이내 유다 사람들의 마음을 편안하게 했고, 다윗을 다시 모시는데 용기를 내어 앞장서게 했습니다.

다윗은 여전히 유다 사람들을 신뢰하고 있다는 말이었습니다.

"이보시오들, 다윗 전하께서 예루살렘 성으로 귀환하시는데 어째 같은 지파인 유다 사람들은 아무 일도 하지 않고들 있느냐는 전하의 섭섭한 심경이요. 전하는 어느 지파보다도 형제요 골육인 유다 사람들에게 환영을 받고 싶으시답니다."

『온 이스라엘이 왕을 궁으로 도로 모셔 오자 하는 말이 왕께 들렸거늘 너희는 어찌하여 궁으로 모시는 일에 나중이 되느냐 너희는 내 형제요 내 골육(骨肉)이어늘 어찌하여 왕을 도로 모셔오는 일에 나중이 되리요』(:11하-12)

사독과 아비아달의 말을 듣고 있던 유다 백성들은 자신들에 의해서 왕궁으로 들어가고 싶다는 다윗 왕의 뜻을 듣고 반신반의(半信半疑)하면서도 좋았습니다. 사독과 아비아달의 말을 듣고 있던 백성들 가운데 압살롬을 도와 다윗 제거 선봉에 섰던 아마사도 있었습니다. 사독과 아비아달은 아마사를 지적하면서 다윗 왕의 말이라고 하면서 이렇게 말했습니다.

"아마사 장군, 전하께선 장군의 죄를 묻지 않으시겠답니다. 오히려 예루살렘에 환궁하시면 장군을 군장으로 삼으시겠다고 하셨습니다. 지금의 요압 장군을 경질시키고 그 자리에 장군을 임명하시겠다는 겁니다."

그런데 이 말이 유다 백성들의 마음을 일제히 다윗에게로 돌리게 했답니다.

『너는 내 골육이 아니냐 네가 요압을 대신하여 항상 내 앞에서 군장이 되지 아니하면 하나님이 내게 벌 위에 벌을 내리시기를 바라노라』(:13)

환궁을 한 다윗 왕은 약속대로 아마사를 군대 장관으로 임명하였습니다.

"아마사를 이스라엘의 군대장관으로 명하노라."

지금까지는 다윗의 옆에 요압이 있었습니다. 왕의 최측근의 사람이었습니다. 그런데 다윗은 졸지에 요압을 경질시키고 아마사를 요압 대신 군대를 움직이는 실권자로 임명한 겁니다. 이 일은 여러 사람을 놀라게 했습니다. 먼저 유다 백성들과 아마사 본인에게 충격이었습니다. 자신들은 반역에 가담하여 다윗 왕을 죽이려고 했던 장본인들인데 다윗은 아마사를 군장으로 삼은 겁니다.

또 놀란 한 사람은 요압입니다. 일생 동안 다윗을 위해 일해 온 자신을 하루아침에 경질하고 반역의 괴수 아마사라는 놈을 군대 장관으로 삼은 인사(人事)가 그를 당황하게 한 겁니다.

다윗은 요압이 싫었습니다. 아니 무서웠습니다.
요압이 일을 잘하는 사람인 것만은 사실입니다.
누구나가 인정했습니다.
자신의 목숨까지도 아끼지 않고 일을 한 사람입니다.
그러나 언제나 제 방식대로 하는 사람이었습니다.
그는 자신의 방식대로가 아니면 모든 것을

거부하는 사람이었습니다.

다른 사람의 입장을 전혀 생각지 않는 사람이었습니다.

마음에 들지 않으면 여지없이 죽여 버리는 잔인한 사람이었습니다.

다윗은 이 사람이 부담스러운 겁니다.

이 사람이 싫은 겁니다.

평화를 깨고 혼자 잘난 체 하는 요압이 싫은 겁니다.

필요에 따라서 거짓말을 하는 사람,

말만을 잘하는 사람,

정(情)도 없고 사랑도 없고 평화도 없는 사람,

다윗은 이 사람이 싫었습니다.

아니 모든 사람이 이 사람을 싫어했습니다.

하나님은 일 잘하는 사람을 좋아하시는 게 아닙니다.

하나님은 화평의 사람을 기뻐하십니다.

하나님은 면도칼 같은 사람을 좋아하지 않습니다.

하나님은 부드러운 사람을 기뻐하신답니다.

하나님은 옳고 그름을 따지는 사람을 좋아하지 않으십니다.

하나님은 덕(德)이 있는 사람을 기뻐하신답니다.

일은 하나님이 하실 수 있습니다.

분석도 하나님이 하실 수 있습니다.

옳고 그름과 평가도 하나님이 하실 겁니다.

요압과 같은 사람이 있어서 일이 되어 간다구요?

아닙니다.

요압이 있기에 일을 그르치고 있을 뿐입니다.

다윗 왕 다음 서열로 반역의 선두에 섰던 아마사를 지명한 것은 자신을 반역했던 유다 사람들의 죄를 묻지 않겠다는 다윗의 약속된 행동이었습니다. 유다 백성들은 너무 고마웠습니다. 용서받은 것에 대한 고마움이었습니다. 얼마나 고마웠던지 유다 온 백성이 대표자를 즉각 마하나임에 있는 다윗 왕에게 보내서 이렇게 소리쳤습니다.

『왕은 모든 신복으로 더불어 돌아오소서』(:14하)

용서와 받아줌.
다윗이 하고 있는 일입니다.
유다 사람들은 틀림없이 다윗이 아마사를
죽일 것이라고 생각했을 겁니다.
인간의 역사는 언제나 반역자와 그 반열에 선 자들을 죽였잖아요.
더군다나 반역자의 군대 장관이라면 숙청 대상 일호입니다.
그러나 다윗은 그렇게 하지 않았습니다.
그를 용서했고, 아니 용서한다는 말도 하지 않고 용서했습니다.
그리고 그의 능력을 인정하고 일꾼으로 세웠습니다.
아마사는 얼마나 고마웠을까요?
살려준 것만도 고마운데
귀한 일을 하도록 직책을 주니 얼마나 고마웠을까요?
용서는 사람을 살리고 사람에게 감동을 준답니다.
그리고 용서한 사람을 뿌듯하게 한답니다.

우리가 하나님과 원수 되었었답니다.

『곧 우리가 원수 되었을 때에...』(롬 5:10상)

그런 원수인 우리를 처벌하지 않으셨답니다.

아니 그런 원수를 사랑하셨습니다.

그 사랑은 말로만의 사랑 타령이 아니었습니다.

다윗이 용서와 사랑으로 원수였던 아마사에게

귀한 직책을 준 것처럼

하나님께서는 용서를 위해 자기 아들을 십자가에 못 박으시고

우리에게 당신의 일꾼이요 동역자라는 직책을 주셨답니다.

『나를 능하게 하신 그리스도 예수 우리 주께 내가 감사함은

나를 충성되이 여겨 내게 직분을 맡기심이니』(딤전 1:12)

그래서 우리는 감격 속에서 살고 있는 것이랍니다.

용서받은 기쁨과 사랑을 받고 사는 감동과 더불어

일꾼 삼아 주신 감동으로 사는 거랍니다.

이 행복을 누가 알는지요?

⑲ 삼하 19:15-39
요단강에 나타난 사람들

유다의 대표자들이 마하나임 성(城)에까지 와서 다윗 왕의 예루살렘 복귀(復歸)를 강력히 권하자 다윗 왕은 곧 차비를 했습니다. 늙은 다윗은 흥분이 되어 있었습니다. 다시 돌아갈 것을 생각지도 못했었는데 돌아가는 것이 현실이 된 겁니다. 아들을 잃은 아픔이 있었지만 아픔은 뒤로 하고 다시 예루살렘으로 돌아간다는 것 자체가 흥분이었습니다. 왕비들과 왕자들 그리고 신복들과 그의 가족들, 따르는 사람들이 적은 숫자가 아니었습니다. 마하나임 성(城)은 임금의 행차로 인해 매우 분주하였습니다. 성(城) 사람들에게 짧은 기간이었지만 정(情)이 들었었고 또 고마웠습니다. 늙은 다윗의 약해진 마음에 저들의 호의는 감동을 주기에 충분했습니다.

예루살렘을 가려면 요단강을 건너야 했습니다. 왕을 비롯한 많은 사람들이 예루살렘으로 가기 위해 요단강을 건너려고 길갈에 다다랐을 때입니다. 나루터에는 큰 무리가 기다리고 있었습니다. 유다 사람들이었습니다. 다윗 왕의 용서와 은혜를 받은 유다 사람들이 은혜에 감사하여 길갈까지 와서 다윗 왕을 정식으로 마중하고 있는 겁니다. 감동적이었습니다.

다윗 왕과 그 백성들이 길갈에서 유다 사람들의 마중을 맞고 있는 중이었습니다. 한 사람이 멀리서 숨을 헐떡거리며 다윗 왕에게로 달려왔습니다. 사람들은 지난 날 다윗 왕이 피난 갈 때 저주를 퍼붓던 시므이라는 것을 알았습니다. 정말 어이가 없었습니다. 그가 왜 오고 있는지는 몰라도 그를 아는 사람들은 비웃고 있었습니다.

그가 오는 모습 뒤에 큰 무리의 사람들이 오고 있었습니다. 천여 명이나 되는 사람들이었습니다. 모두들 옷을 추켜잡고 요단강을 건너오고 있었습니다. 그들 앞에 선 사람은 시바였습니다. 다윗이 피난 중일 때 음식을 가지고 와서 자신의 주인인 므비보셋을 비난하던 사람입니다. 그 결과 므비보셋의 재산을 몽땅 얻는 횡재를 했었습니다. 그런데 그 시바가 천 명의 사람들과 함께 가족을 데리고 다윗에게로 온 겁니다.

시바의 모습은 변함이 없었습니다. 어쨌건 간에 피난 때나 지금이나 다윗 왕에 대한 예의가 일관적이었기 때문입니다. 그런데 시므이에 대한 반응은 달랐습니다. 전에 그렇게 악담을 하던 놈이 왜 나타났느냐는 겁니다. 그를 알고 있는 모든 사람이 분개하고 있을 때입니다. 아비새는 시므이가 왕 앞으로 오면 당장에 죽일 마음을 먹고 있었습니다. 시므이가 달려왔습니다. 요단강을 건너려고 하는데 갑자기 왕 앞에 엎드렸습니다.

"전하, 소인을 용서하시옵소서. 이놈이 전하의 어려우실 때 몹쓸 짓을 한 것을 기억하지 마시고 마음에 두지 마옵소서. 전하, 소인은 소인의 죄가 무엇인지 알고 이렇게 용서를 구하는 마음으로 전하 앞에 왔나이다. 전하, 소인이 요셉 족속 중에 가장 먼저 전하를 뵈러 온 것이 무엇이겠나이까? 진심으로 용서를 구하는 마음뿐이나이다."

『내 주여 원컨대 내게 죄 주지 마옵소서 내 주 왕께서 예루살렘에서 나오시던 날에 종의 패역한 일을 기억하지 마옵시며 마음에 두지 마옵소서 왕의 종 내가 범죄한 줄 아옵는 고로 오늘 요셉의 온 족속 중 내가 먼저 내려와서 내 주 왕을 영접하나이다』(:19-20)

시므이의 얼굴은 공포로 새파랗게 질려 있었습니다. 자신이 죽을 것임을 알고 있었기 때문입니다. 어차피 죽을 것이기에 용서를 빌어 보고 판결을 기다리겠다는 마음이었습니다. 용서를 구하고 있는 시므이의 소리를 들은 아비새가 나섰습니다.

"전하, 이놈을 죽이셔야 하옵니다. 신이 단칼에 베어 하나님의 기름 부으신 자를 저주함의 끝이 어떠한지를 만인 앞에서 보이겠나이다."

『시므이가 여호와의 기름 부으신 자를 저주하였으니 그로 인하여 죽어야 마땅치 아니하니이까』(:21)

아비새는 자기가 시므이를 죽이겠다는 것입니다. 그런데 다윗의 대답은 그렇지 않았습니다. 공포에 찌들려 땅에 엎드린 채로 목숨을 구하는 시므이가 불쌍했습니다. 다윗은 물끄러미 엎드려 있는 시므이를 바라보고 있었습니다. 사람들은 조용했습니다.

다윗은 지난날 우리아 죽인 것을 생각했습니다. 밧세바를 범한 생각이 지나갔습니다. 그리고 몇 년 후에 자신의 살인과 강간죄가 들통이 났을 때의 고통을 생각했습니다. 받을 심판으로 얼마나 무서웠었는지... 그러나 그때 하나님은 법대로 하지 않으셨습니다. 용서를 베푸셨습니다. 그런데 지금 시므이의 지은 죄는 자신이 지은 죄에 비하면 아무 것도 아닙니다. 시므이가 불쌍했습니다. 그래서 시므이를 바라보면서 이렇게 말했습니다. 아니 시므이가 불안해 할까봐 맹세를 하면서 말했습니다.

"이보게나 시므이, 일어나게나. 내 자네를 죽이지 않을 것이니 걱정하지 말게나."

『네가 죽지 아니하리라』(:23)

용서받은 사람만이
용서를 구하고 있는 사람의 심정을 이해할 수 있답니다.
과부의 마음은 과부가 아는 것이고
환자의 마음은 환자가 아는 거랍니다.
죄를 짓고 고통스러워하는 사람의 마음은
죄를 짓고 두려움에 있다가 용서받은 경험이 있는 사람만이
이해할 수가 있는 것이지요.
하나님으로부터 용서를 받아 보셨나요?
그 사람이 행복한 사람이고 너그러운 사람이고
긍휼을 베풀 수 있는 사람이랍니다.

시므이가 용서를 빌고 또 용서를 받고 있는데 그 옆에 누군가가 초췌한 모습으로 말을 타고 나타났습니다. 수염도 다듬지 않았고 옷도 얼마나 오래 입었는지 빨지도 않은 듯 냄새가 났습니다. 그가 말에서 내릴 때는 말을 몰고 왔던 사람의 도움을 받았습니다. 그리고 목발을 건네받더니 목발을 의지하여 절뚝거리면서 다윗 왕 앞에 와 엎드렸습니다. 다윗은 그를 쉽게 알아 볼 수 있었습니다. 므비보셋이었습니다.

다윗은 갑자기 마음이 괴로웠습니다. 시바의 말에 의하면 므비보셋은 쫓겨나는 다윗 왕을 저주하면서 왕권이 자기에게 돌려질 것이라고 기대하고 있다고 했기 때문입니다. 도망가던 다윗 왕은 그 말을 듣고 사실이든 아니든 간에 무척이나 괴로웠었습니다. 그런데 시바가 말한 그 므비보셋이 지금 나타난

겁니다.

"그대가 므비보셋 아닌가? 내 예루살렘에서 피난 갈 때 내 꼴을 보고 박수를 치던 자가 아닌가?"

"전하, 무슨 말씀이나이까? 소인이 어찌 전하의 고통을 보고 박수를 쳤겠나이까?"

"그렇다면 왜 그대는 짐이 고통 가운데 있을 때 나와 함께 하지도 않았으며 또 나타나지도 않았는고?"

반역이 있을 때 반역을 찬성하지 않았었느냐는 질문이었습니다. 그 옆에는 시바가 있었습니다.

"전하, 신이 어찌 전하의 고통에 동참하지 않으려 했겠나이까? 신은 전하의 피난 소식을 듣고 급히 말을 타고 따라 나서려 했사오나 나의 종이 소인을 속이고 전하께 와서 신을 참소하였나이다."

『므비보셋이여 네가 어찌하여 나와 함께 가지 아니하였더뇨 대답하되 내 주 왕이여 왕의 종 나는 절뚝발이이므로 내 나귀에 안장을 지워 타고 왕과 함께 가려 하였더니 나의 종이 나를 속이고 종 나를 내 주 왕께 참소(譖訴)하였나이다』(:25-27상)

므비보셋의 대답은 흥분이 되어 있었습니다. 그는 왕께 그 때의 상황을 말하면서 시바를 계속 쳐다보았습니다. 시바는 아무 말 못하고 듣고 있었습니다. 므비보셋은 계속 말했습니다.

"전하, 전하는 하나님 같으신 분이 아니시나이까? 전하께서 소인의 진심을 믿지 못하신다면 전하의 처분대로 하소서. 소인과 소인의 아비 집은 이미 오래 전에 전하 앞에서 죽을 집안이었나이다. 그러나 전하의 은혜로 지금까지 전하의 식탁에서 음식을 먹는 은혜를 누렸사오니 그 은혜를 받음만으로도 여한이 없나이다. 그러하오니 전하께서 판단하시는 대로 처분하시옵소서."

『사울의 손자 므비보셋이 내려와서 왕을 맞으니 저는 왕의 떠난 날부터 평안히 돌아오는 날까지 그 발을 맵시 내지 아니하며 그 수염을 깎지 아니하며 옷을 빨지 아니하였더라 예루살렘에서 와서 왕을 맞을 때에 왕이 저에게 물어 가로되 므비보셋이여 네가 어찌하여 나와 함께 가지 아니하였더뇨 대답하되 내 주 왕이여 왕의 종 나는 절뚝발이이므로 내 나귀에 안장을 지워 타고 왕과 함께 가려 하였더니 나의 종이 나를 속이고 종 나를 내 주 왕께 참소하였나이다 내 주 왕께서는 하나님의 사자와 같으시니 왕의 처분대로 하옵소서 내 아비의 온 집이 내 주 왕 앞에서는 다만 죽을 사람이 되지 아니하였었나이까 그러나 종을 왕의 상에서 음식 먹는 자 가운데 두셨사오니 내게 오히려 무슨 옳음이 있어서 다시 왕께 부르짖을 수 있사오리이까』(:24-28)

거짓말.
므비보셋은 시바가 지난 날 자신에 대해 다윗에게 보고한 것이
거짓말이었다고 부르짖고 있습니다.

다윗이 예루살렘을 떠나 피난길에 올랐다는 소문을 들었을 때
므비보셋은 놀랐고 두려웠었습니다.
자신도 다윗의 총애를 받고 있는 사람이기에
압살롬이 예루살렘으로 들어오면
숙청될 수도 있다는 생각 때문이었습니다.
시바를 불러 다윗 왕을 따라가고 싶었었습니다.
물론 압살롬에게 죽을 것이라는 이유 때문만은 아니었습니다.
다윗에 대한 의리와 예의 때문이었습니다.
그런데 시바를 불러도 대답이 없었습니다.
어디 갔는지 알 수가 없었습니다.
답답했었습니다.
며칠만에 시바가 나타났습니다.
그런데 그의 태도는 웃겼습니다.
갑자기 자신이 이 집안의 모든 재산의 주인이라고 떠드는 거였습니다.
다윗 왕이 그랬다는 겁니다.
므비보셋은 황당했습니다.
평소에도 거짓말을 살짝살짝 하던 시바가
무슨 일을 저질렀는지 짐작할 수 있었습니다.
거동(擧動)이 자유롭지 못한 므비보셋은
꼼짝없이 당할 수밖에 없었습니다.
어느 누구도 므비보셋 편에 서지 않았습니다.
그도 그럴 것이 므비보셋의 종들은
모두가 시바의 자녀와 가족들이었기 때문입니다.

시바는 므비보셋을 안방으로부터 쫓아냈습니다.

그의 물품을 구석진 방에 쓰레기처럼 옮겼습니다.

그리고 므비보셋도 그곳에서 지내도록 했습니다.

힘없는 므비보셋은 피가 거꾸로 솟는 것 같았습니다.

"나쁜 놈..."

욕이 저절로 나왔습니다.

그리고 그 날부터 음식도 제대로 먹을 수가 없었고

옷도 빨아 입을 수가 없었습니다.

수염을 깎는 일도 하지 않았습니다.

물론 부러진 두 다리를 맵시내려고도, 아니 할 수도 없었습니다.

다윗 왕이 돌아온다면 모르지만

그렇지 않다면

자신의 인생은 그렇게 끝날 것이라고 생각했습니다.

시바라는 놈...

생각만 해도 미웠습니다.

시바.

그렇게 살면 안 됩니다.

출세와 부귀를 위해서만 머리를 굴린 사람입니다.

그런 것들을 위한 것이라면

발 벗고 나서는 사람이고

거짓말을 가볍게 하는 사람입니다.

다른 사람의 인생을 비참하게 만들면서까지 말입니다.

"너희들 문제이니 너희들이 알아서 하거라. 시바의 말이 맞는지 므비보셋의 말이 맞는 것인지 내 알 수가 없구나. 내가 판결하기는 너희 둘이 재산을 똑같이 나누어라. 내 더 이상 이 문제에 힘을 쓰기가 귀찮구나."

다윗 왕도 므비보셋의 이야기를 듣고 헛갈렸던 겁니다. 좀 더 신중하게 므비보셋의 이야기를 듣고 생각하고 판단했으면 진위(眞僞)가 가려졌을 텐데... 나이든 다윗 왕은 귀찮았는지 재산과 밭을 반씩 나누라는 말로 그 문제를 마무리하고 말았습니다. 므비보셋의 수염, 그의 옷차림, 그의 부러진 발, 그리고 그의 진지한 말... 생각했어야죠! 그런데 너무 쉽게 판결해 버린 겁니다.

"전하, 모든 재산을 시바에게 주시옵소서. 소인은 전하께서 궁으로 돌아오신 것만으로도 만족하나이다. 전하 없는 재산이 무슨 소용이 있겠나이까? 아무 재산이 없어도 전하만 계시다면 소인은 족하겠나이다."

므비보셋의 통곡이었습니다.

『왕이 저에게 이르되 네가 어찌하여 또 네 일을 말하느냐 내가 이르노니 너는 시바와 밭을 나누라 므비보셋이 왕께 고하되 내 주 왕께서 평안히 궁에 돌아오시게 되었으니 저로 그 전부를 차지하게 하옵소서 하니라』(:29-30)

다윗의 신중하지 못한 판결은 약자를 더 아프게 했습니다.
므비보셋이 얼마나 속상하고 억울했을까요?
시바의 간계한 거짓말로 인해

자신의 충성이 거짓 충성이 된 것입니다.
밭을 빼앗기는 것보다
재산을 다 빼앗긴 것보다
진실을 인정받지 못한 것이 므비보셋의 아픔이었습니다.

사람들은 진실을 인정받지 못할 때 상처를 받는답니다.
므비보셋은 자신의 진실이 다윗에게 전달되기를
간절히 소원했습니다.
밭을 나누라는 다윗의 말에 너무 속이 상했고
자신이 그까짓 땅 얼마 때문에 분(憤)해 하고 있다고
취급 당하는 것에 더욱 상처를 받은 것입니다.
그래서 다윗에게 말했습니다.
『내 주 왕께서 평안히 궁에 돌아오시게 되었으니
저로 그 전부를 차지하게 하옵소서』(:30)

사람은 재산을 위해서 목숨을 바치지 않습니다.
그러나 진실을 위해서는 목숨을 내놓는답니다.

또 한 사람이 요단을 건너려 하고 있는 다윗 왕에게로 왔습니다. 나이 많은 바르실래였습니다. 다윗 왕은 누구보다도 그가 반가웠습니다. 노인은 노인의 심정을 잘 알고 있는 법, 바르실래는 아들에게 쫓기는 다윗 왕의 마음을 알았던지 지난 날 많은 재산을 팔아 다윗과 백성들을 위해 음식을 준비해 왔었습니다. 음식도 음식이었지만 바르실래가 준비한 침상은 늙은 다윗에게 정말로 고마운 선물이었습니다. 이런 바르실래가 요단을 건너려 하는 다윗 왕에게 인사하기 위하여 찾아온 겁니다.

다윗은 바르실래가 좋았습니다. 함께 살고 싶었습니다. 요압과 같은 사람과 살기보다는 바르실래와 함께 소담소담 이야기를 나누면서 여생(餘生)을 보내고 싶었습니다. 그리고 바르실래가 베푼 사랑을 갚고 싶었습니다. 그래서 이렇게 제안했답니다.

"이보시오 바르실래여, 나와 함께 요단을 건너 예루살렘으로 갑시다. 나도 살 날이 얼마 남지 않았는데 우리 늙은이 둘이서 이런저런 이야기나 나누다가 때가 되면 저 세상으로 가는 게 어떻겠소. 내가 그대를 잘 모시리다. 허허"

『길르앗 사람 바르실래가 왕을 보내어 요단을 건네려고 로글림에서 내려와서 함께 요단에 이르니 바르실래는 매우 늙어 나이 팔십 세라 저는 거부인 고로 왕이 마하나임에 유할 때에 왕을 공궤하였더라 왕이 바르실래에게 이르되 너는 나와 함께 건너가자 예루살렘에서 내가 너를 공궤하리라』(:31-33)

은혜를 갚는다는 것
아름다운 일입니다.
쑥스러워서 고맙다고 말 못하는 사람이 있습니다.
내가 고마워하는 것을 알겠지 하면서 마음으로만
고마움을 가지고 있는 것은 바람직하지 못합니다.
먼저는 말로 고마움을 표현해야 합니다.

그리고 능력만 된다면

어떤 행위로 고마움에 대한 보답을 하는 것이

성경의 가르침입니다.

먼저 말로 고마움을 표현하는 것에 대한 것은

예수님의 말씀 가운데 고침을 받은 열 명의 문둥병자 중에

단 한 사람만 돌아와서 감사를 했다는 말씀이 있습니다.

그때 예수님은 나머지 아홉 사람의 행방을 물으셨습니다.

"나머지는 어디 갔느냐?"는 것입니다.

나머지 아홉 사람이 고마움을 몰랐다고는 생각되지 않습니다.

분명 속으로 깊은 감사가 있었을 것입니다.

그러나 예수님께 나아와 입으로 감사하지 않았습니다.

두 번째는 고마움을 갚을 능력이 있으면 갚아야 합니다.

하나님은 그 표현을 위해서 감사제라는 것을 제정해 놓으셨습니다.

그리스도인의 삶이 풍성해지는 것 가운데 하나는

받은 은혜를 갚는 것입니다.

다윗,

바르실래에게 받은 은혜를 당연한 것으로 여기지 않았습니다.

고맙게 여겼습니다.

그리고 그 고마움에 대해 보답할 능력이 생기자

행동으로 옮기고 있습니다.

다윗과 바르실래의 서로서로의 주고받는 사랑

생각만 해도 감동이 됩니다.

다윗 왕의 호의(好意)가 고마웠습니다만 바르실래는 정중히 거절했습니다.

"전하, 소인에게 살 날이 얼마나 남아 있겠습니까? 이 늙은 놈이 전하와 함께 예루살렘에 간다면 전하께 폐가 될 뿐이옵니다. 소인의 나이가 지금 팔십이나이다. 전하는 모르시겠지만 소인은 좋은 것도 모르고 나쁜 것도 모르나이다. 음식 맛도 모르나이다. 전엔 그리도 맛있던 것들이 이젠 무엇이 맛이 있는지 모르니 이게 무슨 사람이겠나이까? 게다가 귀도 어두워서 남자 소리인지 여자 소리인지도 구분을 못하나이다. 그러니 산 송장과 같은 이 놈이 예루살렘에 간다면 전하에게 큰 누를 끼칠 것이옵니다. 단지 이렇게 요단을 건너 다시 예루살렘 궁으로 돌아가시는 전하를 뵈옵는 것만으로도 소인에게 한없는 영광이나이다. 그러하오니 다른 말씀은 하지 마옵소서."

『바르실래가 왕께 고하되 내 생명의 날이 얼마나 있삽관대 어찌 왕과 함께 예루살렘으로 올라가리이까 내 나이 이제 팔십 세라 어떻게 좋고 흉한 것을 분간할 수 있사오며 음식의 맛을 알 수 있사오리이까 어떻게 다시 노래하는 남자나 여인의 소리를 알아들을 수 있사오리이까 어찌하여 종이 내 주 왕께 오히려 누를 끼치리이까 종은 왕을 모시고 요단을 건너려는 것 뿐이어늘 왕께서 어찌하여 이 같은 상으로 내게 갚으려 하시나이까』(:34-36)

"이보, 바르실래. 내 그대와 함께 있으면 마음이 편해서 그렇다오. 그러니 거절 말고 나와 함께 올라가서 여생을 마치는 것도 괜찮지 않겠소?"

"전하의 은혜는 이루 말할 수 없사옵니다. 그러나 더 이상 권하지 마옵소서. 소인이 몸둘 바를 모르겠나이다. 소인은 얼마 더 살다가 고향 땅 부모 옆에 묻히겠나이다."

바르실래에게 아들이 하나 있었습니다. '김함'이라는 아들이었는데 늙은 바르실래는 아들을 예루살렘에서 살도록 하고 싶었는가 봅니다. 아들이 잘되기를 바라는 아버지의 마음이겠죠. 그래서 그 아들을 예루살렘으로 보내 살게 하고 싶다고 부탁합니다.

"전하, 소인보다는 소인의 아들놈을 전하 곁에 두실 수 있겠는지요. 아들놈이 이 촌에서 자라는 것보다는 예루살렘에서 배우고 살면 하는 것이 소인의 소원이나이다. 그러니 소인을 데려가시는 것으로 생각하시고 소인의 아들 김함을 데리고 가시옵소서."

다윗에게도 김함만한 아들이 있었습니다. 아주 잘 생긴 아들이었습니다. 용맹도 있었던 아들이었습니다. 다윗은 김함을 보면서 그 아들이 보고 싶었습니다. 눈시울이 벌겋게 되면서 아들 생각이 났습니다. 김함을 어루만지면서 아들 생각을 합니다. 그리고 아들을 부탁하는 노인 바르실래에게 이렇게 말했습니다.

"이보게나 무슨 그런 말씀을 하시오. 내 김함을 데리고 가리다. 나에게도 저만한 아들 녀석이 있었다오... 내 그대를 생각하면서 김함에게 모든 은혜를 베풀리다."

『김함이 나와 함께 건너가리니 내가 너의 좋아하는 대로 저에게 베풀겠고 또 네가 내게 구하는 것은 다 너를 위하여 시행하리라』(:38)

바르실래
자신의 시간표를 알고 있는 현자(賢者)입니다.
어디까지 왔는지,
무슨 일을 할 수 있는지,
지금 무슨 일을 해야 하는지,
어떤 소원을 말하는 것이 지혜인지,
그걸 아는 귀한 사람이네요.
예수님도 자신의 시간표를 잘 알고 계셨다지요.
우리는 우리의 시간표를 잘 알고 있는지요.

다윗이 바르실래와 헤어짐의 시간을 갖는 동안, 백성들은 몇몇 장수들의 지시에 따라 요단강을 건너기 시작했습니다. 모두들 예루살렘으로 다시 돌아간다는 생각에 힘든 줄 모르고 건넜습니다. 다윗도 건너야 했습니다만 바르실래와 잡은 손을 놓는 것이 쉽지 않았습니다. 강 건너는 것을 지휘하던 장수가 다윗에게 말했습니다.

"폐하, 이제 그만 강을 건너시죠."

다윗의 손이 떨리는 바르실래 노인의 손을 놓지 못하자 바르실래가 입을 열었습니다.

"제가 강 건너까지 모시겠습니다."

둘은 함께 나룻배를 타고 건넜습니다. 손을 꼭 잡고서 말입니다. 두 노인... 바르실래는 80세나 되었고 다윗도 60대 후반의 노인이었지만 파란만장한 생을 살아서 그런지 두 사람은 얼추 비슷해 보였습니다. 강을 건넜습니다. 이제는 헤어져야 할 때입니다. 다윗 왕이 바르실래를 꼭 끌어안았습니다. 바르실래도 다윗을 꼭 끌어안았습니다. 한참 동안... 두 노인의 눈에는 헤어지기 싫은 아쉬움으로 가득 차 있었습니다. 다윗 왕이 바르실래에게 입을 맞췄습니다.

"영감, 건강하시오. 음식도 잘 드시고 종종 운동하는 일도 게을리하지 마시오. 우리 또 만납시다."

"예, 전하. 그리하겠습니다. 전하께서도 건강하시길 기도하겠습니다."

다윗 왕은 예루살렘으로 떠났습니다. 바르실래는 다윗의 등이 보이지 않을 때까지 서 있다가 다시 요단을 건너 자기 집으로 돌아갔습니다.

『백성이 다 요단을 건너매 왕도 건너가서 바르실래의 입을 맞추고 위하여 복을 비니 저가 자기 곳으로 돌아가니라』(:39)

⑳ 삼하 19:40-43
새로운 불평

요단을 건넌 무리들의 수는 적지 않았습니다. 다윗 왕을 비롯하여 바르실래의 아들 김함 그리고 유다 백성들과 이스라엘군의 절반 정도 되는 사람들이 함께 요단을 건너 예루살렘으로 가고 있었습니다.

얼마만큼 갔을 때였습니다. 많은 사람들이 다윗의 행렬을 향하여 다가왔습니다. 이스라엘군이었습니다. 행렬 앞으로 다가온 이들은 상당히 불만스러운 모습들이었습니다. 그들은 압살롬이 죽자 다윗 왕을 다시 예루살렘으로 모셔 오자고 결의했던 사람들이었습니다. 그 결과를 가지고 다윗을 모시기 위해서 요단 강가의 길갈로 온 겁입니다. 그런데 유다 사람들이 선수(先手)를 쳐서 다윗 왕을 모시고 있는 것으로 인해 화가 난 겁니다. 그래서 다윗 왕에게 나아가서 이렇게 불만을 말했습니다.

"전하, 어찌 전하를 옹호하던 우리들을 무시하시고 전하를 배반한 유다 족속에게 호위를 받고 오시나이까? 유다인들이 전하를 도적질 한 것이나이다."

『우리 형제 유다 사람들이 어찌 왕을 도적하여 왕과 왕의 권속과 왕을 좇는 모든 사람을 인도하여 요단을 건네었나이까』(:41)

이스라엘 사람들이 다윗에게 하는 불만의 말을 유다 사람들이 듣고 있다가 맞장구를 치면서 언쟁을 벌였습니다.

"이 사람들아, 지금 무슨 망말을 하는 거야? 우리가 왕을 도적질 하다니? 그게 무슨 말인가? 말이야 바른 말이지 전하의 핏줄은 유다 족속 핏줄이잖아. 그러니 형제 된 우리가 전하를 모시는 것이 당연하지 않은가? 자네들이 이 일에 분을 내는 건 억지가 아니여, 억지! 말이야."

자신들이 왕을 모시는 것은 같은 지파 즉 친척이기 때문이지 왕이 자신들에게 부탁해서 한 것이 아니라는 말이었습니다. 그러면서 이스라엘 사람들에게 왜 그리도 흥분하면서 대들고 있느냐고 핀잔을 주었습니다.

"말이 되는 소리를 해야지! 다윗 왕이 유다 한 지파만의 왕이냐? 그렇다면 너희 지파 혼자서 해먹고 우리는 우리끼리 왕을 세워서 나라를 만들라는 말이냐? 우리나 너희나 한 형제인데 어째 너희들만 왕을 독식하려고 하는 거야!"

이스라엘 사람들도 다시 발언을 했습니다. 다윗은 한 지파의 왕이 아니고 이스라엘이라는 한 나라의 왕인데 열 지파나 되는 자신들과는 의논도 하지 않은 채 마음대로 왕 모시는 일을 하고 있는 것은 '잘못된 일'이라는 주장이었습니다. 더욱이 왕을 모셔 오는 것에 대해서는 유다 사람들보다 자신들이 먼저 얘기를 꺼낸 것인데 무시를 당했다는 불평이었습니다. 그러나 이스라엘 사람들의 말이 유다 사람들에게 먹혀 들어가지 않았습니다. 유다 사람들은 이스라엘 사람들의 말을 끝까지 무시했습니다.

> 『이스라엘 사람이 유다 사람에게 대답하여 이르되 우리는 왕에 대하여 십 분을 가졌으니 다윗에게 대하여 너희보다 더욱 관계가 있거늘 너희가 어찌 우리를 멸시하여 우리 왕을 모셔 오는 일에 먼저 우리와 의논하지 아니하였느냐 하나 유다 사람의 말이 이스라엘 사람의 말보다 더 강경하였더라』(:43)

21 삼하 20:1-3

반역하는 이스라엘

다윗 왕을 모시는 일로 인해 유다 사람들을 제외한 나머지 이스라엘 사람들은 대단히 화가 나 있었습니다. 유다 사람들의 비논리적이고 비상식적인 어거지로 인해 화가 난 겁니다. 도무지 이해가 되지를 않는 겁니다. 또한 가만히 있는 다윗의 처사 역시 이해가 되지 않았고 그런 태도에 화가 치솟은 겁니다.

유다 사람에게 무시당하고 다윗 왕도 모르는 체 하자 이스라엘 사람들은 무척이나 화가 났습니다. 이러한 부당한 대우를 받음으로 해서 억울하고 분했지만 그래도 나라를 분열시킬 수는 없고 또 왕을 모시는 일이기에 꾹 참고 예루살렘으로 함께 동행하기로 했습니다.

그런 이스라엘 무리에 속한 사람 가운데 세바라는 사람이 있었습니다. 이 사람은 성격이 과격한 사람인데다가 베냐민 사람이었습니다. 유다 족속이 자기 지파만을 고집하는 것에 대해서는 참을만했는데 사건을 지켜보는 다윗 왕마저 아무런 말이 없는 것을 보자 울화통이 치밀었습니다. 그러던 그가 얼마를 가더니 갑자기 나팔을 부는 겁니다. 행렬은 깜짝 놀랐습니다. 그리고는 세바의 큰 목소리가 들렸습니다.

"원 젠장, 우리가 유다 사람들의 수장인 다윗 왕을 모시는 이유가 뭡니까? 더럽고 치사해서 이 짓 못해 먹겠수다. 미쳤다고 유다 놈들만 감싸고 있는 다윗을 왕으로 모시냐! 우리끼리도 왕을 세울 수 있다고! 유다지파 놈들 없이도 나라를 세울 수 있다고 이놈들아! 돌아가지구. 왕이건 뭐건 간에 배가 뒤틀려서 더 이상은 못해 먹겠다. 각기 집으로 가! 가라구."

『마침 거기 난류 하나가 있으니 베냐민 사람 비그리의 아들 세바라 하는 자라 저가 나팔을 불며 가로되 우리는 다윗과 함께할 분의(分誼)가 없으며 이새의 아들과 함께할 업(業)이 없도다 이스라엘아 각각 장막으로 돌아가라 하매』(:1)

행렬은 졸지에 어수선해졌습니다. 사람들도 당황했지만 기분 좋게 예루살렘으로 가고 있던 다윗 왕에게는 그야말로 또 하나의 충격이었고 세바의 목소리를 들은 이스라엘 사람들도 태도가 바뀌기 시작했던 겁니다. 세바의 말에 따라 이스라엘 사람들이 움직이고 있는 겁니다. 반면에 유다의 군인들은 신속하게 움직였습니다. 갑자기 발생할 수도 있을 왕을 향한 공격에 대비해서였습니다. 그러나 다행히도 그런 일은 발생하지 않았습니다. 단지 이스라엘 사람들은 세바를 좇아 다윗 왕의 행렬과 분리되었을 뿐이었습니다. 졸지에 다윗 왕의 예루살렘 복귀 행렬이 우울한 행렬이 되었습니다.

『이에 온 이스라엘 사람들이 다윗 좇기를 그치고 올라가 비그리의 아들 세바를 좇으나 유다 사람들은 왕에게 합하여 요단에서 예루살렘까지 좇으니라』(:2)

몇 개월 동안의 피난은 무척이나 고통스럽고 치욕적이었습니다. 마음도 몸도 많은 상처를 받았습니다. 특히 압살롬의 죽음과 요압의 못된 행위 그리고 시므이의 욕설이나 시바의 간계 등으로 받은 상처는 컸습니다. 그러나 잊어야지 어떻게 합니까? 잊기로 했습니다.

반면에 좋은 사람도 여럿 만난 값진 시간들이기도 했습니다. 어쨌든 시간이 흘러 이제는 다시금 예루살렘으로 돌아오게 되었다는 자체로 감사의 제목이 되었습니다. 감사, 정말 충분한 감사의 제목이었습니다. 이젠 문제가 없을 것이라고 생각했습니다. 적어도 예루살렘 궁궐에 들어가는 여정 속에서는 지난 일들을 생각하면서 갈 수 있다고 믿었습니다. 그 사이에야 무슨 문제가 생기겠는가 하는 생각이었습니다. 그런데 그게 아니었습니다. 생각지도 못한 문제가 생긴 겁니다. 세바의 반란입니다.

문제로 연결되는 것이 인생인가 봅니다.
하나가 해결되면 그만인 줄 알고 감사하는데
전혀 생각하지 못한 또 다른 문제가 찾아오는 겁니다.
해변에 앉아 바닷물이 밀려 들어오는 것을 보면서
생각한 것이 있습니다.
밀려온 파도가 사라지고 나면 바다가 잠잠해질 텐데...
그런데 그렇지 않았습니다.
밀려온 파도가 깨지고 나면 쉴 틈도 없이
바로 뒤에 다른 파도가 밀려오고 있었습니다.
그 파도가 모래사장까지 와서 깨지는가 했는데
그 뒤에 또 다른 파도가 밀려오고 있었습니다.
깨진 파도 뒤에 아무 것도 없는 때는 한 번도 없었습니다.
파도 뒤에는 또 다른 파도가 있답니다.

고난이 그치면 좋겠습니다.
그런데 그렇지 않습니다.
그 뒤에는 또 다른 고난이 준비되어 밀려오고 있답니다.
그 파도를 하나님이 만드신 것처럼
그 고난도 하나님이 만드셨답니다.
그것을 보고 고난 앞에서 당황하지 않기로 마음먹었습니다.
그랬더니 마음이 편해지더라구요.

예루살렘 성(城)은 썰렁한 분위기였습니다. 주인 없는 궁궐은 음산할 뿐이었습니다. 단지 다윗의 후궁 열 명이 처량하게 지내고 있었습니다. 지난 날 다윗이 압살롬을 피하여 도망갈 때 두고 간 여인들이었습니다. 불행하게도 압살롬이 궁궐에 들어왔을 때 아히도벨의 악랄한 계책으로 인해 압살롬에게 성폭행을 당했었습니다. 이 사건은 국가적인 치욕이었을 뿐만 아니라 여인들에게는 씻을 수 없는 수치요 상처였습니다.

이 여인들이 압살롬에게 당한 일이 성(城) 내의 백성들에게 이미 공공연하게 알려졌고 피난 중이었던 다윗 왕과 백성들의 귀에도 들어갔었습니다. 피난길에서 돌아온 다윗은 이 문제를 신중하게 생각해야 했습니다. 분명 피난길을 떠날 때 열 명의 후궁들을 데리고 가지 않은 것은 그녀들에게 미안한 일이었습니다. 그녀들도 다윗에 대한 정절을 지키지 않으려 한 것이 아니라 압살롬의 폭행에 따른 희생이었다는 것을 다윗도 알고 있었기에 고민스러운 일이었습니다. 다윗과 정부는 이 일을 어떻게 다룰 것인가를 생각하다가 별실에 이 여인들을 가두어 놓고 기본적인 양식만을 주고 살도록 하는 조치를 취했습니다. 여인들은 이 별실에서 평생을 생과부로 지냈다고 합니다.

『다윗이 예루살렘 본궁에 이르러 전에 머물러 궁을 지키게 한 후궁 열 명을 잡아 별실에 가두고 먹을 것만 주고 더불어 동침치 아니하니 저희가 죽는 날까지 갇혀서 생과부로 지내니라』(:3)

이 사건에 대한 해석은 쉽지가 않습니다.

어떤 이는 이 여인들이 '다윗은 더 이상 희망이 없는 줄 알고'
젊은 압살롬에게 스스로 몸을 바쳐 부귀영화를
유지하려 했기에
이것을 알고 있던 다윗이 이런 벌을 내린 것으로
해석합니다.(매튜헨리)
또 다른 해석은 반란의 조짐이 있는 이스라엘 사람들이
여자를 많이 둔 다윗 왕이라는 윤리적인 약점을 트집 잡아
다윗은 왕 자격이 없다는 명분을 만들 것을 우려하여
후궁들로 하여금 사람들의 눈에 띄지 않도록
정책을 세운 것이라고 해석하기도 합니다.
어떤 해석이 당시의 정황이었는지는 알 수 없습니다만
어쨌든 후궁 열 명에 대한 다윗의 조치는 상당히 가혹했습니다.

㉒ 삼하 20:1-3

정치적 게임

세바를 중심으로 한 이스라엘 사람들의 반란의 조짐이 있었습니다. 분명 저들은 군사를 모집해서 다윗 왕을 공격할 태도였습니다. 다윗은 미리 반란 조짐의 뿌리를 잘라야겠다고 생각하고 군대장관 아마사를 불렀습니다. 압살롬의 반역 대열에서 군대장관을 했던 장수입니다. 그러나 반역자들을 용서한다는 의미에서 아마사를 군대장관으로 임명하므로 반역의 무리에 동참했던 모든 사람들을 얻은 것이었지요. 뿐만 아니라 늘 부담이 되곤 했던 요압을 과감히 경질하고 그 자리에 아마사를 둠으로써 요압의 횡포를 차단하는 효과도 얻었습니다. 물론 그를 군대장관으로 삼아 요압을 견제하게 하는 효과도 노린 거지요.

다윗은 신임 군대장관인 아마사에게 세바가 일으킬지도 모르는 반란을 차단하기 위하여 유다 백성 가운데서 군사를 모집하라고 명령을 내렸습니다.

"이보시오 장군. 베냐민 사람 세바가 반란을 일으켰소이다. 내 압살롬의 반란으로 인해 큰 고통을 겪은 지가 얼마 되지 않았는데 이번에 또 반란이라니 이게 무슨 해괴한 일이요. 그러니 장군은 군사들을 모집하여 삼 일 안에 이 모든 일을 깨끗하게 정리하시오. 내 장군을 믿어 보리다."

『너는 나를 위하여 삼 일 내로 유다 사람을 소집하고 너도 여기 있으라』(:4하)

아마사가 받은 첫 번째 임무였습니다. 뿐만 아니라 아마사의 능력을 시험할 수 있는 시험장이었습니다. 다윗으로부터 군사 모집 기간이 주어졌습니다. 이것이 능력 테스트의 첫 번째 관문이었습니다. 그런데 아마사가 이 일에 실패를 합니다. 그 누구도 협조를 하지 않는 겁니다.

다윗은 걱정이 되었습니다. 부담되는 요압을 제거하기 위해서 아마사를 과감하게 군대장관으로 임명을 했는데 일을 제대로 못해 주고 있는 겁니다. 요압은 횡포를 부리기는 했지만 리더십이 있었고 일을 정말 잘 했었습니다. 아마사도 그만큼 해줘야 다윗은 편하게 지낼 수 있는 겁니다. 그런데 아마사가 군사 모집조차도 제대로 해내지 못하고 있었습니다. 그것은 그렇다 하더라도 군사 모집이 제시간에 이루어지지 못하면 반란의 군사를 모집하기 위해 가고 있는 세바를 잡을 수가 없게 되는 겁니다.

다윗은 고민을 했습니다. 그렇다면 요압을 불러 이 위기를 맡겨볼까 하는 생각도 했습니다. 그러나 그렇게 할 수 없었습니다. 요압은 보기도 싫었고 두려웠기 때문입니다. 그만 보면 다윗은 기가 죽었습니다. 정말 부담스러운 존재였습니다. 그래서 요압 대신에 그의 동생인 아비새를 불렀습니다. 그리고 아비새로 하여금 세바를 따라가서 제거할 것을 부탁했습니다.

"이보게나 아비새 장군. 아마사가 아무런 일도 하지 못하는구먼. 군사 하나 제대로 소집하지 못하는 거야. 그가 이 반란을 막기에는 역부족이라이. 자네가 좀 나서 주게나. 그 놈을 여기서 잡지 못하면 우리는 모두 죽네. 세바라는 놈은 압살롬보다 더 악한 놈이야."

『아마사가 유다 사람을 소집하러 가더니 왕의 정한 기한에 지체된지라 다윗이 이에 아비새에게 이르되 이제 비그리의 아들 세바가 압살롬보다 우리를 더 해하리니 너는 네 주의 신복들을 거느리고 쫓아가라 저가 견고한 성에 들어가서 우리들을 피할까 염려하노라』(:5-6)

아비새가 앞장섰습니다. 그러나 아비새는 요압을 의지하지 않을 수가 없었습니다. 전쟁에는 역시 요압이 나서야 했기 때문입니다. 요압 역시 다윗이 자신을 부담스러워 한다는 것을 알고 있었습니다만 그렇다고 해서 세바와 같은 잡류(雜類)가 자신이 구축해 놓은 정부를 기어오르고 통째로 삼키려 하는 것에 대해서는 참을 수가 없었습니다. 그래서 세바를 쫓아가 제거하기 위해서 앞장섰습니다. 요압이 군사를 모집하는 것은 일사불란(一絲不亂)했습니다. 요압이 세바를 쫓아가는 데 선두에 섰다는 소식은 군사들로 하여금 모이게 했던 것입니다.

『요압을 좇는 자들과 그렛 사람들과 블렛 사람들과 모든 용사들이 다 아비새를 따라 비그리의 아들 세바를 쫓으려고 예루살렘에서 나와서』(:7)

아마사는 유다 땅 곳곳을 다니며 군사를 모집해도 제대로 되지 않았는데 요압은 한 마디 말로 군사를 모은 것입니다. 이것이 요압의 힘이었습니다. 요압의 눈에는 아마사가 우습게 보였습니다. 그가 군사를 모집하러 유다 땅을 돌아다니고 있다는 소리를 들을 때부터 요압은 비웃고 있었던 겁니다.

요압은 자신이 모집하고 자신에게 충성하는 군사들을 이끌고 세바를 쫓아가고 있는 중이었습니다. 기브온에 있는 큰 바위에서 군사를 모집하러 갔다가 빈손으로 돌아오는 군대장관 아마사를 만났습니다. 제대로 군사를 모집하지 못하고 세바 쫓는 일을 감당하기 어려워 전전긍긍하던 군대장관 아마사는 요압이 군사를 이끌고 오는 것을 보고 세바 문제가 어쨌건 간에 해결될 것이라고 기대하면서 요압을 반갑게 맞이했습니다.

그러나 아마사를 만나는 요압은 아마사의 생각과는 전혀 달랐습니다. 요압에게 아마사는 압살롬의 반역에 섰던 두목에 불과했습니다. 압살롬과 함께 죽였어야 하는 놈이었습니다. 그런 놈이 자신의 자리를 빼앗고 권력의 중심부에 앉아서 놀고 있는 것이 웃겼습니다. 더군다나 군대 장관이라는 놈이 군사 하나 제대로 모집하지 못하는 꼴이 가소롭기만 한 겁니다.

아마사가 요압을 반갑게 맞이하러 올 때 군복을 입고 있고 띠를 띠고 있었는데 자신도 모르게 칼집에서 칼이 땅에 떨어졌습니다. 그런 상황에서 아마사가 요압과 가까이서 인사를 나눈 겁니다. 요압은 인사하는 모양으로 아마사의 수염을 잡았습니다. 그리고 아주 가까이서 친절하게 입을 맞추려는 제스처를 취했습니다. 아마사는 요압의 환대에 기분이 좋았습니다. 둘이 끌어안고 있는 동안 요압은 자기 발아래 떨어져 있는 칼을 바라보았고 아주 작은 움직임으로 칼을 집어 들었습니다.

그 칼로 입을 맞추고 있는 아마사의 배를 찔렀습니다. 요압은 뱃속에 깊이 들어간 칼을 빼지 않았습니다. 숨이 끊어질 때까지 뱃속 깊이 찔러 칼을 후볐습니다. 아마사는 비명 한번 지르지 못하고 쓰러졌습니다. 얼마나 깊이 칼로 후볐는지 쓰러진 아마사의 배가 열려 있었고 흥건한 피와 함께 창자가 밖으로 흘러 나왔답니다.

『기브온 큰 바위 곁에 이르매 아마사가 맞으러 오니 때에 요압이 군복을 입고 띠를 띠고 집에 꽂은 칼을 허리에 매었는데 저가 행할 때에 칼이 빠져 떨어졌더라 요압이 아마사에게 이르되 형은 평안하뇨 하며 오른손으로 아마사의 수염을 잡고 그 입을 맞추려는 체하매 아마사가 요압의 손에 있는 칼은 주의치 아니한지라 요압이 칼로 그 배를 찌르매 그 창자가 땅에 흐르니 다시 치지 아니하여도 죽으니라』(:8-10중)

요압의 잔인함입니다.
너무 끔찍한 사람입니다.
아브넬을 죽이고 압살롬을 죽이더니
이번에는 아마사를 죽였습니다.
모두들 다윗이 죽이지 말라고 한 사람들이었습니다.
죄가 있어서 죽인 것이 아닙니다.
자신의 마음에 들지 않기 때문에 죽인 겁니다.

죽은 이 세 사람은 모두 죄인이었습니다.
그것도 왕과 나라를 반역한 죄인들입니다.
저들이 받아야 할 벌은 죽음뿐입니다.
누구를 향한 반역인가 하면
다윗 왕을 향한 반역이었습니다.
그러나 다윗 왕은 저들을 용서했답니다.
그런데 다윗왕이 용서한 사람들을
요압은 자신의 마음에 들지 않는다고
잔인하게 제거했던 겁니다.

우리들도 그런 잘못을 하고 있지는 않는지요?
하나님께서 용서하셨음에도 불구하고
내 마음에 들지 않는다고 미워하고 제거하려고 하고

죽이려고 하고 있지는 않는지요?

내 속에 있는 요압을 죽여야 합니다!

요압은 힘이 있는 사람이었습니다. 아마사를 죽이자 일반 군사 중 한 사람이 아주 자신만만한 목소리로 소리를 질렀습니다. 아마사 측근에 있는 사람들 들으라고 하는 소리 같았습니다.

"누구든지 요압을 신뢰하고 좋아하는 사람, 다윗 왕을 좋아하고 섬기는 사람은 요압을 따르시오!"

『요압과 그 동생 아비새가 비그리의 아들 세바를 쫓을새 요압의 소년 중 하나가 아마사 곁에 서서 가로되 요압을 좋아하는 자와 다윗을 위하는 자는 요압을 따르라 할 때에』(:10하-11)

요압을 따르는 자들에게 아마사의 죽음은 당연한 거였습니다. 슬퍼하는 사람도 없었습니다. 하나같이 요압처럼 생각했습니다. 반란의 괴수가 건방지게 요압 장군을 밀어내고 군대장관 자리에 앉을 때부터 부당한 일이라고 생각을 했습니다. 그렇기에 아마사의 죽음은 적어도 요압을 따라 세바를 쫓아가던 군사들에게는 별다른 의미가 없었던 겁니다.

아마사의 죽음은 처량했고 비참했습니다. 그래도 다윗에게는 군대장관이었는데 비참하게 살해된 겁니다. 그리고 어느 누구도 죽은 그를 위해 슬퍼할 수 없는 험악한 분위기였던 겁니다. 그의 시체는 그가 흘린 피로 물들어 있었던 거지요. 누군가가 그의 시체를 사람들 없는 곳으로 옮겼습니다. 그리고는 참혹한 모습을 가려야겠다는 생각을 했는지 병사들 중 누군가가 자신의 옷을 벗어 아마사의 시체를 덮었답니다. 뒤따르던 자들도 하나씩 옷을 벗어 그의 죽음을 가렸지요.

『아마사가 길 가운데 피 속에 굴어졌는지라 그 소년이 모든 백성의 섰는 것을 보고 아마사를 큰 길에서부터 밭으로 옮겼으나 거기 이르는 자도 다 멈추어 서는 것을 보고 옷을 그 위에 덮으니라 아마사를 큰 길에서 옮겨가매 사람들이 다 요압을 따라 비그리의 아들 세바를 쫓아 가니라』(:12-13)

23 삼하 20:14-22

살해당한 세바

세바를 포획하기 위한 요압과 그의 군사들의 기세는 하늘을 찌르고 있었습니다. 세바를 따르던 무리들은 요압의 추격이 있다는 소리를 듣자 세바를 버리고 자기들의 살 길을 찾아 흩어졌습니다. 세바는 극소수의 사람들과 숨을 길을 찾아 도망갈 수밖에 없었습니다. 그래서 간 곳이 북쪽 끝에 있는 벧마아가 아벨이라는 곳에 있는 성(城)이었습니다. 세바가 그 성(城)에 숨기는 했으나 요압과 그의 군사들이 그를 찾는 것은 어려운 일이 아니었습니다.

아벨 성(城) 안에 숨은 세바는 독 안에 든 쥐와 같은 신세였습니다. 기세가 등등한 요압과 군사들은 세바를 잡아 죽이기 위해서 기막힌 생각을 해냈답니다. 군사들도 아주 재미있게 느낄 만큼의 작전이었습니다. 세바가 숨은 성(城)을 헐어 버리자는 계획이었습니다. 요압의 군사들은 환호했습니다. 그러더니 먼저 성(城) 둘레에 토담을 쌓기 시작했습니다. 성벽(城壁)보다 더 높은 울타리를 쌓고 그 위에 올라가 성(城)을 부수고 안쪽으로 무너뜨리겠다는 계산이었습니다. '성(城)을 통째로 무너뜨려서 세바를 잡는다?' 기가 막힌 발상입니다.

『이에 저희가 벧마아가 아벨로 가서 세바를 에우고 그 성읍을 향하여 해자(垓子) 언덕 위에 토성을 쌓고 요압과 함께한 모든 백성이 성벽을 쳐서 헐고자 하더니』(:15)

성(城)을 무너뜨리기 위해 외부에서 토성 쌓기가 진행되고 있을 때 성(城) 안의 사람들은 긴장하기 시작했습니다. 세바 한 사람 때문에 자신들이 다 죽게 되었기 때문이었지요. 간신히 성(城) 밖으로 빠져나와 목숨을 구한다 하더라도 재산은 물론 살 집이 사라지게 되는 것은 기정사실이었습니다.

성(城) 외곽에서는 성을 무너뜨릴 토담을 쌓고 있는 때였습니다. 성(城) 안에 있는 한 여인이 나타나서 소리를 지르면서 요압을 찾았습니다. 요압이 나타나자 여인이 이렇게 말을 했습니다.

"옛부터 사람들은 무슨 중대한 일이 있을 때마다 '아벨과 단에 가서 물어 보라'고 하였습니다. 그러면 무슨 일이든지 해결되었기 때문입니다. 그만큼 여기 있는 두 성읍은 이스라엘에서 가장 평화스럽고 진실한 사람들이 사는 곳입니다. 그러나 당신은 지금 이스라엘의 어머니 같은 이 성읍을 파괴하려고 하십니다. 당신은 여호와의 소유인 이 성읍을 없앨 작정이십니까?"(:18-19/현대어성경)

여인의 논리적인 말에 살기등등했던 요압의 마음이 녹았는가 봅니다. 요압은 부끄러운 듯 이성(理性)을 가지고 대답했습니다.

"이보게나. 내가 괜시리 당신의 성을 부수려 하는 줄 아는가? 그 안에 숨은 놈이 독한 놈이기 때문이야! 세바라고 하는 놈 아니겠나. 그 놈은 나라를 통째로 말아먹을 놈이라이. 지금 자네들의 성을 모두 부수어 다 희생을 시키더라도 그 놈을 죽여야 한다이. 우리가 자네들에게 무슨 원망 들을 일이 있어 이런 일을 하겠는감. 다 나라를 위한 일이라이. 그러나 자네 성에 숨어 있는 세바라는 놈만 내어주면 모든 것이 해결될 것이라이."

『요압이 대답하여 가로되 결단코 그렇지 아니하다 결단코 그렇지 아니하다 삼키거나 멸하거나 하려함이 아니니 그 일이 그러한 것이 아니니라 에브라임 산지 사람 비그리의 아들 세바라 하는 자가 손을 들어 왕 다윗을 대적하였나니 너희가 저만 내어 주면 내가 이 성읍에서 떠나가리라 』(:20-21상)

"요압 장군. 걱정 마시오. 우리가 당신이 원하는 세바라는 놈을 잡아 그 놈의 머리를 잘라 성 위에서 던지리이다."

여인의 행동은 과감했습니다. 성(城)을 구원하기 위한 그녀의 행동은 희생적이었던 겁니다. 여인은 요압의 말을 듣고 불안에 떨고 있는 백성들에게 전달했습니다. 백성들은 힘을 합쳐 숨어 있는 세바를 찾아냈습니다. 세바의 발악은 거셌지만 성 안의 백성들의 단합은 그 한 사람 잡는 것은 문제도 아니었지요. 그리고 목을 베어 성(城) 밖에 있는 요압에게 던졌답니다.

던져진 세바의 목을 본 요압과 그의 군사들은 토성 쌓던 것을 그치고 예루살렘으로 돌아가 세바 제거한 것을 왕께 보고하였답니다.

『여인이 요압에게 이르되 저의 머리를 성벽에서 당신에게 내어 던지리이다 하고 이에 여인이 그 지혜로 모든 백성에게 말하매 저희가 비그리의 아들 세바의 머리를 베어 요압에게 던진지라 이에 요압이 나팔을 불매 무리가 흩어져 성읍에서 물러나서 각기 장막으로 돌아가고 요압은 예루살렘으로 돌아와서 왕에게 나아가니라』(:21하-22)

❷❹ 삼하 20:23-26
부담스러운 존재

다윗은 세바의 반란 계획을 차단하기 위하여 군사를 소집해 세바를 제거하도록 했었습니다. 그 일을 위해 신임 군대장관 아마사에게 부탁했었는데, 아마사는 군사력을 장악하지 못한 고로 군사 모으는 일에서부터 실패했었습니다. 그러나 일이 지연될 수 없기에 아마사를 제치고 아비새에게 세바 제거 명령을 했었습니다. 세바 제거 작전에 관한 보고를 기다리고 있던 다윗 왕은 세바를 쫓던 군사들이 돌아온다는 전갈을 받고 기쁘기도 했고 궁금하기도 했습니다.

아비새가 들어와 승전 소식을 전해줄 줄 알았습니다. 그런데 그렇지 않았습니다. 요압이었습니다.

『요압은 예루살렘으로 돌아와서 왕에게 나아가니라』(:22하)

요압은 흙먼지를 뒤집어 쓴 채로 노년의 다윗 왕에게 당당하게 걸어 들어오고 있었습니다. 다윗 왕은 두려웠습니다. 다시는 보고 싶지 않은 사람이었기 때문입니다. 군대장관에서 밀려났지만 요압이 당당하게 왕실로 걸어 들어오는 것을 누구도 막을 수가 없었습니다. 요압이 늙은 왕 다윗 앞에 무릎을 꿇었습니다. 그리고 불타는 눈으로 다윗 왕을 뚫어지게 바라보면서 우렁찬 소리로 보고했습니다. 그러나 왕 앞에서 당당하게 말함에도 불구하고 다윗 왕은 말 한마디 할 수 없는 위압감을 느꼈습니다.

"폐하! 반란의 괴수 세바의 목을 치고 돌아오는 길입니다. 이제 이스라엘 땅에서는 더 이상의 반란은 없을 것입니다. 편안한 마음을 가지고 왕실을 지키셔도 됩니다. 불행하게도 군대장관 아마사는 전투 중에 전사했습니다. 그러나 걱정하시지 않아도 됩니다. 제가 폐하 옆에서 폐하를 위해 목숨 다해 지키고 모실 것입니다."

다윗은 세바의 목을 쳤다는 보고보다도 아마사가 죽었다는 소식에 소름이 끼쳤습니다. 다윗은 아마사가 전사한 것이 아니라 요압의 손에 의해 살해된 것임을 알 수 있었기 때문입니다. 다윗은 무서웠습니다. 보고를 마치고 등을 돌려 돌아가는 요압이 무서웠습니다.

여러 날들이 지나갔습니다. 공석(空席) 중인 군대장관 자리를 비어둘 수 없었습니다. 그리고 다시 조직 개편을 해서 정부 체계를 세워야 했습니다. 요압을 공직에서 제거하고 싶었습니다. 그러나 다윗의 힘으로는 그렇게 할 수 없었습니다. 그래서 다시금 권력 서열 2인자로 요압을 임명해야 했습니다.

『요압은 이스라엘 온 군대의 장관이 되고 여호야다의 아들 브나야는 그렛 사람과 블렛 사람의 장관이 되고 아도니람은 감역관이 되고 아힐룻의 아들 여호사밧은 사관이 되고 스와는 서기관이 되고 사독과 아비아달은 제사장이 되고 야일 사람 이라는 다윗의 대신이 되니라』(:23-26)

6

〉〉 여섯 번째 이야기 삼하 21-24장

나머지 이야기들

다. 그런데 왕이 된 사울이 이 여호수아와 기브온 백성과의 약속을 어기고 기브온 사람들을 죽이는 일을 자행한 겁니다. 이 약속을 파기한 사울의 범죄로 인해 지금 하나님께서 이스라엘 땅에 가뭄을 보내셨다고 그 이유를 설명하셨습니다. 그렇다면 사울은 왜 기브온 사람들을 죽였습니까? 기브온 사람들이 사울 왕과 이스라엘을 대적하여 반란을 일으켰거나 이스라엘 사람들에게 못되게 했다면 기브온 사람들 처분하는 것이 허락되었을 것입니다만 사울이 기브온 사람을 죽인 이유는 국가를 수호하고 신앙을 수호하기 위해서가 아니었습니다. 단지 『사울이 이스라엘과 유다 족속을 위하여 열심이 있으므로』(:2중) 기브온 사람을 죽였다는 것입니다. 사울이 죽은 지 십수 년이 지났지만 하 고 계셨습니다.

THE BIBLICAL

BIBLE STUDY

『사울의 열심이』 사울은 왕이 되어 하나님의 뜻에 따라 백성들을 다스리고 섬긴 것이 아니라 사람들에게 인정을 받고 싶은 영웅 심리에 노예가 되어 있었습니다. 어떻게 하면 백성들이 자신을 좋아하게 될까 하는 것이 그의 관심이었지요. 그러다가 이스라엘 백성이 아니면서 이스라엘 땅에서 버젓이 살고 있는 기브온 사람들을 본 겁니다. 이스라엘 사람들도 이스라엘 땅에서 살고 있는 기브온 사람 다윗 인생의 시간적 흐름의 진술은 20장까지입니다.

21장부터 마지막 24장까지의 이야기는 연대기적(年代記的) 이야기라고 하기가 어렵습니다. 그래서 신학자(神學者)들은 사무엘서의 부록이라고 이야기합니다.

이 부록 부분은 여섯 개의 이야기가 나열되어 있습니다.

첫 번째는 21:1-14인데 사울 왕의 죄로 인하여 임한 다윗 시대의 기근 이야기이고

두 번째는 21:15-22의 다윗 왕국을 건설한 영웅들과 그들의 업적에 관한 이야기이며

세 번째는 22:1-51의 다윗의 찬송 시이고

네 번째는 23:1-7의 또 다른 다윗의 찬송 시이고

다섯 번째는 23:8-39인데 두 번째 이야기와 비슷하게 다윗 시대의 영웅들과 그들의 업적에 관한 이야기입니다.

여섯 번째는 24:1-25의 다윗 왕의 범죄와 속죄에 관한 이야기로 구성되어 있습니다.

이 여섯 이야기는 전혀 연대기적인 이야기가 아니라 다윗 치세 40년 안에 일어난 사건인데, 연대기적 배열 속에 넣기가 불편해서 부록으로 기록한 겁니다.

1 삼하 21:1-14

기브온 사람들의 풀어진 한(恨)

부록 1

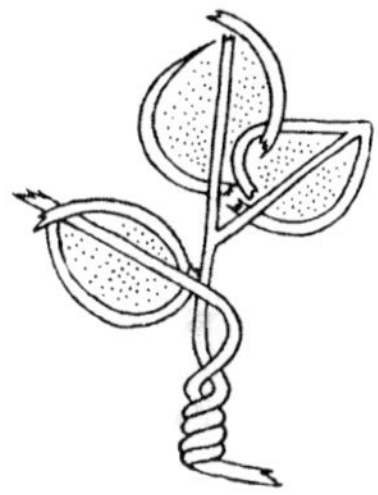

21장에는 다윗 시대에 3년 간 계속된 기근 사건을 다루고 있습니다. 이 사건이 발생한 시기는 다윗이 밧세바를 범하기 전이라는 것이 일반적인 해석입니다. 헤브론에서의 7년 6개월의 통치가 끝나고 예루살렘으로 궁정을 옮겨 나라를 다스리던 중에 일어난 사건이라는 것이지요. 아마도 다윗 왕의 나이가 40세에서 45세 정도일 때가 아니었을까 생각을 합니다.

3년 동안 계속해서 비가 오지 않았다는 것은 대단한 천재(天災)였습니다. 백성들은 농사를 하지 못하므로 인하여 생활고(生活苦)에 시달리고 있는 한편 다윗은 왕으로서의 도의적(道義的)인 괴로움을 겪고 있었습니다. 이 당시는 다윗은 물론 이스라엘 백성들이 하나님을 잘 섬기고 있는 때였음에도 불구하고 막을 수 없는 천재(天災)가 생긴 겁니다.

신앙생활에 아무런 문제가 없다는 것과
삶에 환란이 닥친다는 것하고는 별개의 문제입니다.
바르게 살고 믿음으로 살고 있으나
병에 걸릴 수 있고 홍수를 만나거나 가뭄을 만날 수도 있으며
지진과 토네이도, 자녀의 삐뚤어짐 등등
기대하지 않은 일들을 만날 수 있답니다.
문제는 문제를 만난 것이 아니라
닥친 문제를 어떻게 다루는 것인가 하는 겁니다.

다윗은 이스라엘이 만난 천재(天災)를 놓고 하나님께 기도했습니다.

『다윗이 여호와 앞에 간구하매』(:1)

신앙생활을 한다는 것은
하나님과 교제한다는 것을 의미합니다.
큰 일은 물론이고 작은 일 하나하나를
하나님께 아뢰는 삶을 말합니다.
기도는 세상의 모든 일에는 하나님의 분명하신 뜻이 담겨 있다는
하나님의 절대 주권을 인정하는 사람이 하는 겁니다.

기도는 나의 일을 하나님께 아뢴다는 것이요
하나님의 뜻을 알기 원한다는 겸손을 의미합니다.
사람의 보기에는 좋은 일 같으나
하나님의 보기에는 그렇지 않을 수 있기에
절대적인 하나님의 뜻을 따르기 위해서 하는 행위가 기도랍니다.
다윗은 비가 오지 않자
하나님께 기도했습니다.
물론 비 오도록 기도한 것이겠지만
비를 주시지 않는 하나님의 뜻을 발견하는 것이
다윗의 일차적인 목적이었답니다.

가뭄의 원인이 밝혀졌습니다. 하나님께서 가뭄의 원인을 놓고 궁금해 하면서 기도한 다윗에게 답하신 것입니다.

"다윗, 내가 네 기도를 들었노라. 네가 기도한 것처럼 이유가 있는 가뭄이란다. 이전에 사울이 나라를 다스리면서 기브온 사람을 잔인하게 죽인 때가 있었느니라. 기브온 사람들을 죽이는 건 나를 무시한 사울의 행위였지. 오래전 여호수아가 내 이름으로 기브온 사람과 약속한 것이 있었단다. 기브온 사람들을 결코 죽이지 않겠다는 약속이었지. 그런데 사울이 그 약속을 깬 거야. 너도 아는 것처럼 기브온 사람들을 잔인하게 죽였단다. 그 행위로 인해 기브온 사람들이 내 앞에서 억울함을 호소하고 있었고, 난 그들의 호소에 응답을 한 거지. 너와 이스라엘이 겪고 있는 지금의 가뭄은 사울이 기브온 사람을 죽인 것에 대한 징벌이니라."

『이는 사울과 피를 흘린 그 집을 인함이니 저가 기브온 사람을 죽였음이니라』(:1하)

이스라엘 사람들은 기브온 사람들을 죽일 수 없게 되어 있었습니다. 여호수아 9장에 보면 여호수아가 기브온 족속과 언약을 했기 때문입니다.

『여호수아가 곧 그들과 화친하여 그들을 살리리라는 언약을 맺고 회중 족장들이 그들에게 맹세하였더라』(수 9:15)

기브온 백성을 이스라엘 땅에서 몰아내지도 죽이지도 않겠다는 언약입니다. 그런데 왕이 된 사울이 이 여호수아와 기브온 백성과의 약속을 어기고 기브온 사람들을 죽이는 일을 자행한 겁니다. 이 약속을 파기한 사울의 범죄로 인해 지금 하나님께서 이스라엘 땅에 가뭄을 보내셨다고 그 이유를 설명하셨습니다.

그렇다면 사울은 왜 기브온 사람들을 죽였습니까? 기브온 사람들이 사울왕과 이스라엘을 대적하여 반란을 일으켰거나 이스라엘 사람들에게 못되게 했다면 기브온 사람들 처분하는 것이 허락되었을 것입니다만, 사울이 기브온 사람을 죽인 이유는 국가를 수호하고 신앙을 수호하기 위해서가 아니었습니다. 단지 『사울이 이스라엘과 유다 족속을 위하여 열심이 있으므로』(:2중) 기브온 사람을 죽였다는 것입니다. 사울이 죽은 지 십수 년이 지났지만 하나님은 사울의 죄를 기억하고 계셨습니다.

『사울의 열심이』 사울은 왕이 되어 하나님의 뜻에 따라 백성들을 다스리고 섬긴 것이 아니라 사람들에게 인정을 받고 싶은 영웅 심리에 노예가 되어 있었습니다. 어떻게 하면 백성들이 자신을 좋아하게 될까 하는 것이 그의 관심이었지요. 그러다가 이스라엘 백성이 아니면서 이스라엘 땅에서 버젓이 살고 있는 기브온 사람들을 본 겁니다. 이스라엘 사람들도 이스라엘 땅에서 살고 있는 기브온 사람들이 싫었습니다. 이방인이 자신들의 땅에서 잘 살고 있었기 때문입니다. 이 백성들의 마음을 발견한 사울이 저들을 자신의 편으로 만들기 위해 오래 전에 조상들이 기브온과 맺은 언약을 무시하고 기브온 사람들 몇을 죽인 거지요. 그가 기브온 사람들과 여호수아가 약속한 것을 몰라서 그런 것이 아닙니다. 단지 이스라엘 사람들을 기쁘게 하여 인기를 얻기 위한 생각 때문이었던 것입니다.

> 시간이 지나면 죄가 없어질 것이라고 생각하면 오해입니다.
> 우리가 지은 죄는 회개하기 전까지는 하나님의 기억 속에
> 생생하게 살아 있답니다.
> 우리는 시간이 지남에 따라 희미해지고 가물가물해 집니다.
> 그러다가 지은 죄를 까맣게 잊습니다.
> 잊고 싶기도 하지만

기억력의 쇠퇴로 인해 저절로 잊혀지는 거지요.
그러나 우리의 기억에서 사라진다고 해서
하나님의 기억에서까지 사라진다고 생각하면
큰 착각이라는 말이지요.
말하자면
죄는 회개하기 전까지는 결코 하나님의 기억에서는
사라지지 않습니다.
반면에 회개한 죄는 어떤 죄라 하더라도
하나님의 기억에서는 없답니다.
혹 그 죄가 너무 큰 것이어서
우리의 기억에는 생생하게 남아 있다손 치더라도
회개한 것은 하나님의 기억 속에는 전혀 남아 있지 않는답니다.
『만일 우리가 우리 죄를 자백하면 저는 미쁘시고 의로우사
우리 죄를 사하시며 모든 불의에서 우리를 깨끗케 하실 것이요』
(요일 1:9)

기근이 생긴 원인이 기브온 사람들을 죽인 사울의 죄 때문이었다는 말을 들은 다윗은 기브온 사람들의 원한(怨恨)을 먼저 풀어 줘야 한다는 생각을 했습니다. 그래서 다윗 왕은 힘이 없어 당할 수밖에 없었고 지금도 힘이 없기에 그 원통함을 호소하지 못하고 한(恨)맺힌 마음으로 살아가는 기브온 사람들을 찾아갔지요.

"이보게 기브온 사람들, 내 당신들이 가지고 있는 한(恨)을 알고 있다이.

우리 조상 여호수아가 하나님의 이름을 걸고 당신들을 지켜 주기로 약속했고 그 약속을 믿고 당신들은 이 땅에서 신실하게 살아왔었네만 사울이 당신들을 함부로 대하고 죽이기까지 했으니 얼마나 한이 맺혔겠는가. 이제 내가 왕이 되어 이 나라를 다스리고 있으니 당신들의 한을 풀어 줄 것이네. 그러니 어떻게 하면 맺힌 한을 풀어 줄 수 있겠는지 말하게나. 내가 당신들을 위해 무엇을 하면 당신들이 이 나라를 향해 저주 하는 일을 그치겠는가 하는 말이네. 이제 노여움을 풀고 내게 무엇이든지 말하게나. 그리고 이 나라를 위해 복을 빌어 주게나."

『다윗이 저희에게 묻되 내가 너희를 위하여 어떻게 하랴 내가 어떻게 속죄하여야 너희가 여호와의 기업을 위하여 복을 빌겠느냐』(:3)

사람들은 죄로 인해 생긴 열매나 결과들을 해결하기 위해
하나님께 회개를 합니다.
물론 그래야 합니다.
그러나 그것과 함께 나의 죄로 인해
상처받은 사람의 한(恨)을 풀어주고
그에게 용서를 받아야 합니다.
물론 상대방이 용서를 해 주지 않으면 할 수 없습니다만
나로서는 최선을 다해 나로 인해 상처받은 사람에게
용서를 구해야 하는 것이죠.
여호와 신앙은 사람을 무시하는 신앙이 아니기 때문입니다.

사람의 가슴에 못을 박고 단지 하나님께만 회개하는 것으로
자위(自慰)하는 것이 여호와 신앙이 아니라는 말이지요.

만일 우리 중에 하나님께는 진정 잘못했다고 심각하게 회개하여
눈물도 많이 흘리고 가슴도 뜨거워졌기에
회개의 확신과 기쁨이 있는 사람이 있다고 합시다.
그럼에도 불구하고
나 때문에 지금도 아픔과 상처 가운데 있는 사람이 있는데도
그 사람에게 용서를 진실하게 구하지 않았다면
아무리 울었다 하더라도
그리고 믿음으로 용서 받은 확신(?)과 기쁨(?)이 있었다 하더라도
그것은 자기 감정 속에서의 용서받은 느낌일 뿐
하나님으로부터 받은 용서가 아니지요.

신약의 회개에 대한 가르침이 이와 맥락을 같이 합니다.
세례 요한이 회개를 외쳤습니다.
사람들은 요한에게 어떤 것이 진정된 회개냐고 물었습니다.
요한의 대답은 간단했습니다.
"너희로 인해 한(恨) 맺혀 있는 사람들의 한(恨)을 풀어주는 것이
참된 회개"라고.
『무리가 물어 가로되 그러하면 우리가 무엇을 하리이까
대답하여 가로되 옷 두 벌 있는 자는
옷 없는 자에게 나눠 줄 것이요

먹을 것이 있는 자도 그렇게 할 것이니라 하고
세리들도 세례를 받고자 하여 와서
가로되 선생이여 우리는 무엇을 하리이까 하매
가로되 정한 세 외에는 늑징(勒徵)치 말라 하고
군병들도 물어 가로되 우리는 무엇을 하리이까 하매
가로되 사람에게 강포(强暴) 하지 말며 무소(誣訴)하지 말고
받는 요(料)를 족한 줄로 알라 하니라』(눅 3:10-14)

나로 인해 상처 받아 아파하는 사람에게 용서를 구하세요.
당신이 하나님께 용서받은 것의 참된 완성은
당신에게 상처 받은 사람의 마음을 치유한 후에
이루어지는 거랍니다.
보이지 않는 하나님의 용서도 중요하지만
보이는 사람과의 관계 회복이 얼마나 중요한지 모릅니다.
그렇기에 주님께서는 보이는 사람에게 잘하라고 하셨지요.

보상을 하겠다는 다윗 왕의 말에 기브온 사람들은 대답했습니다. 첫째는 사울 집안으로부터 주는 돈으로는 보상이 되지 않는다는 겁니다.

『사울과 그 집과 우리 사이의 일은 은금에 있지 아니하오나』(:4상)

두 번째는 이 비극은 생명을 빼앗아간 사건으로서 생명은 생명으로만 보상이 가능한 것이라고 주장했습니다. 그러므로 자기 동족의 생명을 빼앗았기에

보상받는 것은 오직 생명으로만 가능하다는 겁니다. 그래야 정당한 보상이 될 것이고 또한 한(恨)이 풀어진다는 겁니다. 그러나 자신들은 이스라엘 사람들이 아니기 때문에 이스라엘 사람들을 죽일 권한이 없으므로 어떻게 보상을 받아야 하는지 모르겠다는 것입니다.

『이스라엘 가운데서 사람을 죽이는 일은 우리에게 있지 아니하니이다』(:4하)

기브온 사람들은 생명을 요구하고 있는 겁니다. 다윗은 난감했습니다. 그러나 저들의 요구는 정당한 요구였습니다. 다윗은 고민을 하다가 기브온 사람들에게 어떤 생명을 원하더라도 들어 주겠다고 약속을 했습니다. 기브온 사람들의 대답은 자신들을 멸절시켜 이스라엘 지도(map)에서 없애려고 계획했던 사람의 자손 중에서 일곱 명의 생명을 죽임으로 그 한(恨)을 풀고 용서하겠다고 했습니다.

『우리를 학살하였고 또 우리를 멸하여 이스라엘 경내에 머물지 못하게 하려고 모해(謀害)한 사람의 자손 일곱을 내어 주소서 여호와의 빼신 사울의 고을 기브아에서 우리가 저희를 여호와 앞에서 목매어 달겠나이다』(:5-6)

사울의 직계 자손 일곱 사람의 목숨을 요구하고 있는 겁니다. 다윗은 고통스러웠습니다. 지난 정권의 자손들을 죽인다면 정치적 보복이라고 역사가 기록할 것이기 때문입니다. 다윗은 그러고 싶지 않았습니다. 사울의 직계 자손들이 다윗을 오해하고 있다고 하더라도, 다윗이 사울 왕을 몰아내려 하였고 결국 사울을 힘들게 해서 전쟁터에서 죽게 한 장본인이라고 오해하고 있다고 하더라도, 그 오해에 기인하여 다윗을 축출하고 다시금 사울의 자손으로 하여금 왕위를 지켜가도록 하려는 무서운 계획이 있다 하더라도, 다윗은 사울 집안을 제거하고 싶지 않았습니다. 그런데 이제는 다윗의 순수한 마음과는 달리 다윗의 사울 집안에 대한 보존의 의도와는 달리 사울의 직계 자손 가운데 일곱을 죽이도록 내주어야 하는 상황과 마주친 겁니다.

다윗은 사울의 자손 중에 일곱을 찾았습니다. 기브온 사람에게 내주기 위해서였습니다. 이 소문이 전국적으로 퍼졌습니다. 다윗 왕이 사울의 직계 자손을 찾아 죽이려 한다는 소문이었습니다. 다윗 왕의 의도와는 전혀 다르게 소문이 퍼진 겁니다. 백성들은 가뭄을 해결하기 위한 왕의 행동인 것을 알지도 못했고 그렇게 해석하지도 않았습니다. 단지 정치 보복 내지는 전(前) 정권이 다시는 일어나지 못하도록 하는 제거 행위라고 생각한 겁니다.

사울의 집안사람들은 공포에 싸여 있었습니다. 일곱 사람을 찾는다는 소리에 누가 걸릴지 모르기 때문이었습니다. 궁중에서 다윗의 왕자들과 함께 살고 있던 요나단의 아들 므비보셋은 잠을 이룰 수가 없었습니다. 왜냐하면 사울의 직계 중에 가장 가까운 사람이 자신이었기 때문입니다. 므비보셋은 두려웠습니다. 음식 맛도 없었습니다. 자신을 마길의 집에서 데리고 와서 편안하게 해줄 때 진정 다윗은 정치 보복을 하지 않는다고 생각했었습니다. 그런데 지금 정치 보복을 하려고 하는 겁니다. 지금까지의 다윗의 친절은 가식(假飾)이었다는 생각이 밀려왔습니다. 므비보셋은 두려움과 공포로 나날을 보내고 있었습니다. 그렇게 지내던 어느 날 저녁에 다윗 왕이 므비보셋을 찾아온 겁니다. 므비보셋이 공포로 나날을 보내고 있을 것이라고 생각했기 때문입니다. 그리고 수척해 있는 므비보셋에게 긴 이야기를 했습니다. 지금 자네의 할아버지의 자손 중에서 죽어야 할 사람 일곱을 찾고 있다고.

다윗 왕은 무척이나 무겁게 말했습니다. 듣고 있는 므비보셋도 아무런 말을 할 수 없었습니다. 정치적 소용돌이 속에서 자신은 죽을 수밖에 없기 때문이었습니다. 다윗 왕은 계속 이야기했습니다. 지금 자신이 사울 집안 사람을 찾아 죽이려는 것은 소문처럼 정치적인 보복을 하기 위함이 아니라고.

사울 왕의 쓸데없는 기브온 사람들 학살로 인한 죄로 인해 3년 간 가뭄이 계속되고 있으며, 그 가뭄을 그치게 하기 위해서 기브온 사람들의 요구를 들어 줘야 하는데 저들이 요구한 것이 사울 집안의 자손 일곱 명의 목숨이라고. 므비보셋은 반신반의(半信半疑)하면서 듣고 있었습니다. 그러나 그것도 어느 정도가 진실인지를 의심할 수밖에 없었습니다. 왜냐하면 자신이 죽지 않는다면 몰라도 일단은 자신도 목숨을 내놓아야 할 것이기 때문이었습니다.

다윗 왕은 작금(昨今)의 자기 심정을 므비보셋에게 털어놓고 있는 거였습니다. 무거운 마음으로 말하던 다윗은 침울하게 듣고 있던 므비보셋의 복잡한 심경을 발견했는지 갑자기 또렷하게 말했습니다.

"므비보셋 자네는 내어 주지 않을 것이니 두려워하지 말게나. 내가 자네의 아버지 요나단과 약속한 것이 있다네. 그 분은 진정 날 위해주신 고마운 분이셨지."

『다윗과 사울의 아들 요나단 사이에 서로 여호와를 가리켜 맹세한 것이 있으므로 왕이 사울의 손자 요나단의 아들 므비보셋은 아끼고』(:7)

다윗 왕은 기브온 사람들에게 내어 줄 사람을 찾았습니다. 사울의 직계 자손을 찾는다는 소문에 전국에서는 사울의 가까운 자손들과 친척들이 숨어버리는 소란이 생겼습니다. 그러나 아무리 숨으려 했지만 왕실의 정보망을 피하는 것은 쉽지가 않았습니다. 결국 시간이 걸렸지만 일곱 사람을 찾아냈답니다.

사울 왕의 첩 리스바에게서 난 아들 알모니와 므비보셋 형제와 사울의 첫째 딸 메랍이 아드리엘이라는 사람에게 시집가서 낳은 다섯 아들이었습니다.(메랍은 사울이 다윗에게 골리앗을 죽인 상(賞)으로 주려고 했던 여인이었습니다.) 그야말로 왕족(王族)들이었습니다. 사울의 죽음으로 인해 다윗에게 원한이 많은 사람들이었고, 만일 다윗 왕권이 무너지고 다시 사울 집안이 왕권을 잡는다면 이 사람들 중에 한 사람이 왕이 될 위치에 있었습니다.

정부군들은 이 일곱 사람들을 포박하여 기브온 사람들에게 건네주었습니다. 사울 왕의 첩 리스바의 두 아들의 나이는 얼추 다윗과 비슷해 보였습니다. 두 사람이 포박 당해 끌려 올 때 가족들의 아우성이 보통이 아니었습니다. 한 집안의 아니 두 집안이 졸지에 가장(家長)을 잃고 쪽박을 차는 순간이었습니다. 나이 들어가는 아내와 청년기에 이른 아이들의 곡(哭) 소리가 하늘을 찌르고 있었지만 군사들은 냉정했습니다. 이들을 끌고 가는 군사들을 잡아당기다가 여인네들은 실신을 했답니다.

반면, 두 사람의 어머니 리스바는 냉정했습니다. 아우성치지 않았습니다. 정권이 바뀌면 반드시 찾아올 일이었음을 알고 있었기 때문입니다. 팔십이 넘은 노파(老婆)이었지만 한 나라의 왕의 정실부인이 아닌 첩임에도 불구하고 그 자태(姿態)는 정실부인 못지않게 흐트러지지 않은 품위를 갖추고 있었습니다.

메랍의 아들들 다섯이 모두 체포되었습니다. 다윗과 결혼할 뻔했던 메랍입니다. 졸지에 아들 다섯이 군사들에 의해 포박되어 끌려가는 것을 보고 메랍은 정신을 차릴 수가 없었습니다. 끌려가서 죽을 것임을 알고 있었기 때문입니다.

베냐민 사람들은 분개하고 있었습니다. 사울 왕이 베냐민 사람이었기 때문입니다. 다윗에 대한 원한(怨恨)이 더욱 커지고 있었습니다. 정치 보복을 하는 것으로만 보인 다윗을 죽이고 싶었습니다. 그러나 힘이 없었기에 주먹만 불끈 쥐고 파르르 떨면서 어금니만 꾹 다물고 있을 뿐 아무런 대항도 하지 못했습니다. 이 광경을 시므이가 보고 있었답니다. 시므이는 누구보다도 견딜 수 없었습니다. 그는 울었고 소리 질렀습니다. 그리고 하늘을 향하여 다윗을 저주했습니다.

일곱 사람이 기브온 사람들에게 건네졌습니다. 기브온 사람들 마음대로 하도록... 기브온 사람은 일곱 사람을 끌고 기브아로 갔습니다. 베냐민 사람들은 이들을 따라가며 이 일곱 사람을 죽이지 못하도록 저지하려 했습니다만 다윗의 군대가 기브온 사람들의 행렬을 보호했고 베냐민 사람들의 접근을 차단했습니다.

기브온 사람들은 묶인 일곱 명의 눈을 가렸습니다. 그리고 꼼짝 할 수 없는 이 사람들을 한 사람씩 한 사람씩 미리 정해 놓은 큰 나무로 끌고 갔습니다. 준비해 놓은 나무 위에서 늘어 진 줄로 저들의 목을 감았습니다. 그리고 힘센 사람들이 반대쪽에서 힘껏 당겼답니다. 일곱 명의 사람들이 나무에 대롱대롱 매어 달렸습니다. 아무런 소리도 내지 못하고 그렇게 죽었습니다.

> 베냐민 사람들이 보았습니다.
> 견딜 수 없는 원한이 불타기 시작했습니다.
> 다윗의 행위가 베냐민 사람들의 마음에서 지워지지 않을 만큼
> 너무 큰 충격으로 저들의 눈에 박혀 버렸습니다.
> 훗날 다윗이 압살롬을 피하여 비참하게 도망할 때
> 시므이가 와서 다윗을 향하여
> 『피를 흘린 자여 비루한 자여 가거라 가거라
> 사울의 족속의 모든 피를 여호와께서 네게로 돌리셨도다...
> 너는 피를 흘린 자인 고로 화를 자취하였느니라』(16:7하-8)

라고 저주를 한 이유가 이것 때문이었던 겁니다.

기브온 사람들이 원하는 대로
사울의 직계 자손 일곱이 죽었습니다.
이 사건의 실질적인 내용은
사울이 지은 죄가 풀리지 않은 것으로 인해
하나님이 내리신 가뭄을 해결하기 위한
행동이었습니다.
기브온 사람들이 용서하지 못하고 요구한 보상으로 인해
벌어진 끔찍한 사건이었습니다.
그러나 이 깊은 사정을 백성들은 몰랐습니다.
백성들의 이해는 아주 단순했습니다.
정치 보복이었습니다.
가장 위협적인 정권 전복 세력으로서의 사울 왕가를
완전히 초토화시킨 숙청 작업이었습니다.
어쨌든 실질적인 사건 내막과 백성들의 이해가
완전히 다른 것을 해결하는 방법은 없었습니다.
그냥 그렇게 지나가야 합니다.
그런데 이 사건으로 인하여
다윗의 본의(本意)가 아니게 해결된 것이 있습니다.
정적(政敵)이 제거되었다는 겁니다.
다윗은 정치보복을 한 것이 아닙니다.
백성들은 어떻게 해석할지는 몰라도
확실한 것은 하나님은 그의 마음을 아신다는 것입니다.

그는 적어도 하나님께는 보복의 마음이 없었음을 인정받았습니다.
그러면서도 부담스러운 사울 왕가의 정권 탈취 음모를
차단하게 되었다는 거지요.

3년간의 가뭄을 멈추게 하기 위한 희생 사건 때였습니다. 그런데 하필 일곱 사람이 희생이 된 때가 비가 올 가능성이 있는 우기(雨期) 때였으면 좋았을 것을 평소 때에도 비가 잘 내리지 않는 보리 베기 시작하는 때, 4월의 중하순이었답니다.

『기브온 사람이 저희를… 목매어 달매 저희 일곱 사람이 함께 죽으니 죽은 때는 곡식 베는 처음 날 곧 보리 베기 시작하는 때더라』(:9)

사울 왕의 첩이었던 늙은 리스바는 자신의 두 아들의 죽음에 대한 고통을 참으려고 무척이나 애를 썼습니다. 자신은 초대 왕 사울의 두 번째 아내로서 그리고 자신의 아들들은 왕자들로서 새로운 정권이 들어서면 당연히 죽을 것이라고 생각을 하고 있었습니다. 그러나 십수 년 동안 지난 정권(政權)의 가족들에 대한 아무런 움직임이 없자 리스바는 그런대로 안심을 하게 되었었습니다. 그런데 가뭄으로 인해 온 국민은 물론 자신들도 고통을 받고 있는 이때에 다윗에 의해 아들까지 목매달려 죽어야 하는 고통을 겪게 된 겁니다. 팔십 세가 넘은 노파(老婆) 리스바는 자세를 흐트러뜨리지 않고 슬픔을 삼키면서 깊이 생각하고 또 생각했습니다. 소문에 들리던 대로 3년 간 계속되는 가뭄의 원인이 자신의 남편인 사울의 기브온 사람 학살로 하늘의 진노에 따른 희생 제물로서 아들들이 죽은 것인가 하는 생각이었습니다.

노파는 다윗에 대하여 잘 알고 있는 사람을 불렀습니다. 그리고 자신의 아들 둘과 손자 다섯의 생명을 기브온 사람들에게 내어 준 다윗의 진실한 의도가 무엇인지를 물었습니다. 노파의 물음에 다윗의 측근은 숨기지 않았습니다. 기브온 사람들이 한(恨)을 풀기 위해 사울의 직계 자손의 생명 일곱을 요구했다는 거였습니다.

노파(老婆) 리스바는 그 말을 듣고 심중에 무슨 결심을 한 듯 늙음으로 인해 떨리는 몸을 일으켜 세웠습니다. 그리고 굵은 베를 가지고 일곱 자손들이 목매여 죽어 있는 기브아 산으로 갔습니다. 그 앞 큰 반석 위에다가 그 굵은 베를 깔았습니다. 낮에도 그곳에 앉아 있었습니다. 그러다가 새가 와서 시체를 뜯어먹으려 하면 일어나서 새들을 쫓았습니다. 밤에도 그 자리를 떠나지 않았습니다. 짐승들이 죽은 시체를 뜯어먹기 위해 나타나면 일어나서 짐승들이 얼씬거리지 못하게 했습니다. 노파(老婆)의 소리는 크지 않았습니다. 주름 깊이 파인 모습의 떨리는 얼굴과 떨리는 손, 떨리는 움직임은 비가 오도록 하기 위해 희생된 일곱 자손의 시체를 짐승들이 건드리면 부정 탈까 하여 사력(死力)을 다해 보호하고 있는 처절한 모습이었습니다.

몇 날이 지났는지 모릅니다. 비가 오지 않는 보리 베는 때라는 것을 알고 있었지만 그래도 자신의 핏덩어리 일곱의 희생이 정성되어 하늘에서 이스라엘 땅에 비를 내려 주기를 전심으로 바라는 노파(老婆)의 처절한 몸짓이었습니다. 뜨거운 낮 태양 빛을 받으며 한 밤에 이슬을 맞으며 새와 짐승을 훠이 훠이 쫓는 노파의 입에서는 "하늘이여 비를 주소서, 내 새끼들이 죽었나이다! 하늘이여 비를 주소서, 내 자손이 피를 흘렸나이다!"하는 기우제(祈雨祭)였습니다.

다윗도 리스바 노파(老婆)가 그러고 있다는 소리를 들었습니다. 마음이 아팠습니다. 팔십이 넘은 노파의 몸부림이 너무도 안타까웠기 때문입니다.

그런데 어느 날이었습니다. 하늘에 여느 날과는 달리 구름이 섞여 있었습니다. 바람이 잔잔하게 부는데 꼭 비가 내릴 것 같은 날씨였습니다. 노파(老婆)는 더 크게 소리 질렀습니다.

"하늘이여 비를 주소서! 하늘이여 내 자손의 피를 받으시고 비를 주소서! 사울의 죄를 내 자손의 피로 씻으시고 이제 그만 이스라엘 땅에 비를 주소서!"

노파(老婆)의 절규하는 통곡이었습니다. 그런데... 한 방울 한 방울 노파의 얼굴을 적시는 빗방울이 떨어졌습니다. 한 방울 한 방울... 그러다가 노파는 쓰러졌습니다. 떨어지는 빗방울을 맞으면서.

비가 온다는 반가운 소리를 들은 왕 다윗은 노파(老婆) 리스바의 기우제(祈雨祭) 생각이 났습니다. 다윗은 고마웠습니다. 자신이 사울 자손 일곱을 죽인 것이 과거 청산을 위한 숙청 작업이 아님을 사울 왕의 첩 리스바가 알아주고 기우제(祈雨祭)를 드려주었기 때문입니다.

리스바에게 감동된 다윗은 백성들에게 자신의 진심을 알리기 위해, 아니 리스바가 이스라엘에 비를 내리기를 기도한 것에 감동이 되어 사울 왕조의 묘실을 만들어 주도록 했습니다.

『다윗이 가서… 길르앗 야베스 사람에게서 취하니… 벳산 거리에 매어 단 것을… 다윗이 그 곳에서 사울의 뼈와 그 아들 요나단의 뼈를 가지고 올라오매 사람들이 그 달려 죽은 자들의 뼈를 거두어다가 사울과 그 아들 요나단의 뼈와 함께 베냐민 땅 셀라에서 그 아비 기스의 묘에 장사하되 모두 왕의 명대로 좇아 행하니라』(:12-14)

아름다운 풍경이었습니다. 리스바의 이해해줌과 다윗의 감사 표현, 이제 두 집안의 모든 맺힌 것이 풀어지고 있었습니다. 하나님이 기뻐셨는지 비를 주시고 가뭄을 해제 시키셨답니다.

『그 후에야 하나님이 그 땅을 위하여 기도를 들으시니라』(:14하)

❷ 삼하 21:15-22

다윗의 장수들의 행적

부록 2

다윗은 30세에 왕이 되어 7년 6개월 간 헤브론에서 유다를 중심으로 나라를 다스렸습니다. 그 기간은 나머지 지파 사람들에게도 인정을 받는 세월이었습니다. 헤브론에서의 7년 6개월의 통치 후에 예루살렘으로 도성(都城)을 옮긴 다윗은 이스라엘을 강력한 국가로 만들기 위해서 주변 국가들이 넘보지 못하도록 주변 나라를 공격하여 초토화시켰습니다. 다윗에게 공격을 받은 여러 국가들은 다윗과 이스라엘에 조공(朝貢)을 바쳤고 이스라엘의 감시(監視)를 받게 되었습니다. 그 당시 이스라엘에게 공격을 받은 국가들 가운데 하나가 블레셋이었습니다.

블레셋은 만만한 상대가 아니었고 매우 강한 군사력을 가진 나라였습니다. 이 블레셋과의 싸움이 얼마나 치열했는지를 여기서 소개하고 있는 것입니다.

본문은 만만하게 해석되지가 않습니다.
분석을 한다면 15-17절에서는
다윗이 나이 들어서(예루살렘으로 수도를 정한 후)
블레셋과의 전쟁에 나가 싸운 것을 기록한 것 같다는 생각입니다.
왜냐하면 다윗이 블레셋 장수(이스비브놉)에게 쫓기고 있는 상황도 그렇고
다윗의 군사들이 전쟁에 나가지 말라는 권유를 강하게 하는 걸 보아서
그렇게 생각되는 겁니다.

또 하나의 본문은 18-22절의 싸움인데
이 싸움은 다윗 왕정 초기(헤브론)의 사건이 아닌가 하는 생각이 듭니다.
왜냐하면 골리앗의 형제 이야기가 나오고 있기 때문입니다.
골리앗이 다윗에게 죽은 후 분명 형제들이 복수를 계획했을 것인데
그 복수를 수십 년 후로 미뤘다고는 보기 어렵기 때문이지요.
또한 다윗의 사촌 요나단이 블레셋의 거인을 죽였다는 것으로 보아서도
요나단도 젊었을 때나 이런 승리가 가능했을 것으로 생각되는 겁니다.
그러나 중요한 건 언제 이런 전쟁이 있었느냐는 것 보다는
다윗의 전쟁 실력과 주변 장수가 얼마나 막강했는지를 아는 거랍니다.

다윗에게 속은 블레셋 사람들에게는 다윗에 대한 분함이 있었습니다. 사울 왕에게 쫓기던 다윗이 자신의 재산과 가족 그리고 600명의 사람들을 데리

고 블레셋 왕 아기스에게로 왔었습니다. 살려달라는 애원을 했었습니다. 그래서 아기스 왕은 시글락이라는 고을을 주면서 그곳에서 살도록 배려를 해 주었던 겁니다. (사무엘상 27장의 이야기입니다.) 그런데 이 다윗이 입으로는 블레셋의 종인 것처럼 온갖 아부를 다하기에 아기스 왕은 진정 다윗이 블레셋 사람이 된 줄 알았던 거지요.

다윗을 믿었던 블레셋의 아기스 왕은 이스라엘과의 전쟁에서 사울을 죽이고 이스라엘을 정복한 다음 이스라엘 땅을 관할할 사람으로 의심 없이 다윗을 지명했었습니다. 그런데 이 다윗이 아기스의 허락도 없이 이스라엘의 왕이 되었다는 겁니다. 다윗을 믿었던 아기스는 헛소문인 줄 알고 사실 여부를 알기 위해서 사신(使臣)과 호위하는 약간의 군사를 파송하였었습니다. 그런데 아기스 왕이 보낸 사신(使臣)이 다윗의 군사들에게 공격받음으로 다윗의 배신을 확인한 겁니다. 이때의 사건은 이스라엘 도성(都城)이 헤브론에서 예루살렘으로 옮긴 직후 왕궁을 건축하고 일어난 것으로 보아(삼하 5장) 다윗의 나이가 38-40세 정도가 아니었겠나 하는 생각이 듭니다.

그러던 다윗이 나라를 정비하더니 블레셋을 공격해 온 것입니다(삼하 8:1). 얼떨결에 당한 블레셋은 메덱암마라는 성(城)을 내줄 수밖에 없었습니다. 블레셋은 분하고 또 분했습니다. 다윗에게 당한 것이 너무도 분했던 겁니다. 그래서 기회를 살피다가 이스라엘을 공격했지요. 그 사건을 기록한 것이 지금의 본문인 15-17절입니다.

그때 블레셋의 공격은 만만한 공격이 아니었습니다. 마치 새끼를 빼앗긴 곰과 같이, 보이는 것이 없는 것처럼 맹렬하게 달려들었습니다. 젊었을 때의 다윗은 언제나 친히 전장에 나가곤 할 때였습니다. 이때도 다윗은 장수들과 함께 블레셋의 공격을 막기 위해서 전장에 나갔습니다. 그러나 무척이나 힘든 전투였습니다. 일반 병사들도 밀고 밀리는 싸움으로 피곤해 있었습니다만 다윗 또한 힘든 싸움으로 인해 무척이나 피곤해 있었습니다. 더욱이 다윗에게 분을 품은 블레셋 군사들은 어떻게든지 다윗을 죽이려고 사력(死力)을 다했습니다. 다윗은 피곤했습니다.

『블레셋 사람이 다시 이스라엘을 치거늘 다윗이 그 신복들과 함께 내려가서 블레셋 사람과 싸우더니 다윗이 피곤하매』(:15)

피곤한 다윗의 몸놀림이 둔해졌습니다. 다윗 주변에 있던 군사들이 다윗을 보호하려고 무척이나 애를 썼습니다. 왕의 신변만은 보호해야 했기 때문이었습니다. 그런데 갑자기 장대한 블레셋의 장수가 나타났습니다. 정말 덩치가 컸습니다. 괴물 같았습니다. 그런 놈이 다윗 주변의 군사들을 때려눕히더니 창도 제대로 가누기 힘들만큼 지쳐있는 다윗을 향해 달려드는 거였습니다.

용장(勇壯)도 피곤할 때가 있답니다.
다윗이 그랬습니다.
너무 피곤했었습니다.

적군(敵軍)은 다윗만 죽이면 된다는 것을 알고 있었습니다.

세상 사람들의 싸움에서도 우두머리만 제거하면
전쟁을 승리로 이끌 수 있는 것처럼
영적인 싸움에서도 마찬가지입니다.
영적인 지도자 한 사람만 넘어뜨리면 된다는 걸
사탄은 잘 알고 있습니다.
교회를 무너뜨리는 방법은
하나님께서 교회의 지도자로 세운 사람을 무너뜨리면 됩니다.
과거에는 교회를 무너뜨리기 위해 지도자를 무너뜨리는 방법으로
교회의 지도자를 핍박했었습니다.
고문을 하기도 하고 죽이기도 했습니다.
그런데 지금은 그렇게 하지 않습니다.
교회를 무너뜨리기 위해 지도자를 무너뜨리는 방법이
완전히 바뀌었습니다.

교회 지도자들로 하여금 복음을 모르도록 한답니다.
무서운 일입니다.
교회의 지도자가 성경이 말하는 복음에 관심을 두지 않게 함으로
복음을 공부하지 않게 만들고
그러므로 인해서 교회에서 복음이 전달되지 않게 만드는 겁니다.
복음은 십자가 사건을 중심한 성경 말씀입니다.
사람들이 아무리 많이 모이고
사람들이 깔깔거리며 웃고 좋아한다 하더라도

십자가의 복음과 성경말씀이 전달되지 않는 것은
교회적 행위가 아닙니다.
사탄은 교회를 파괴하기 위해서
교회의 지도자들로 하여금 복음에서 멀어지게 하는 거지요.
사탄은 교회에 사람이 많이 모이는 것을 두려워하지 않습니다.
아무리 많이 모여도 복음만 전해지지 않으면
사탄은 평안해 한답니다.

교회를 무너뜨리기 위한 사탄의 또 다른 계략은
영적인 지도자를 윤리적으로 타락시키는 겁니다.
참된 복음을 가지고 있는 지도자들을 사탄은 무서워합니다.
왜냐하면 그리스도의 십자가와 부활
그리고 재림을 이야기하기 때문입니다.
성경을 이야기하기 때문입니다.
사탄은 이 복음을 이야기하는 주의 종을
무척이나 괴로워하고 싫어합니다.
그래서 이들로 하여금 복음을 전하지 못하도록 애를 씁니다.
강단에 서지 못하도록 하는 거지요.
그것은 윤리적으로 타락하게 하여 사람들로부터
따돌림 받게 하는 겁니다.
물질로 유혹한다든지 이성이나 명예로 유혹한다든지
아니면 인간관계를 어렵게 하므로
사람들로 하여금 그의 소리를 듣지 못하도록 하는 것이지요.

사탄은 지도자 한 사람을 무너뜨리면
복음이 전해지지 않는 걸 알고 있습니다.

그 장수가 가지고 있는 놋창은 무게만 적어도 300세겔(3.5kg)의 무게가 나갈 정도의 대단한 것이었습니다. 다윗에게 달려드는 이 거인은 블레셋 나라에서도 유명한 이스비브놉이라는 장수였습니다. 먹이를 향해 달려드는 곰같이 큰 소리를 지르면서 다윗에게 달려드는 이스비브놉의 모습이 이스라엘 군사들과 장수들의 눈에 들어왔습니다. 다윗이 위기를 맞이한 겁니다. 무척이나 위급했습니다. 바로 그때 아비새가 몸을 날려 이스비브놉의 달려드는 것을 막았답니다. 아비새는 이스비브놉보다 몸이 작았지만 그의 싸움 실력은 이스비브놉을 무너뜨리는 데 충분했습니다. 아비새의 날렵한 몸놀림과 칼을 다루는 솜씨는 단숨에 이스비브놉의 숨통을 끊고 쓰러뜨린 겁니다. 그야말로 일촉즉발(一觸卽發)의 순간이었습니다. 이스라엘의 왕이 죽을 뻔한 아슬아슬한 순간이었습니다.

『장대한 자의 아들 중에 삼백 세겔 중 되는 놋창을 들고 새 칼을 찬 이스비브놉이 다윗을 죽이려 하므로 스루야의 아들 아비새가 다윗을 도와 그 블레셋 사람을 쳐 죽이니』(:16-17상)

교회 공동체를 무너뜨리려는 사탄의 공격은 만만한 것이 아닙니다.
지도자를 죽이려고 달려드는 사탄의 공격은 맹렬하답니다.
그럴 때 우리는 힘을 합해야 합니다.
하나님이 세우신 주의 종을 살리기 위해 도와야 합니다.

아비새가 죽을 처지에 있던 다윗을 구한 것같이
우리들도 온 힘을 다하여 주께서 세우신 지도자를
위험에서 구하기 위해 애쓰고 도와야 하는 거지요.
지도자의 패배는 우리의 패배입니다.
그러나 하나님이 세우신 지도자가 승리하면
우리 모두가 사탄을 누르고 승리하는 거랍니다.

다윗이 위기에서 벗어나자 이스라엘의 군사들은 다윗에게 간절한 부탁을 했습니다.

"전하, 이젠 전장에 나가지 마소서. 전하는 이스라엘 나리이옵니다. 전하에게 무슨 일이 생기면 그건 우리 모두가 무너지는 일이 아니옵니까?"

『다윗의 종자들이 다윗에게 맹세하여 가로되 왕은 다시 우리와 함께 전장에 나가지 마옵소서 이스라엘의 등불이 꺼지지 말게 하옵소서 하니라』(:17하)

사람은 누구나가 중요합니다.
그러나 전체를 위하여 보호되어야 할 사람이 있답니다.
더 중요해서가 아닙니다.
중요하고 귀(貴)하기야 모든 한 사람 한 사람이
다 중요하고 귀(貴)합니다.
그러나 그 모든 중요하고 귀한 사람들이
중요하고 귀하게 살도록 하기 위하여 부름 받은 사람,

지도자는 지켜져야 한다는 말입니다.

우리 모두가 중요합니다.

그리고 할 일이 있답니다.

중요하고 할 일이 있는 우리가 그러한 삶을 살기 위하여

지도자를 보호하고 지켜줘야 합니다.

그대는 지도자를 보호하는 사람인지요?

블레셋 사람과의 전쟁이 또 있었습니다. 곱이라는 장소에서의 전쟁이었습니다.(곱은 게셀이라는 지역의 다른 이름입니다.) 그 곳에서의 싸움은 거인들의 출현과 그 거인들의 무너짐의 이야기이지요. 블레셋의 싸움꾼들 가운데는 거인들이 많았는데 특히 십브게라는 사람에게는 거인 아들들이 있었던 거지요. 그 가운데 삽이라는 거인이 전쟁에 나왔습니다만 이스라엘 군에게 죽임을 당했습니다. 거인 장수가 무너지자 블레셋은 물러갔습니다만 후퇴도 잠시였고 얼마 후에 다른 장수를 앞세워 다시 곱 땅을 공격했습니다. 그때도 역시 거인 장수를 앞세웠는데 그 장수는 골리앗의 아우 라흐미라는 장수였습니다. 라흐미라는 거인 장수는 베틀채 같은 큰 창자루를 가지고 위협적으로 나왔습니다만 불행하게도 엘하난이라는 베들레헴 사람에게 죽임을 당했습니다.

골리앗도 베들레헴 사람인 다윗에게 죽임을 당했는데 그의 동생 라흐미도 베들레헴 사람에게 죽임을 당한 것을 보면 골리앗 집안과 베들레헴 사람과는 천적(天敵)이 아닌가 하는 생각이 드네요.

블레셋과의 전쟁은 가드에서도 있었습니다. 그 때도 블레셋은 거인 장수를 앞세워 이스라엘을 위협했습니다. 이 때 나온 장수는 키가 큰 것은 물론이요 손가락과 발가락이 각각 여섯 개씩으로 스물네 가락이었다고 합니다. 이 거인은 아마도 골리앗처럼 이스라엘 사람들 앞에서 욕을 하고 저주하곤 한 것 같습니다. 그러다가 다윗의 형 삼마의 아들인 요나단에 의해 죽임을 당했습니다. 그 당시 요나단은 아마도 다윗과 연배(年輩)가 비슷하지 않았나 하는 생각이 듭니다.

블레셋의 이스라엘 공격은 거인들을 앞세웠습니다.
키도 클 뿐만 아니라 심지어는 손과 발가락이
여섯 개씩 있는 장수를 앞세웠으니 그 모습만으로도
이스라엘 사람의 기를 꺾기에 충분했을 것입니다.
거인들의 다가옴은 사람들을 기죽게 합니다.
오늘날도 거인들이 하나님의 백성 앞으로 다가오곤 합니다.
어마어마한 물질이라는 거인이 하나님의 백성들의 기를 죽입니다.
권력이라는 거인이 다가오면서 기를 죽입니다.
과학이라는 거인이 그리스도인들로 하여금
입을 다물지 못할 만큼 기를 죽이고
두려움으로 몰고 갑니다.
그러나 아무리 큰 거인이라 하더라도,
손가락과 발가락이 여섯 개씩 달려 있는
괴물 같은 거인이 다가온다 하더라도

우리는 알고 있어야 합니다.

하나님이 살아 계심을 말입니다.

싸움의 승패는 덩치에 있는 것이 아니고

하나님께 속한 것임을 기억하고 있어야 합니다.

❸ 삼하 22:1-51
찬양

"나의 힘이 되신 여호와여 내가 주를 사랑하나이다"(시 18:1)

여호와는 나의 반석이시요 나의 요새시요 나를 건지시는 자시요
나의 하나님이시요 나의 피할 바위시요 나의 방패시요 나의 구원의 뿔이시요
나의 높은 망대시요 나의 피난처시요 나의 구원자시라
나를 흉악에서 구원하셨도다
내가 찬송받으실 여호와께 아뢰리니 내 원수들에게서 구원을 얻으리로다

사망의 물결이 나를 에우고 불의의 창수가 나를 두렵게 하였으며
음부의 줄이 나를 두르고 사망의 올무가 내게 이르렀도다
내가 환난 중에서 여호와께 아뢰며 나의 하나님께 아뢰었더니

저가 그 전에서 내 소리를 들으심이여 나의 부르짖음이 그 귀에 들렸도다
이에 땅이 진동하고 떨며 하늘 기초가 요동하고 흔들렸으니
그의 진노를 인함이로다
그 코에서 연기가 오르고 입에서 불이 나와 사름이여 그 불에 숯이 피었도다
저가 또 하늘을 드리우고 강림하시니 그 발 아래는 어둑캄캄하도다
그룹을 타고 날으심이여 바람 날개 위에 나타나셨도다
저가 흑암 곧 모인 물과 공중의 빽빽한 구름으로 둘린 장막을 삼으심이여
그 앞에 있는 광채로 인하여 숯불이 피었도다
여호와께서 하늘에서 뇌성을 발하시며 지존하신 자가 음성을 내심이여
살을 날려 저희를 흩으시며 번개로 파하셨도다
이럴 때에 여호와의 꾸지람과 콧김을 인하여 물 밑이 드러나고
땅의 기초가 나타났도다

저가 위에서 보내사 나를 취하심이여 많은 물에서 나를 건져내셨도다
나를 강한 원수와 미워하는 자에게서 건지셨음이여
저희는 나보다 힘센 연고로다
저희가 나의 재앙의 날에 내게 이르렀으나 여호와께서 나의 의지가 되셨도다
나를 또 넓은 곳으로 인도하시고 나를 기뻐하시므로 구원하셨도다

여호와께서 내 의를 따라 상 주시며 내 손의 깨끗함을 좇아 갚으셨으니
이는 내가 여호와의 도를 지키고 악을 행하여
내 하나님을 떠나지 아니하였으며
그 모든 규례를 내 앞에 두고 그 율례를 버리지 아니하였음이로다
내가 또 그 앞에 완전하여 스스로 지켜 죄악을 피하였나니

그러므로 여호와께서 내 의대로, 그 목전에 내 깨끗한 대로 내게 갚으셨도다
자비한 자에게는 주의 자비하심을 나타내시며
완전한 자에게는 주의 완전하심을 보이시며
깨끗한 자에게는 주의 깨끗하심을 보이시며
사특한 자에게는 주의 거스리심을 보이시리이다
주께서 곤고한 백성은 구원하시고 교만한 자를 살피사 낮추시리이다
여호와여 주는 나의 등불이시니 여호와께서 나의 흑암을 밝히시리이다

내가 주를 의뢰하고 적군에 달리며 내 하나님을 의지하고
성벽을 뛰어 넘나이다
하나님의 도는 완전하고 여호와의 말씀은 정미하니
저는 자기에게 피하는 모든 자에게 방패시로다
여호와 외에 누가 하나님이며 우리 하나님 외에 누가 바위뇨
하나님은 나의 견고한 요새시며 나를 온전한 곳으로 인도하시며
나의 발로 암사슴 발 같게 하시며 나를 나의 높은 곳에 세우시며
내 손을 가르쳐 싸우게 하시니 내 팔이 놋 활을 당기도다
주께서 또 주의 구원의 방패를 내게 주시며
주의 온유함이 나를 크게 하셨나이다
내 걸음을 넓게 하셨고 나로 실족지 않게 하셨나이다

내가 내 원수를 따라 멸하였사오며 저희를 무찌르기 전에는
돌이키지 아니하였나이다
내가 저희를 무찔러 파하였더니
저희가 내 발 아래 엎드러지고 능히 일어나지 못하였나이다

이는 주께서 나로 전쟁케 하려고 능력으로 내게 띠 띠우사
일어나 나를 치는 자로 내게 굴복케 하셨사오며
주께서 또 내 원수들로 등을 내게로 향하게 하시고
나로 나를 미워하는 자를 끊어 버리게 하셨음이니이다
저희가 둘러보아도 구원할 자가 없었고
여호와께 부르짖어도 대답지 아니하셨나이다
내가 저희를 땅의 티끌같이 부스러뜨리고 거리의 진흙같이 밟아 헤쳤나이다

주께서 또 나를 내 백성의 다툼에서 건지시고 나를 보존하사
열방의 으뜸을 삼으셨으니
내가 알지 못하는 백성이 나를 섬기리이다
이방인들이 내게 굴복함이여 저희가 내 풍성을 듣고 곧 순복하리로다
이방인들이 쇠미하여 그 견고한 곳에서 떨며 나오리로다

여호와는 생존하시니 나의 바위를 찬송하며
내 구원의 바위이신 하나님을 높일지로다
이 하나님이 나를 위하여 보수하시고 민족들로 내게 복종케 하시며
나를 원수들에게서 나오게 하시며 나를 대적하는 자 위에 나를 드시고
나를 강포한 자에게서 건지시는도다
이러므로 여호와여 내가 열방 중에서 주께 감사하며
주의 이름을 찬양하리이다
여호와께서 그 왕에게 큰 구원을 주시며
기름 부음 받은 자에게 인자를 베푸심이여
영원토록 다윗과 그 후손에게로다

❹ 삼하 23:1-7

다윗의 마지막 노래

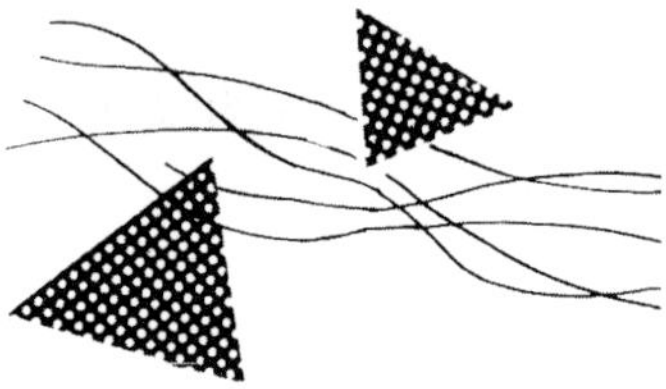

이 시(詩)는 다윗이 압살롬의 반역으로 인해 도망갔다가 다시 예루살렘으로 돌아온 후에 쓴 시(詩)입니다. 아마도 나이 70세에 가까운 때에 솔로몬을 왕세자로 책봉해 놓고 쓴 것이라 생각됩니다. 1절에 『다윗의 마지막 말』임을 밝히고 있는 것을 보아 그렇습니다.

이새의 아들 다윗이 말함이여 높이 올리운 자,
야곱의 하나님에게 기름 부음 받은 자,
이스라엘의 노래 잘하는 자가 말하도다

여호와의 신이 나를 빙자하여 말씀하심이여
그 말씀이 내 혀에 있도다

이스라엘의 하나님이 말씀하시며 이스라엘의 바위가
내게 이르시기를
사람을 공의로 다스리는 자, 하나님을 경외함으로 다스리는 자여
저는 돋는 해 아침 빛 같고 구름 없는 아침 같고
비 후의 광선으로 땅에서 움이 돋는 새 풀 같으니라 하시도다

내 집이 하나님 앞에 이같지 아니하냐
하나님이 나로 더불어 영원한 언약을 세우사
만사에 구비하고 견고케 하셨으니
나의 모든 구원과 나의 모든 소원을 어찌 이루지 아니하시랴

그러나 사악한 자는 다 내어 버리울 가시나무 같으니
이는 손으로 잡을 수 없음이로다
그것들을 만지는 자는 철과 창 자루를 가져야 하리니
그것들이 당장에 불사르이리로다

5 삼하 23:8-39
다윗의 용사들

다윗의 일생에 크나큰 일들을 감당한 동료들이 있었습니다.

「요셉밧세벳」이라는 용사가 다윗과 함께 있었습니다. 다른 이름으로는 「아디나노」라고도 불린 사람인데 한 때는 800명의 적을 쳐 죽인 경력이 있는 대단한 장수였습니다. 삼손이 나귀의 턱뼈로 1,000명을 죽이고(삿 15:15) 삼갈이라는 사사가 소모는 막대기로 블레셋 사람 600명을 죽였다는(삿 3:31) 기록에 놀란 독자들은 요셉밧세벳이라는 용사 또한 대단한 장수라는 것을 인정하게 될 겁니다.

『저가 한 때에 팔백 인을 쳐 죽였더라』(:8하)

역대상에서 이 사람의 이름이 야소브암이라고 기록되어 있습니다. 죽인 사람도 800명이 소개 된 게 아니라 300명을 죽였다고 나와 있답니다.

『다윗에게 있는 용사의 수효가 이러하니라 학몬 사람의 아들 야소브암은 삼십 인의 두목이라 저가 창을 들어 한 때에 삼백 인을 죽였고』(대상 11:11)

「엘르아살」이라는 용사가 있었습니다. 블레셋이 이스라엘을 공격해 왔을 때 일이었습니다. 이스라엘 군사들이 겁을 먹고 모두 도망했습니다. 그러나 엘르아살은 도망하지 않고 혼자 나가서 혼신을 다해 싸웠답니다. 혼자 블레셋 사람을 대항하여 싸운다는 것이 보통 일이 아니었습니다. 쉴 틈도 없이 창과 칼을 막으면서 싸움으로 인해 무척이나 피곤했고 그의 칼은 피에 달라붙을 정도였습니다. 엘르아살 혼자서 큰 승리를 얻자 도망갔던 이스라엘 군사들은 다시 돌아와서 블레셋 사람이 버리고 간 물건들만 노략했답니다.

『백성들은 돌아와서 저의 뒤를 따라가며 노략할 뿐이었더라』(:10하)

역대상에서 이 사람의 무용담은 더 상세하게 나와 있습니다.
이 사람이 다윗과 함께 바스담밈이라는 곳에 있을 때 일어난 일이라고 보고하고 있죠.
이때 블레셋 사람들이 이 지역의 보리 농사한 것을 탐하여 쳐들어 왔다가 엘르아살에게 혼이나 도망간 것이라고 보고하는 겁니다.

『엘르아살이니 세 용사 중 하나이라
저가 바스담밈에서 다윗과 함께 하였더니
블레셋 사람이 그곳에 모여와서 치니 거기 보리가 많이 난 밭이 있더라
백성들이 블레셋 사람 앞에서 도망하되
저희가 그 밭 가운데 서서 그 밭을 보호하여 블레셋 사람을 죽였으니
여호와께서 큰 구원으로 구원하심이었더라』(대상 11:12-14)

「삼마」라는 용사가 있었습니다. 다윗의 형과 이름이 같습니다. 이 사람도 블레셋을 물리친 용사였습니다. 어느 날 블레셋 사람들이 떼를 지어 녹두나무 숲으로 모였을 때입니다. 이스라엘 백성들은 블레셋의 침략인 줄 알고 무서워서 모두 도망했답니다. 그러나 삼마는 도망하지 않았습니다. 혼자 밭 가운데 서서 침략해 오는 블레셋 사람을 치고 이스라엘을 구원했답니다.

『저는 그 밭 가운데 서서 막아』(:12상)

다윗을 위해 모험한 세 용사가 있었습니다. 르비딤에 블레셋 사람이 진을 쳤을 때의 일입니다. 블레셋 사람들은 전투 본부를 베들레헴에 두고 있었습니다. 따라서 블레셋 사람들은 베들레헴으로 들어가는 길을 철통같이 지키고 있었습니다. 이 때 다윗은 산성에 있었는데 무척이나 목이 말랐었습니다. 그래서 군사들과 있으면서 목이 마르다고 푸념하면서 베들레헴 성문에 있는 우물에 들어가지 못하는 것을 아쉬워하고 있었습니다. 다윗의 이 고충을 들은 용사들

중 세 용사가 블레셋 군이 철통같이 근무하고 있는 베들레헴 성문에 가서 물을 길어 오기로 결심을 한 겁니다.

세 사람이 떠났습니다. 예상대로 블레셋 군이 지키고 있었습니다. 그러나 포기하지 않았습니다. 오히려 저들과 싸웠습니다. 다윗을 위해 목숨을 내놓고 싸운 겁니다. 그리고 물을 길어 왔지요.

이들이 베들레헴 성문의 우물에서 길어 온 물을 다윗에게 드렸습니다. 다윗은 얼마나 놀랐는지요. 물을 가지고 오게 된 자초지종을 들은 다윗은 그들이 가지고 온 물을 마실 수가 없었습니다. 왜냐하면 세 용사가 목숨을 내놓고 가져온 물이었기 때문입니다.

『세 용사가… 블레셋 군대를 충돌하고… 물을 길어 가지고… 다윗이 마시기를 기뻐 아니하고… 이는 생명을 돌아보지 아니하고 갔던 사람들의 피니이다 하고 마시기를 즐겨 아니하니라 세 용사가 이런 일을 행하였더라』(:16-17)

이 사건 역시 역대상 11장 15-19절에 기록되어 있답니다.

지도자를 위한 마음이 고귀합니다.
지도자이기 때문에 그런 일을 했다고 생각하기에는
너무도 엄청난 일입니다.
물론 지도자의 불편을 해소해 주는 것이 중요합니다만
이 물 사건은 하지 않아도 될 일이었습니다.

그럼에도 목숨을 내놓고 물을 길어 왔다는 것은
"충성" 때문에 한 것이 아니라
"사랑" 때문에 한 일이라 생각됩니다.

사랑은 무서운 겁니다.
그래서 신약성경에서는
사랑은 두려움을 내어쫓는다고 말씀하셨습니다.
하나님께 충성된 사람이 되는 것도 중요합니다.
그러나 하나님을 사랑하는 사람이 되어 보십시오.
하나님을 향한 초능력(?)의 행동이 나타날 겁니다.
그런데 이 세 사람의 이름이 기록되어 있지 않답니다.
충성은 이름 남기는 것이 보상일지 모르지만
사랑은 끝까지 아무 것도 보상받지 않는 것이 매력입니다.

교회에서의 봉사
충성스런 봉사 아무나 하는 게 아닙니다.
맡겨진 일 빈틈없이 해내는 거... 아주 중요하답니다.
그런데 사랑이 담긴 봉사이고 충성이어야 한답니다.
사랑 없는 충성은 (미안하지만) 아무런 유익이 되지 못한답니다.
본인에게는 물론이구요
다른 사람도 사랑 없는 충성은 부담스러워 한답니다.

「아비새」라는 장수가 있습니다. 요압의 동생으로서 용감한 장수였습니다. 한 때는 창 한 자루를 가지고 300명을 죽인 대단한 용사였습니다.

『저가 창을 들어 삼백 인을 죽이고』(:18중)

요압의 아우 아비새는 그 삼인의 두목이라
저가 창을 들어 삼백 인을 죽이고 그 삼인 중에 이름을 얻었으니
저는 둘째 삼인 중에 가장 존귀하여 저희의 두목이 되었으나
그러나 첫째 삼인에게는 미치지 못하니라 (대상 11:20-21)

「브나야」라는 장수입니다. 이 용사는 사납고 날쌘 사람이었습니다.

『브나야니 저는 효용한 일을 행한 자라』(:20상)

훗날 솔로몬을 왕위에 세우는 공신이 됩니다.
뿐만 아니라 솔로몬 시대에 군대장관으로 임명받아
다윗의 무거운 사람이었던 요압을 숙청하고
시므이와 아도니야를 죽이는 일을 하게 됩니다.

브나야의 장수적 행위는 모압의 엘리엘의 아들 둘을 쳐 죽인 일과 눈 올 때 함정에 내려가 사자 한 마리를 죽인 일이 있었습니다. (여기서 눈 여겨 볼 것은 이스라엘 땅에 눈이 왔다는 말은 여기가 처음이 아닌가 합니다.) 그리고 애굽의 거인 장수를 죽인 일 등입니다.

그가 애굽의 거인 장수를 죽인 에피소드는 재미있습니다. 그는 원래 창을 가지고 다녔는데 애굽 사람을 잡으러 간다고 하면서는 창을 가지고 가지 않은

겁니다. 오히려 막대기 하나만 가지고 갔습니다. 그러더니 애굽 장수와 싸울 때는 애굽 장수의 창을 빼앗아 그 창으로 죽였답니다. 다윗은 이 브나야를 자신의 시위대 장관으로 삼았습니다.

브나야에 관한 이야기 역시 역대상 11장 22-25절에 소개되어 있습니다.

그리고 다음과 같은 사람들이 다윗의 생애 동안 장수로서 다윗과 함께 나라를 세운 사람들입니다.

「아사헬」 요압의 아우로서 사울 왕이 죽은 후 이스보셋을 중심으로 나라를 재건하려 했던 아브넬이라는 장수에 의해 죽었습니다(2:23).

「엘하난」 베들레헴 사람으로서 곱 땅에서의 전쟁에서 블레셋 거인 삽을 쳐 죽인 장수입니다(21:18).

「삼훗」, 「엘리가」 하롯 출신의 장수입니다.

「헬레스」 발디 사람입니다.

「이라」 드고아 사람입니다. 드고아는 유다 지파에 속해 있는 땅입니다.

「아비에셀」 아나돗 사람입니다. 아나돗은 베냐민 지파에 속한 레위 사람의 땅입니다.

「므분내」 후사 사람입니다.

「살몬」 아호아 사람입니다.

「마하래」 느도바 사람입니다. 느도바는 유다 땅에 있습니다.

「헬렙」 역시 느도바 출신입니다.

「잇대」 베냐민 땅에 속한 기브아 사람입니다.

「브나야」 비라돈 사람입니다. 비라돈은 에브라임 지파의 성읍입니다.

「힛대」 이 사람의 집은 가아스라고 하는 시냇가에 있었다고 합니다.

「아비알본」 아르바 사람입니다.

「아스마웻」 바르훔 사람입니다.

「엘리아바」 사알본 사람입니다.

「요나단」 야센이라는 사람의 아들입니다.

「삼마」 하랄 사람입니다.

「아히암」 아랄 사람입니다.

「엘리벨렛」 마아가 사람입니다.

「엘리암」 길로 사람으로서 그의 아버지는 다윗의 모사였다가 압살롬의 반역에 동참한 아히도벨이었습니다. 그의 딸은 다윗의 처가 된 밧세바였습니다.

「헤스래」 갈멜 사람이었습니다.

「바아래」 아랍 출신입니다.

「이갈」 소바 출신입니다. 소바는 이스라엘 땅이 아닙니다. 이스라엘 북쪽에 자리 잡은 나라로서 그 당시 상당한 힘이 있는 나라였습니다.

「바니」 갓 사람입니다.

「셀렉」 암몬 출신입니다. 이 사람도 이방인임을 말하고 있습니다.

「나하래」 요압의 최측근 보좌관입니다.

「이라」 이델 사람입니다.

「가렙」이 사람도 이델 출신으로서 다윗의 장수로 활약했습니다.

「우리아」다윗의 처가 된 밧세바의 남편이었습니다. 정말 충성된 사람이었는데... 음모에 의해 억울하게 죽었습니다.

성경은 다윗의 용사들의 이름을 기록하면서
37명의 용사라고 기록해 놓았습니다.
그런데 8절부터 39절까지 기록된 이름은 아무리 세어 보아도 36명이랍니다.
성경 기자가 숫자를 잘못 세었는지
어떻게 풀어야 할지(?) 고민입니다.

역대상 11장 26-47절의 말씀 역시 다윗의 용사들의 이름입니다.
그런데 역대기에는 사무엘하와는 달리 우리아 다음에
또 다른 장수들의 이름이 기록되어 있답니다.
(헷 사람 우리아)와
『알래의 아들 사밧과
르우벤 자손 시사의 아들 곧 르우벤 자손의 두목 아디나와
그 종자 삼십 인과
마아가의 아들 하난과
미덴 사람 요사밧과 아스드랏 사람 웃시야와
아로엘 사람 호담의 아들 사마와 여이엘과
시므리의 아들 여디아엘과 그 아우 디스 사람 요하와
마하위 사람 엘리엘과
엘라암의 아들 여리배와 요사위야와

모압 사람 이드마와 엘리엘과 오벳과

므소바 사람 야아시엘이더라』(대상 11:41-47)

이름들... 다윗 왕국을 이룬 동역자들의 이름입니다.
하나님께서 다윗을 통하여 이루고 싶으신 나라가 있었는데
그 일을 하실 때 동역했던 사람들의 명단이랍니다.
모두들 다윗을 위해 목숨을 아끼지 않았던 사람들이지요.
모두들 다윗을 사랑한 사람들이랍니다.
모두들 다윗처럼 하나님을 사랑한 사람들이랍니다.
이름 남기려고 한 사람들이 아닙니다.
오직 한 마음... 새 나라를 세우겠다는 마음 뿐이었고
그 일에 물불을 가리지 않고 다윗을 도운 사람들입니다.
아름다운 사람들입니다.
우리도 이런 사람이 되어야지요.
하나님 나라 위해 목숨을 아끼지 않는 사람
하나님 사랑하는 마음으로 하나님 나라를 이루어 가는 사람
하나님이 세우신 지도자를 중심으로 새 나라를 이루어 가는 사람
우리가 그런 사람이 되자는 겁니다!

❻ 삼하 24:1-9

죄를 짓게 하시는 하나님?

다윗이 생애 가운데 하나님으로부터 치심을 받은 범죄가 두 가지입니다. 하나는 밧세바를 취한 후 죄를 숨기기 위해 그녀의 남편이자 자신의 충신인 우리아를 살해한 후에 받은 벌이며 또 다른 하나는 지금 본문에 나오는 인구 조사로 인한 범죄입니다.

이 사건은 언제 일어났는지를 알 수가 없습니다. 어떤 신학자는 다윗이 주변 국가 정복에 나가기 전(삼하10장)에 있었던 일이라고 주석하기도 합니다만 알 수 없는 일입니다. 분명한 것은 다윗이 나라를 다스리고 있을 때에 이스라엘 사람들이 하나님으로부터 진노를 받을 만한 심각한 죄악의 상태에 있었다는 것입니다.

『여호와께서 다시 이스라엘을 향하여 진노하사 저희를 치시려고…』(:1상)

이 본문 말씀은 조심스럽게 읽어야 합니다.
잘못 읽으면 오해하기가 쉽습니다.
지금까지 많은 경우 이 본문 이해를 다윗이 인구 조사를 해서
하나님이 벌을 내리시기로 한 것이라고 결정해 놓고 해석을 한 겁니다.
그런데 그렇지 않습니다.
(다윗이 인구 조사한 것이 잘못인 것만은 분명하지만)
다윗이 인구조사를 하기 전에 이미 이스라엘은 하나님의 진노 아래 있었고
하나님은 이스라엘을 치시기로 이미 결심한 상태였다는 겁니다.

『여호와께서 다시 이스라엘을 향하여 진노하사
저희를 치시려고 다윗을 감동시키사
가서 이스라엘과 유다의 인구를 조사하라 하신지라』(:1)

이스라엘 사람들이 무슨 죄악을 지었는지 모릅니다.
그러나 "얼마나 큰 죄악이었으면 여호와께서
진노하셨겠느냐"는 겁니다.
심각한 죄를 지은 것은 다윗이 아니라
백성들이었습니다.
그러나 백성들이 죄를 범하는 것은 전적으로 지도자의 책임입니다.

이것이 무서운 겁니다.
다윗 자신은 하나님을 잘 섬겼는지 모릅니다만
백성들은 하나님께 범죄하고 있었습니다.
그러므로 백성을 올바로 인도해야 할 지도자 다윗은
직무유기(職務遺棄)를 한 죄인인 겁니다.

사람이 하나님 앞에서 해야 하는 일이 있습니다.
첫째는 자신의 영(靈)과 혼(魂)과 육(肉)을 깨끗하게 하는 일입니다.
이것은 지극히 개인적인 일입니다.
우선적으로 이 일을 철저하게 관리해야 합니다.
두 번째는 하나님이 주신 사명에 관한 책임입니다.
이것은 사회적인 일입니다.
이 사회적인 일을 이웃에 대한 책임이라고 말하는 겁니다.
이웃에 대한 책임을 지지 않는 가운데
자신만을 다듬을 때 하나님은 기뻐하지 않으신답니다.
다윗이 그러했던 것 같습니다.
그런 면에서 백성으로 하여금 하나님의 진노를 사도록
방치해둔 다윗도 하나님의 진노의 대상이 된 거랍니다.

하나님은 직무유기(職務遺棄)의 다윗과 제멋대로 산 이스라엘을 모두 치시려고 책임자 다윗을 죄로 유도하셨습니다. 물론 사탄을 이용하여 표면적인 죄를 짓도록 하셨습니다.

다시 이 사건에 대하여 분명히 할 것은(강조하기 위해서 다시 말합니다!)
다윗이 인구 조사를 한 것에 대한 잘못을 다루는 것이 아니라
이미 죄를 지은 지도자와 백성들을 벌하시기 위한 구실로서
하나님께서 다윗으로 하여금 인구 조사 죄를 범하도록 하셨다는 겁니다.
『여호와께서 다시 이스라엘을 향하여 진노하사 저희를 치시려고
다윗을 감동시키사 가서 이스라엘과 유다의 인구를 조사하라 하신지라』(:1)

사람들이 볼 때 벌을 받아 마땅하다는 경우가 있습니다.
이 말은 죄가 표면적으로 드러난 상태이기 때문입니다.
그러나 (죄가 감추어져 있으므로) 외적으로는
착한 사람으로 알려져 있는데
벌을 받으면 사람들은 죄 값이라고 말하지 않고
그 벌을 연단이라고 혹은 십자가라고 잘못 해석할 수가 있지요.
하나님은 벌을 주고 계신데
사람들은 벌 받는 것으로 여기지 않고
큰 인물로 만드시기 위한
하나님의 훈련이라고 그 벌을 미화할 수 있다는 겁니다.
이러한 사람들의 해석과 더불어
벌을 받고 있는 본인도 그 잘못으로 인해
벌을 받고 있다고는 생각지 않고
진짜 훈련이라고 착각할 수가 있지요.

이러한 착각을 하지 않게 하기 위해서

하나님께서는 일부러 죄를 만들어
표면적인 죄와 함께 느끼지 못했던 죄까지
회개하게 하시는 겁니다.
이것이 절대 주권을 가지신 하나님의 큰 은혜입니다!

다윗은 제정신이 아니었습니다. 인구 조사를 하라뇨?

『왕이 이에 그 곁에 있는 군대 장관 요압에게 이르되 너는 이스라엘 모든 지파 가운데로 다니며 단에서부터 브엘세바까지 인구를 조사하여 그 도수를 내게 알게 하라』(:2)

요압도 다윗의 이러한 일이 정신 나간 일이라는 것을 알 정도였습니다.

『요압이 왕께 고하되 이 백성은 얼마든지 왕의 하나님 여호와께서 백배나 더 하게 하사 내 주 왕의 눈으로 보게 하시기를 원하나이다 그런데 내 주 왕은 어찌하여 이런 일을 기뻐하시나이까 하되』(:3)

그러나 다윗은 이 가장 상식적인 일을 분별 못하고 있는 겁니다. 그 이유는 하나님께서 다윗과 이스라엘을 향하여 하실 일이 있었기 때문입니다.

하나님이 일 하시려 할 때는 상식이 통하지 않는 법입니다.
요압은 다윗이 갑자기 비상식적인 일을 하는 것이
이해가 되지 않았습니다.

자신이 상당히 상식적이고 신앙적인 조언(助言)을 하는데도
다윗의 마음이 이상해져 있고 귀가 닫혀 있는 겁니다.
전혀 들으려고 하지 않고 오히려 그의 행동은 신경질적이었습니다.

『왕의 명령이 요압과 군대 장관들을 재촉한지라』(:4상)

하나님의 하시는 일을 인간이 알 수도
이해할 수도 없을 때가 많습니다.
이것이 하나님의 절대적인 주권입니다.
그러나 궁극적인 목적은 하나님의 백성을 구하는 일이요
하나님의 백성을 살리는 일입니다.
이것이 하나님의 사랑이고 은혜입니다.

인구 조사가 실시되고 있었습니다. 요압과 군대 장수들은 전국 방방곡곡을 다니며 인구를 조사했습니다. 9개월 20일 동안의 조사였습니다. 장군들이 조사한 인구 가운데 칼을 쓸 줄 아는 사람, 즉 다윗이 의지할 수 있는 군사(?)의 숫자는 대단했습니다. 이스라엘에서 80만 명이요, 유다에서 50만 명이었습니다. 130만 명... 대단한 군사력이었답니다.

9개월 20일 동안 전국을 뒤지면서 인구를 조사한 장군들이 예루살렘 궁으로 돌아왔습니다. 모두들 열심히 조사를 하고 돌아왔지만 표정들은 밝지 않았습니다. 다윗 왕이 왜 인구 조사를 명했는지 납득이 가지 않았기 때문입니다. 하여간 장군들은 테이블에 앉아 요압과 함께 숫자를 합하고 그 가운데 칼을 쓸

수 있는 군사들의 숫자를 다시 추리고 있었습니다. 전체적인 숫자가 나왔습니다. 130만 명이었습니다. 요압은 다시 명령했습니다.

"이스라엘과 유다 지파의 숫자를 나눠라!"

장군들은 요압의 명령에 따라 이스라엘과 유다의 군사들의 숫자를 구분했습니다. 각각 80만 명과 50만 명이었습니다. 요압은 집계된 숫자 통계를 손에 들고 왕궁으로 들어갔습니다. 다윗은 요압을 기다리고 있었습니다. 자신이 신뢰하고 대외적으로 자랑할 만한 군사력을 보고받고 싶어서였습니다. 요압은 퉁명스럽게 조사 결과를 보고했습니다. 그리고 다윗이 궁금하게 생각하는 군사의 숫자를 말했습니다.

"폐하, 폐하와 이 땅을 지켜 줄 칼을 쓸 수 있는 장정의 숫자를 보고해 올리겠습니다. 이스라엘에서 80만 명이요 유다에서 50만 명 도합 130만 명이 이스라엘에서 가용한 군사입니다."

다윗의 얼굴에 미소가 돌았습니다. 130만 명의 군사력은 대단한 숫자이기 때문입니다. 이스라엘 왕국의 힘이 어느 정도인지를, 아니 다윗의 힘이 어느 정도인지를 확인하는 순간이었습니다. 보고를 마친 요압이 다윗 왕에게 슬며시 한 마디 했습니다. 비꼬는 듯한 소리였답니다.

"폐하, 힘이 되십니까? 130만 명이라는 숫자의 군사가 그리도 힘이 되십니까? 여호와께서 폐하와 나라를 지켜 주시는 것보다 130만 명이 폐하와 나라를 더 잘 지켜 주실 것이라고 생각하시나이까? 폐하, 숫자가 힘이 아닙니다. 하나님이 힘인 것을 잊으셨습니까?"

다윗은 요압이 전해준 인구 조사 결과와 군사들의 숫자가 적힌 보고서를 손에 쥐고 있었습니다만 무척 기분이 나빴고 요압이 건방져 보였습니다만... 그대로 요압의 말을 듣고 있었습니다. 보고를 마친 요압은 무척이나 못마땅한 표정을 지으며 물러갔습니다.

다윗 왕에 대한 신하들의 생각이 바뀌고 있었습니다. 하나님만을 신뢰하던 다윗 왕이 군사력을 신뢰하고 있음을 보았기 때문입니다. 하나님을 신뢰하던 때의 다윗 왕은 사람들에게 존경을 받았었습니다. 그런데 사람을 의지하고 사람의 숫자를 좋아하고 과시하는 다윗 왕에 대해서는 사람들이 존경을 표하지 않았습니다.

다윗도 시간이 지날수록 마음이 편치 않았습니다. 전에는 나라의 모든 문제를놓고 하나님께 기도했었습니다. 그때는 아무 것도 없으면서도 마음에 평화가 있었고 불안이 없었습니다. 그런데 130만 명이라는 숫자를 보고 받은 후에는 왠지 기도하기보다는 130만 명의 군사를 거느리고 있다는 자신이 너무도 자랑스러웠습니다. 그리고 만일 나라에 문제가 생기면 명령 한 마디로 저들을 움직일 수 있고 어떤 적(適)도 이길 수 있다는 뿌듯함이 생겼기 때문입니다.

시간이 지날수록 마음이 편치 않은 겁니다. 매사가 짜증이 나고 귀찮고 평화가 없었습니다. 이상하게도 침체가 왔습니다. 130만 명의 장수가 있다는데도 기쁨이 없었습니다.

기독교회에 있어서 숫자 놀음은 언제나 함정이었습니다.
사람들은 부흥이라는 것을
시각적으로 보기 원하는 본성이 있답니다.
그래서 교회의 부흥을 숫자로
혹은 예산으로 건물로 판단하곤 합니다.
또한 큰 것, 많은 것이 작은 것 혹은 적은 것보다
훨씬 낫다고 생각을 합니다.
이제는 목회 성공이라는 것이
큰 건물과 숫자와 비례하고 있다고 믿는 것이
진리(?)처럼 되었답니다.
또한 사람들은 숫자가 안전을 보장한다고 생각합니다.
마치 다윗이 130만 명이라는 군사력이
자신과 나라를 지켜줄 것이라고 믿은 것처럼 말입니다.
물론 거듭난 생명으로서의 숫자는 좋은 것입니다만
이 숫자를 지나치게 강조하고 목표화하면
그것은 우상이요 더 이상 기독교회가 아닌 거지요.
숫자가 많으면 자랑하고 싶은 생각이 들고
숫자가 적으면 낙담이 된다면
『두 세 사람이 내 이름으로 모인 곳에는

나도 그들 중에 있느니라』(마 18:20)

하신 주님의 말씀이 얼마나 무안할까요?

기쁨은 숫자에 있는 것이 아니라

생명이신 주님과 함께 있을 때 있는 겁니다.

7 삼하 24:10-17

드러난 본성, 그리고 벌

대단한 군사력이었습니다. 자신이 다스리는 국가에 이러한 능력이 있다는 것이 얼마나 자랑스러웠는지요. 요압의 보고를 들을 때 정말 뿌듯했었습니다. 그런데 그 뿌듯한 마음이 점점 불안으로 사라지고 있는 겁니다. 130만 명이라는 엄청난 숫자의 군사가 있다는 보고를 들은 후에 마음이 괴로웠습니다. 그리고 요압이 했던 말들이 생각이 나곤 했습니다. 숫자를 의지하는 다윗에게 바른 말 했던 것이.

시간이 갈수록 숫자에 대하여 허탈했고 하나님을 의지하지 않은 것에 대한 죄책감이 밀려오고 있었습니다. 처음에는 그냥 불편했었는데 점점 생각이 많이 나고 마음을 괴롭혔습니다. 정상적인 일을 할 수 없을 만큼 고통스러웠습니다. 요압의 말이 계속 생각이 나면서 말입니다.

『요압이 왕께 고하되 이 백성은 얼마든지 왕의 하나님 여호와께서 백배나 더 하게 하사 내 주 왕의 눈으로 보게 하시기를 원하나이다 그런데 내 주 왕은 어찌하여 이런 일을 기뻐하시나이까』(:3)

다윗은 자신이 죄를 지었음을 깨닫기 시작했습니다. 숫자를 센 것이 죄임을 깨닫기 시작한 겁니다. 다윗은 하나님께 무릎을 꿇었습니다. 그리고 참회의 기도를 드렸습니다. 그의 영혼은 하나님보다 사람 숫자를 좋아하고 있었던 것으로 괴로웠던 겁니다.

『다윗이 인구 수를 조사한 후에 그 마음에 자책하고 여호와께 아뢰되 내가 이 일을 행함으로 큰 죄를 범하였나이다 여호와여 이제 간구하옵나니 종의 죄를 사하여 주옵소서 내가 심히 미련하게 행하였나이다 하니라』(:10)

한밤중의 회개였습니다. 다윗은 자신이 죄인임을 발견했습니다. 하나님이 다윗에게 알려 주고 싶은 사실이었습니다.

하나님은 이스라엘과 다윗에게 벌을 내리실 겁니다. 그들이 지은 죄가 있기 때문입니다. 그런데 저들이 자신의 죄를 깨닫지 못하고 있기에 벌을 내린다 하더라도 죄 때문이라고 생각하지 않게 됩니다. 그러나 지금은 아닙니다. 이제는 벌을 내려도 됩니다. 벌이 내려진다 하더라도 죄 때문에 받는 벌이라고 생각하게 될 것이기 때문입니다.

하나님은 사람들이 재난을
함부로 해석하는 것을 원하지 않으십니다.
사람들은 벌을 받고 있으면서도
죄 때문이라고 하기보다는
자신에게 주어진 연단이라는 신앙적인 용어를 가지고 해석을 하려 합니다.
물론 그런 경우도 있고 그런 경우에는 하나님도 침묵하십니다.
그러나 하나님은 벌을 주고 있는데
전혀 벌이라고 생각하지 못하는 사람들에게는 죄를 짓게하심으로
자신이 당하는 고통을 바로 알고 당하게 하시는 것이지요.

이제부터 하나님이 고통을 주십니다. 이 고통은 연단이나 훈련을 위한 것이 아닙니다. 다윗의 죄악으로 인하여 하나님이 주신 벌로서의 고통입니다. 하나님은 죄의 문제를 무척이나 냉정하게 다루셨습니다. 갓 선지자를 통해서 벌을 선택하도록 하고 계시니 말입니다.

7년 기근이나 3개월간의 추방 혹은 3일 간의 온역 중에서 하나를 택하도록 하셨습니다.

『갓이 다윗에게 이르러 고하여 가로되 왕의 땅에 칠 년 기근이 있을 것이니이

까 혹시 왕이 왕의 대적에게 쫓겨 석 달을 그 앞에서 도망하실 것이니이까 혹시 왕의 땅에 삼일 동안 온역이 있을 것이니이까 왕은 생각하여 보고 나를 보내신 이에게 대답하게 하소서』(:13)

다윗은 받을 벌을 택하면서 회개의 고백을 합니다.

『여호와께서는 긍휼이 크시니 우리가 여호와의 손에 빠지고 내가 사람의 손에 빠지지 않기를 원하노라』(:14)

고통을 당하더라도 하나님의 손에서 당하겠다는 자기 포기 내지는 철저한 하나님 신뢰의 고백이었습니다. 사람들의 손에서 하나님의 사람이 조롱당하면서 하나님을 망신시키지 않고 오직 하나님에 의해서 어떠한 벌도 받겠다는 겸손하고 철저한 회개였습니다.

다윗을 죄에 빠지게 하사 이스라엘과 다윗 자신이 알지 못하는 죄들을 벌하시는 작업이 시작되었답니다. 온역으로. 수많은 이스라엘 사람들이 벌을 받은 겁니다.

『백성의 죽은 자가 칠만 인이라』(:15하)

만일 다윗이 죄를 지은 것 때문이라면
백성들의 죽음은 무척이나 억울한 죽음이지요.
그런데 그것이 아니랍니다.

다윗 한 사람의 죄 때문에 백성들이 죽은 것이 아니라
백성들은 이미 지은 죄로 인하여 심판 아래 있다가
지금 지도자의 죄로 인해 한꺼번에 벌을 받고 있는 것이랍니다.
1절 말씀을 주의 깊게 읽어야 합니다.
『여호와께서... 이스라엘을 향하여 진노하사... 저희를 치시려고...』(:1상)

백성들을 치도록 명령받은 천사들은 죄악 가운데 있던 사람들을 쳤습니다. 7만 명이나 죽었답니다. 그리고 천사들은 하나님의 계획에 따라 예루살렘을 멸하려 다가왔습니다. 그런데 하나님이 천사에게 명하시어 멈추게 하셨습니다. 왜냐하면 다윗이 진심으로 회개했기 때문이었습니다. 하나님은 회개하는 사람을 용서하십니다.

『나는 범죄하였고 악을 행하였삽거니와 이 양 무리는 무엇을 행하였나이까 청컨대 주의 손으로 나와 내 아비의 집을 치소서 하니라』(:17)

하나님이 죄인에 대한 심판을
어떻게 하시는 지에 대해서는 잘 모릅니다.
그런데 자기 때문에 백성들이 고난을 당하는 것으로 느껴졌을 때
우린 어떤 태도를 취해야 하는지요.
다윗의 신음 소리를 통해
백성에 대한 지도자의 심성이 회복된 것을 읽을 수가 있습니다.
백성에 대한 지도자의 책임을 회복했다는 거지요.
『하나님께 아뢰되 명하여 백성을 계수하게 한 자가

내가 아니니이까

범죄하고 악을 행한 자는 곧 내니이다

이 양무리는 무엇을 행하였나이까

청컨대 나의 하나님 여호와여 주의 손으로

나와 내 아비의 집을 치시고

주의 백성에게 재앙을 내리지 마옵소서』(대상 21:17)

지도자는 백성으로 하여금 범죄하지 않도록 하는

책임을 진 사람입니다.

자신만 경건하고 자신만 바르게 살면 되는 게 아닙니다.

그럴 자신이 없으면 지도자의 자리에서 내려와야 합니다.

왕복을 벗어야 하는 겁니다.

그런데 다윗은 백성들이 수만 명씩 죽어가는 걸 보고 그제서야

그걸 깨달은 겁니다.

자신이 직무 유기했기에

백성이 죄를 지어 죽어 가고 있는 것을 깨달은 겁니다.

그래서 하나님께 통곡하는 겁니다.

『(하나님이시여!) 명하여 백성을 계수하게 한 자가 내가 아니니이까

범죄하고 악을 행한 자는 곧 내니이다

이 양무리는 무엇을 행하였나이까

청컨대 나의 하나님 여호와여 주의 손으로

나와 내 아비의 집을 치시고

주의 백성에게 재앙을 내리지 마옵소서』(대상 21:17)

우리도 사명을 회복해야 한다는 말입니다!
사람을 행한 사명... 사람으로 하여금
하나님께 가까이 가도록 하는 책임을
회복해야 하는 겁니다!
우리가 책임을 다하지 못하고 있기 때문에
다른 사람이 범죄하게 되지 않았는지요.
책임... 회복해야 합니다!

8 삼하 24:18-25

죄를 위한 희생 제사

예루살렘을 치려 하던 천사가 멈추라는 하나님의 명령을 받은 곳은 여부스 사람 아라우나의 타작마당이었습니다.

『족하다 이제는 네 손을 거두라 하시니 때에 여호와의 사자가 여부스 사람 아라우나의 타작마당 곁에 있는지라』(:16하)

넋을 잃고 하나님의 심판을 보고 있었고 또 하나님의 멈추심을 보고 있던 다윗, 그는 어찌해야 하는지 분별을 할 수 없었습니다. 단지 멍하니 있을 뿐이었습니다. 이 때 갓 선지자가 다윗 옆으로 와서 어떻게 해야 하는지를 말했습니다.

『이 날에 갓이 다윗에게 이르러 고하되 올라가서 여부스 사람 아라우나의 타작마당에서 여호와를 위하여 단을 쌓으소서 하매』(:18)

어찌할 바를 모르는 사람에게
선지자는 무슨 일을 해야 하는지를 알려 주었습니다.
목회자의 사역 가운데 중요한 사역입니다.
목회자는 성도가 힘들어 할 때
기력이 없어서 모든 것을 포기하고 주저앉아 있을 때
어떻게 해야 하는지를 모르고 있을 때
안내해 주어야 합니다.
갓 선지자는 지금 그 일을 하고 있는 거랍니다.

다윗은 갓 선지자의 말을 따랐습니다.

『다윗이.. 갓의 말대로 올라가니라』(:19하)

다윗의 아름다움입니다.
주의 종의 말에 순종하는 사람이 복 있는 사람이랍니다.
주의 종이 세상적인 기준으로 볼 때 훌륭한가
아니면 초라한가 하는 것을 따지면 그 사람은 불행한 사람입니다.
세상 기준으로 판단해서 순종할 것인가
아니면 거부할 것인가를 결정한다면
그 사람을 종으로 삼으신 하나님을 판단하는 것이기 때문입니다.
하나님이 세우신 종에게는 이력서가 초라하다 할지라도

순종하는 것이 바른 믿음입니다.
갓 선지자가 유명한 선지자였기에 다윗이 순종한 것이 아니라
하나님이 기름 부은 종이기에 다윗은 순종한 것입니다.
우리도 이것을 본받아야 합니다.

하나님의 진노로 심각한 상태에 있던 다윗이 갓 선지자의 말을 따라 아라우나의 집에 가까이 오고 있었습니다. 왕의 행차이기에 나라의 최고 지도자들까지 다윗을 따르고 있었습니다. 다윗이 내적인 고통을 가지고 있었지만 그렇다손 치더라도 왕의 움직임이기에 대단한 행렬이었습니다. 아라우나가 이 모습을 보고 있었습니다. 자신의 집으로 오고 있는 왕의 행렬을 말입니다. 얼마나 놀랐는지요. 아라우나는 왕 앞으로 나가 엎드려 절했습니다. 왕이 자기의 집으로 오시니 말입니다.

다윗은 환영받기 위해서 온 것이 아니었습니다. 그는 하나님께 제사를 드리기 위해 온 거였습니다. 아라우나는 제사를 드리기 위해 왔다는 다윗의 말을 듣고 모든 것을 제공했습니다.

『아라우나가 다윗에게 고하되 원컨대 내 주 왕은 좋게 여기시는 대로 취하여 드리소서 번제에 대하여는 소가 있고 땔 나무에 대하여는 마당질하는 제구와 소의 멍에가 있나이다 왕이여 아라우나가 이것을 다 왕께 드리나이다』(:22하-23상)

다윗은 아라우나가 고마웠습니다. 그러나 아라우나가 왕께 모든 것을 드

린다 하더라도, 다윗은 자신의 문제를 해결하기 위해서는 자신이 값을 지불해야 한다는 것을 알고 있었습니다. 그래서 은 50세겔을 아라우나에게 지불하고 그곳에서 하나님께 제사를 드렸답니다.

『왕이 아라우나에게 이르되 그렇지 아니하다 내가 값을 주고 네게서 사리라 값없이는 내 하나님 여호와께 번제를 드리지 아니하리라 하고 은 오십 세겔로 타작마당과 소를 사고 그곳에서 여호와를 위하여 단을 쌓고 번제와 화목제를 드렸더니』(:24-25상)

『너는 상당한 값으로 붙이라』(대상21:22)
다윗은 아라우나(오르난)가 제공하는 제물로
속죄 제사를 드리지 않았습니다.
그냥 주는데도 말입니다.
상당한 값을 지불하겠다고 했고 또 그렇게 했답니다.
죄 용서는 공짜가 아닙니다.
값을 지불해야 하는데 그 값은 상당한 겁니다.
우리들도 죄를 용서받았지요.
공짜로 받은 거 아닙니다.
싼 가격으로 지불되어 얻은 용서가 아닙니다.
상당한 가격이었답니다.
하나님의 아들의 피 값이었어요!
사람의 피 값이 아니고
하나님의 독생자의 피 값으로 우리가 용서받았다는 겁니다.

그 가치를 알고 계시는지요?

그 은혜를 기억하고 계시는지요?

제사는 하나님의 진노를 완전히 그치게 했답니다.

『번제와 화목제를 드렸더니 이에 여호와께서 그 땅을 위하여 기도를 들으시매 이스라엘에게 내리는 재앙이 그쳤더라』(:25하)

역대기에서의 기록은 아주 재미있습니다.

『사자를 명하시매 저가 칼을 집에 꽂았더라』(대상 21:27)

하나님의 진노를 그치게 하는 것은 제사였습니다.
우리에게 내릴 하나님의 진노가 있답니다.
그 진노를 그치게 하는 것은
오직 제사 뿐입니다.
그 제사가 예수 그리스도의 제사였습니다.
예수 그리스도의 제사는 범죄 할 때마다 드리는 제사가 아니랍니다.
단번에 영원한 죄 사함을 위한 제사였답니다.
이 제물이 되신 예수 그리스도를 저는 나의 주님으로 모셨습니다.
당신도 이 주님을 당신의 주님으로 영접하지 않으시겠습니까?

에필로그 _01

가족과 떨어져 있었던 때가 있었습니다.

오랜 기간 떨어져 있었던 것은 아니지만 결혼 초기에 떨어져 있었기에 아주 많이 보고 싶고 힘들었었던 기억이 납니다. 떨어져 있었던 이유는 제가 미국에 유학하기 위해 혼자 온 것 때문이었습니다. 약 4개월 정도 떨어져 있었지요. (겨우 4개월 떨어져 있었던 걸로 힘들다는 표현을 하는 것을 우습다고 하실 분도 있겠지만 신혼 때는 그런 겁니다.) 미국에도 한국 사람이 많았습니다. 교회도 한국 교회를 출석했습니다만 늘 머릿속에는 가족에 대한 그리움으로 가득 차 있었답니다.

어느 날 나이 어린 친구들이 미국 캘리포니아의 산타모니카 해변(Santa Monica Beach)을 데리고 갔습니다. 들던대로 정말 아름다운 해변이었습니다. 바다 물도 얼마나 깨끗했는지요. 구름 한 점 없는 하늘에는 갈매기들이 춤을 추고 있었고 바다에는 배를 타는 사람, 수영하는 사람, 그리고 아이들과 연인들의 모습이 아름다웠답니다. 해변을 끼고 있는 자전거 전용 도로에서는 자전거 타는 사람은 물론 스케이트를 타는 사람도 많이 보였지요. 영화에서만 볼 수 있었던 해변에서 배구하는 모습도 눈에 들어왔답니다.

점심때가 되어 점심을 먹기 위해 해변에 있는 식당을 들어갔습니다. 식당도 아름다웠습니다. 사람들은 생기가 있었고 음식 냄새는 사람을 흥분시키기에 부족함이 없었습니다. 그런데 저를 놀라게 한 것은 다른 것이 아니라 식탁에 놓여 있는 네프킨(napkin)이었습니다. 정말 예뻤습니다. 아주 컸구요. 그렇게 예쁘고 아름답고 품위 있는 네프킨을 한국에 있을 때는 본적이 없었답니다. 아마 네프킨 값만해도 웬만한 손수건 값 정도 될 거라는 생각을 했을 정도였으니까요. 게다가 얼마나 두꺼웠는지 잘 찢어지지도 않는 겁니다.

종업원에게 한 장을 더 달라고 했습니다. 음식 먹을 때 필요해서가 아니라 한국에 있는 아내에게 보내고 싶어서 그랬답니다. (그 당시는 아내에게 편지를 쓰곤 했는데) 네프킨 위에다가 편지를 써서 아내에게 보내고 싶어서 그런 거였지요. 이렇게 예쁜 네프킨에 편지를 써서 보내면 아내가 분명 특별한 감동을 받을 것이라고 생각했기 때문이거든요!

예쁜 네프킨에다가 편지를 썼습니다. (네프킨 사이즈는 가로 세로 50cm는 족히 되었습니다.) 작지 않은 네프킨이었기에 하루에 쓸 수 있는 글이 아니었습니다. 글자도 아주 작게 썼답니다. 지금 컴퓨터의 폰트로 한다면 10 정도의 크기보다 작게 썼지요. 그러니 얼마나 힘든 작업을 했겠습니까? 글의 내용도 다양했습니다. 모두가 사랑한다는 말을 표현하는 내용이었지만 정말 다양한 사건을 다양하게 표현했답니다. 어느 때는 갈매기 이야기였고 어느 때는 모래를 걷는 이야기, 어느 때는 배를 타는 사람들의 이야기였습니다. 어떤 부분은 자전거 타는 이야기였고 어느 부분은 음식을 먹는 이야기였습니다. 잠자는 이야기, 공부하는 이야기, 영화 본 이야기, 운동한 이야기, 교회 간 이야기, 몸이 아픈 이야기, 약을 사먹은 이야기, 프리웨이(고속도로) 이야기, 장난감 집 이야기... 정말 다양한 이야기로 네프킨을 채웠답니다. 하루에 한 가지나 두 가지씩.

큰 네프킨에 작은 글씨, 그리고 다양한 내용들은 아내에게 감동을 주기에 충분했습니다. 그런데 거기서 그치질 않고 나는 또 다른 감동 작품을 만들었답니다. 글이 써있는 네프킨을 펼치면 한 눈에 아내의 이름과 사랑한다는 말이 드러나도록 글자에 색을 넣은 겁니다. 정말 대단한 공을 들었답니다!

네프킨에 쓰여진 편지는 아주 조심스럽게 포장되었답니다. 우체국에 가서도 결코 잃어버릴 수 없고 분실될 수 없는 우편을 사서 한국에 있는 아내에게 전달 되게 했답니다. 정말 분실되면 안 되는 거였거든요! 편지를 보내고서도 제대로 갔을까 하면서 얼마나 마음이 조렸는지 모릅니다. 아내가 그 편지를 받으면 얼마나 좋아하고 행복해 할까 하는 생각으로 가득 찼습니다. 우선은 평생 처음 보는 아름답고 예쁜 네프킨에 놀랄 것이 분명했습니다. 그 위에 깨알 같은 글씨를 보면서도 분명 놀랄 겁니다. 아니 네프킨을 펼치자마자 한 눈에 들어오는 색깔 글씨에 감동할 것이 분명했답니다. 나는 아내가 감동하는 모습을 보면서 행복해 하고 있었답니다.

아내는 네프킨에 쓴 특별한 편지를 펼칠 때부터 엄청 감동했습니다. 우체부에게서 편지를 받는 것도 사랑을 받은 겁니다. 편지 봉투에도 사랑이 묻어 있음을 느꼈지요. 편지 봉투를 조심스럽게 뜯어 글이 네프킨에 쓰여진 거라는 것에 남다른 사랑을 느꼈답니다. 네프킨을 만질 때는 나의 사랑을 만지는 거였습니다. 그걸 펼치는 순간 또 다른 감동을 했을 겁니다. 그 안에 색깔로 크게 적혀진 사랑한다는 말에도 감동을 했을 것이지요. 내용을 읽기도 전에 이미 사랑을 느끼고 사랑에 감동을 하고 있었답니다. 그런데 잊을 수 없고 잊혀지지도 않는 것은 작을 글씨들이었답니다. 아내는 그 큰 네프킨에 적힌 깨알 같은 글씨들을 하나도 빼놓지 않고 읽은 겁니다. 한번만 읽지 않았습니다. 대충 읽지도 않았습니다. 생각하고 또 생각하며 읽었답니다.

네프킨에 쓰여진 글은 문법적으로 맞지 않는 글이었습니다. 맞춤법도 많이 틀렸고 띄어쓰기도 엉망이었습니다. 앞의 내용과 뒤의 내용이 연결이 안 되는 것이 한두 군데가 아니었습니다. 논리도 없었습니다. 게다가 내용도 왜 그리 길었는지 모릅니다.

제 아내는 대학을 다닐 때 문학을 전공한 문학도였습니다. 글에 대해서는 까다로운 사람입니다. 그런데 그런 제 아내에게 제가 보낸 엉망의 문체는 하나도 중요하지도 않았고 흠이 되지 않았답니다. 마냥 좋은 겁니다. 그리고 맞지 않는 문법과 맞춤법, 엉망인 띄어쓰기, 연결 안 되는 논리성과 앞뒤 문맥이었습니다만 남의 글에는 그리도 까다로운 아내였지만 제가 보낸 졸작의 글에는 이런 것이 눈에 들어오질 않았습니다. 전혀, 아무런 문제가 되질 않는 겁니다. 아니 그런 것이 발견되면 의미가 있을 거라고 하면서 더 깊게 생각하더라는 겁니다. 사랑 때문이었습니다. 자기에게 글을 보낸 사람의 마음을 알고 있기 때문이었습니다.

성경, 하나님께서 당신의 형상대로 만들어 눈에 넣어도 아프지 않은 사랑의 대상인 사람에게 보낸 편지랍니다. 아주 긴 내용입니다. 작은 글씨입니다. 복잡하답니다. 어느 경우는 논리를 찾기가 힘듭니다. 앞뒤가 연결되지 않는 부분이 발견됩니다. 그런데 그 분이 보낸 성경의 내용은 하나랍니다. 사랑입니다. 한 가지 주제입니다. '내가 너를 사랑한다!' 는 거지요!

제가 아내에게 네프킨이라는 멋진 종이(?)에, 작은 글씨로, 색깔을 넣으면서, 가장 안전한 우편을 통해 편지를 보냈는데 제 아내가 전부 읽어 보았을까 하는 의심을 하지 않았습니다. 분명히 읽을 것이라고 믿었답니다. 아내는 나를 사랑하니까요.

하나님께서 천 년 하고도 수백 년 동안 수십 명의 사람들을 감동시키셔서 나를 향한 사랑의 글을 쓰시고 지금 나의 손에 전해지게 하신 편지, 그것을 내가 읽지 않을 것이라고 생각하지 않으시겠구나 하는 생각을 한 겁니다. 반드시 읽고 또 읽고 의미를 생각하고 감동하고 있을 거라고 생각하실 것이고 그걸 의심하지 않으실 거라는 생각이 든 겁니다. 내가 늘 말하는 것처럼 나는 하나님을 사랑한다고 말하는 사람이니까요!

내 아내가 나의 편지를 그리도 좋아하면서 읽고 또 읽는데 난 하나님의 편지인 성경을 왜 그리 읽지 않았는지 생각이 들었습니다. 나는 하나님을 사랑하고 하나님께서 나를 사랑하심을 믿는다고 하면서도 하나님이 보내신 사랑의 편지, 성경을 너무 소홀히 대하더라는 거였지요. 제 아내는 제가 보낸 네프킨 편지를 귀하게 여기고 시간 날 때 마다 펼쳐보고 그 안에 적힌 이야기를 평생을 하고 있는데, 아이들 앞에서도 자랑하고 있는데 나는 내가 사랑하는 하나님께서 보낸 글인 성경을 자랑하지도 않고 읽지도 않고 내용도 모르고 있더라는 겁니다.

하나님 앞에 설 날이 가까워 오고 있는데... 얼마 후에 그 분 앞에 섰을 때 하나님께서 "내가 보낸 사랑의 편지를 잘 읽어 보았니?"라고 묻는다면 뭐라고 대답할 것인지 망막한 겁니다. 열심히 일했다 하더라도, 크고 위대한 일을 했다 하더라도 그런 것으로 하나님의 마음에 기쁨 드리지 못할 것 같았습니다. 하나님 앞에서 "당신께서 보내신 편지, 너무 감동이었습니다."라고 할 때 편지 보내신 하나님의 마음 흐뭇하시지 않으실까 하는 생각이 드네요.

제 아내를 몇 달 만에 만났을 때 제가 보낸 편지가 고마웠다고 말하더라구요. 그리고는 이내 이런 내용, 저런 내용을 소상히 말할 땐 얼마나 행복하고 기뻤는지 모릅니다. 저를 기쁘게 하기 위해 돈 벌어 놓았다는 말도 중요하지 않습니다. 저를 위해 요리를 배웠다는 것도 고맙긴 하지만 우선이 아닙니다. 저를 위해... 저를 위해... 어떤 것도 중요하지 않습니다. 저를 기쁘게 하는 건, 제가 기대하는 건 제 마음을 알고 제가 그리도 정성들여 쓴 편지를 읽었느냐 듣고 싶은 거였답니다. 하나님께서도 그러시겠구나 하는 생각 들었답니다. 아니 분명 하나님도 그러실 겁니다.

성경을 읽었습니다. 빨간 줄 그으면서 읽었습니다. 파란 색연필로 네모를 치면서 읽었습니다. 노란 색으로, 초록색으로, 분홍색으로 이런 표시 저런 표시하면서 읽고 또 읽었습니다. 나만이 아는 색깔 표시랍니다. 아니 하나님과 나 둘만이 아는 표시입니다. 이해가 안 되는 부분도 무척 많았습니다. 그래도 그 속에 숨겨진 속사랑이 분명 있을 거라는 생각으로 읽었습니다. 앞뒤가 연결 되지 않는 어색한 부분도 있었습니다만 그 연결은 다른 곳에 분명 숨어 있을 거라는 확신으로 읽었답니다. 어느 경우는 속상한 글도 있었고 어느 경우는 감동스런 글도 있었습니다.

사랑에 감동해서 빨간 표시 한 겁니다. 지은 죄 용서 받은 은혜에 파랑색 표시했습니다. 지은 죄 생각하며 하나님 마음 아프게 한 걸 생각하며 노란색 표시 했습니다. 하나님 섬기는 일 발견하고 고동색 표시했답니다. 하나님 하시는 일 발견하고는 초록색 표시 했답니다. 천국 생각하고는 보라색 표시했구요.

여기저기 하나님 사랑 쓰여 있기에 자꾸만 읽고 또 읽는 거랍니다. 전에는 몰랐는데 하나님의 사랑이 묻어 있는 걸 알겠더라는 거지요. 아니 전에는 희미하게 알던 사랑이 이젠 확실해 지는 겁니다. 읽을수록 재미있네요. 지루하지도 않는 겁니다. 이해 못해 짜증난 것도 없습니다. 너무 길다고 속상한 적도 없습니다. 읽으면 좋은 겁니다. 읽으면 힘이 나는 겁니다. 읽다가 눈물이 나서 성경책에 떨어지면 성경책 상할까봐 얼른 닦고 또 읽었답니다. 하나님이 보낸 편지잖아요!

누군가가 사람은 사랑으로 산다고 했던가요? 사랑은 생명력이 있다는 말이겠죠. 그래서 사랑은 지친 사람을 일으켜 세워 주는 힘이 있고 사랑은 살 용기를 불어 넣어 주는 것이고 사랑은 살 이유를 주는 것이겠죠. 그 생명력 있는 사랑이 성경에 있는 겁니다. 전에는 사람에게 사랑 찾아 힘을 얻어 보려고 했었답니다. 그것도 중요하지만 오래 지속되지는 못했는데 성경을 읽으니 그 안에 하나님의 사랑이 기름처럼 흐르고 있는 겁니다. 오늘도 그 사랑으로 인생을 지탱하면서 살아간답니다.

그리도 오래 교회 다녔는데 성경을 잘 모르는 게 부끄러운 겁니다. 껍데기는 아주 괜찮은(?) 교인인데 속에는 성경이 없으니 속빈 강정이랍니다. 성경을 모르니 교회 다니는 재미(?)를 알 턱이 없는 겁니다. 그냥 종교생활 한 거였죠. 이제 발견한 겁니다. 은혜지요. 그래서 이젠 허울 좋은 교인이 아니라 겉모습은 초라해도 속에는 성경으로 가득 채우다가 주님 앞에 가서 보여 드리고 싶네요. 오늘도 그 마음으로 내게 보내 주신 사랑의 편지를 펼칩니다. 가슴이 뛰네요!

에필로그 _02

교회가 좋았습니다. 어려서부터 교회에서 자랐고 교회에서의 생활에 익숙했습니다. 게다가 할아버지도 부모님도 내가 목사가 되기를 원하신다는 말씀을 많이 하셨고, 나 역시 거부하지 않았습니다. 그렇게 목사가 된 사람입니다.

신학대학 생활… 만족스럽진 않았습니다만 그래도 목사가 되려면 거쳐야 하는 과정이기에 꾹 참고 견뎌냈습니다. 대학원도 다녀야 한다기에 그렇게도 했습니다. 한번은 목사가 하기 싫은 적도 있었습니다. 아니 어려서부터 목사가 안 된다면… 하면서 나름대로 하고 싶은 일을 생각해보기도 했었죠. 꼭 두 가지를 하고 싶었는데 그 중 하나는 정치였습니다. 정치가 뭔지 알아서 그랬던 것 같지는 않습니다. 어린 시절 선생님으로부터 들었던 훌륭한 인물들 중에는 항상 정치가들이 많았기 때문이었겠죠. 하여간 정치를 하고 싶다는 마음은 오래갔고 또 정치가로서 활동하는 제 모습을 그려보기도 했답니다. 하고 싶었던 또다른 일은 자동차를 정비하는 일이랍니다. 이상하지요? 정치와 자동차 정비는 어울리지 않는데 말입니다. 하여간 자동차 밑에 들어가 온몸에 기름때를 묻히며 일하는 모습이 멋있어 보였고 정밀하게 일하는 아저씨가 멋있어 보였답니다. 그런 나의 모습을 그려보기도 했답니다. 그런데 정치가 근처에 가보지도 못했고 자동차 정비사 옆에도 가보지 못했답니다. 그런 것과는 전혀 상관없는 목사가 되었답니다.

신학대학을 졸업했지만 전도사로 사역하지 못했습니다. 제법 오래되고 큰 교회에 출석하였는데 워낙 재주가 없으니 담임 목사님으로부터 전도사로 추천 받지 못했던 것 같습니다. 친구들은 학교 다닐 때부터 전도사로 열심히 일하면서 교회에서 사례금도 받았지만, 제게는 졸업한 후에도 그런 기회가 주어지지 않았답니다. 전도사로 사역하지 못하는 게 억울하진 않았습니다. 단지 걱정거리였을 뿐입니다. 여기엔 이유가 있었습니다.

저는 군목 후보생이었는데 군목으로 가려면 3년 간의 전도사 경력이 필요했습니다. 그런데 그 경력을 쌓을 교회가 없어서 속이 많이 상했답니다. 결국은 어떤 작은 개척 교회에 평신도라고 하면서 목사님을 속이고(?) 다녔습니다. '몇 년 다니고 난 후에 나의 불쌍한(?) 처지를 말씀드리면 목사님도 이해해 주시지 않을까?' 하는 기대로 그런 짓을 했습니다. 그러나 결국 그 교회에서 오래 있질 못했습니다. 2년 있었나 봅니다. 그러고는 교인이 대여섯 가정 정도밖에 안 되는 더 작은 교회로 갔습니다. 그 교회에서는 목사님께 솔직히 말씀드렸습니다. 그랬더니 흔쾌히 도와주시겠다고 하더라구요. 무척 고마웠답니다. 군목으로 갈 수 있는 길이 열렸기 때문입니다. 그렇게 비참한(?) 시간들을 보냈답니다. 신학교 졸업 후 3년을.

군목으로 가는 일은 조금 찜찜했습니다. 첫째는 자신감이 없었고, 둘째는 아직도 사명감이 없었기 때문이었습니다. 친구들은 사명, 사명하면서 의지가 대단한데 난 그렇지가 않았습니다. 솔직히 군목으로 가면 사병으로 가는 것보다 훨씬 편하기 때문에 좋아하고 있었을 뿐입니다. 그러나 편한 건 편한 건데 뭘 해야 하는지 자신이 없었습니다. 그래서 일 년 먼저 군목으로 간 친구를 찾아갔답니다. 그리고는 물었습니다. 어떻게 주일 설교, 수요예배 설교, 심방 설교, 새벽 기도 설교를 다 하느냐고? 그 친구 대답은 걸작이었습니다. 성령님이 능력을 주시면 다 하게 된다고... 난 목사 안수 받으면 정말 그렇게 되는 줄 믿었답니다. 바보같이...

훈련을 받고 군목으로 갔습니다. 중부 전선이었습니다. 중위 계급장 달고 목사랍시고 일을 시작한 겁니다. 괜찮더라구요. 일단은 매달 월급 받는 게 아주 좋았습니다. 그때까지 내 힘으로 돈을 벌어 본 적이 없었습니다. 게다가 군대 교회인데도 군대 월급 말고도 목회 사례비라고 해서 돈을 주었습니다. 참 좋았습니다. 어떤 교회는 군 선교비라고 해서 돈을 보내기도 했습니다. 사실 군대 월급만으로도 괜찮았는데 이래저래 목사랍시고 돈을 주니 고맙기도 하고 미안하기도 하고... 물론 좋은 일에도 많이 썼지요.

교회도 아담해서 좋았구요, 내 개인 사무실이 있다는 것도 좋았답니다. 어느 큰 교회 목사님이 부럽지 않았습니다. 나보다 계급이 높은 사람들도 저를 성직자라 해서 잘 대해 주는 것 또한 특권이었답니다. 그런 것 때문에 '평생을 군목으로 지낼까?' 하는 생각도 여러 번 해보았답니다. 사명 때문이 아니라 편리함 때문에...

설교는 정말 부담스러웠습니다. 설교만 없으면 군목이라는 것 괜찮은 건데... 친구가 목사 안수 받고 군목으로 오면 성령님께서 능력을 주셔서 설교도 뭐도 다 잘하게 된다고 했는데 (정말 그렇게 믿었었답니다) 난 그게 아니었습니다. 두 번째 설교까지는 잘한 것 같았습니다. 그런데 세 번째부터는 할 말이 없었답니다. 그렇게 두꺼운 성경책인데도 제겐 본문 찾는 것도 어렵고 본문을 찾아도 내용을 만들기도 무척이나 어려웠습니다. 제목을 정하는 것조차도 노동이었습니다. 일주일 내내 '어떤 본문을? 어떤 내용을? 어떤 제목을?...' 이런 것들이 큰 고민거리였고 이는 점점 공포의 작업으로 느껴졌습니다. 친구가 말한 성령님이 도와주신다는 건 적어도 나에겐 새빨간 거짓말이었답니다.

그래도 어김없이 찾아오는 게 주일이었습니다. 미칠 것 같았답니다. 그래서 훌륭한 그리고 유명한 목사님들이 펴낸 설교집을 뒤지기 시작했습니다. 신학교 다닐 때 종종 친구들과 나누던 말이 있었습니다. '설교 표절' 이라는 말... 그리고 남의 설교를 표절하는 목사들은 나쁜 놈들이라고 했었답니다. 그런데 이젠 표절, 아니 그대로 베끼지 않으면 죽을 것 같았답니다. 그래서 설교를 베끼기 시작했습니다. 양심은 괴로웠지만 성도들에겐 오히려 잘 된 일이라 생각했답니다. 성도들도 제 (베낀 남의) 설교에 은혜를 받기도 했답니다. 나 역시 내가 작성한 설교인 것처럼 폼을 잡고 설교했구요.

그런데 매 주일 남의 설교를 베끼는 것도 보통 문제가 아니었습니다. 보통 30분가량의 설교 원고를 베끼려니깐 적어도 2~3시간은 족히 걸리는 것은 물론이고 얼마나 힘들고 귀찮았는지... 그래서 아주 쉬운 방법을 찾아냈습니다. 설교집의 한 편을 복사하는 방법이었습니다. 시간도 절약되고 에너지도 절약되서 그렇게 했답니다. 그래서 내 설교(?)는 내용이 그런대로 괜찮다는 소릴 들었답니다.

그런데 한번은 큰 실수를 했습니다. 복사를 잘했어야 하는데 종이를 아낀답시고 앞뒤로 복사하다가 그만 한 페이지를 빼먹고 복사를 한 거지요. 그나마 복사한 걸 한번만이라도 읽고 강단에 올라갔으면 되는데 읽지도 않고 올라간 게 탈이었습니다. 그러니 잘 읽어내려가다가 빠진 부분에 가서는 매우 당황했답니다. 소위 말하는 개망신이라고나 할까요. 설교, 무척이나 어렵더라구요. 이렇게 평생 동안 설교할 생각하니 끔찍했습니다.

그러던 가운데 전방 부대 2년의 근무를 마치고 군 병원으로 옮기게 되었습니다. 병원에서는 별로 할 일이 없었습니다. 일단 병원이 아주 작은 았고 환자들도 많지 않았습니다. 군의관들, 간호사들 또한 그리 바쁘지 않은 병원이었죠. 정말 심심한 근무지였답니다. 그곳의 믿음 좋은 군의관들과 간호사들은 목사가 왔으니 일주일에 한번씩 성경을 공부하자고 했습니다. 자신들도 무료한 시간들을 말씀 배우는 시간으로 채우고 싶다는 겁니다. 나 자신도 뭔가를 해야겠기에 그렇게 하겠다고 대답했습니다.

문제는 무슨 공부를 하느냐는 거였습니다. 사실 나는 목사가 되면 써먹기 위해 이렇다할 성경 공부 과정은 대부분 이수해 놓았었답니다. 소위 말하는 벧엘 공부, 크로스 웨이 공부, CCC 공부, 젠센 공부... 그런데 막상 사람들을 가르치려니 두려웠지요. 준비는 했지만 경험이 없었기 때문이었습니다. 과정을 이수하긴 했는데 내 속에 생명력이 있는 게 아니었거든요. 그야말로 목사라는 직업에 충실하려면 이 정도는 해 놔야겠다는 필요에 의해서 열심히 했을 뿐이었습니다. 하여간 그리 많은 교재가 있는데도 자신이 없었고 문제는 군의관들과 간호사들이 교재가 아닌 성경책으로만 공부를 하자는 거였습니다. 그것도 구약을 말입니다. 구약 중에서도 역사서를.

군병원에서의 성경 공부는 사무엘부터 시작되었습니다. 한나가 기도해서 사무엘을 낳은 이야기부터 시작했습니다. 저는 어려서부터 교회 속에서 자랐기 때문에 성경을 많이 알고 있다고 생각했었습니다. 대부분 교회학교 선생님들에게 들은 이야기였고 집에서 들은 이야기였던 거지요. 그런데 막상 사무엘상을 읽어 가는데 왜 그렇게도 모르는 부분들이 많던지... 대부분을 모르겠더라구요. 아주 적은 부분만을 알면서, 그것도 대충... 성경을 잘 안다는 착각 속에 있었던 나였음을 발견했습니다. 하여간 문제에 부딪친 겁니다. 그 머리 좋은 의사들과 간호사들에게 성경을 가르쳐야 하는데 내 자신이 아는 게 없는 겁니다. 너무 두려웠습니다. 가르치다가 개망신 당할까 봐.

설교도 어려웠지만 (계속 베껴야 했으니까요) 성경을 가르치는 건 더 두려웠답니다. 그래서 내 마음은 엄청난 죄책감과 목회에 대한 공포, 해야 하나 말아야 하나 하는 갈등들이... 쏟아져 내리기 시작한 겁니다. 그러다가 기도를 시작했습니다. 하나님께 물어보고 도움을 구하기로 작정한 겁니다. 남들은 주님의 음성을 듣고 목사가 되었다고 하는데 나에겐 그런 것도 없고 어떤 이는 특별한 사명이 있다고 하면서 용감히 사역을 하는데 나는 사명이란 게 뭔지도 모르고 있고 (물론 남에게 말할 때는 복음을 위한 불타는 사명이 있다고 했습니다만...) 그저 목사가 된 게 어려서부터 되고 싶어서 된 것이고 학교 다닐 때 갈등은 있었지만 군목이라는 편리함 때문에 갈등의 양심을 버리고 목사가 되었을 뿐이었습니다. 그런데 이젠 그게 아닌 겁니다.

성경을 모르고 목회를 한다면 그야말로 사기꾼이라는 생각이 든 겁니다. 평생 남의 설교나 베끼고 남이 만들어 놓은 책으로 성경 공부를 가르치면서 그걸 내 것인 양 큰 소리를 칠 생각을 하니 자신이 얼마나 한심스러웠던지요. 정말 한심한 존재였답니다.

"하나님… 성경이 송이 꿀보다 달다고 하셨죠? 나에겐 송이 꿀이 아니라 정말 재미없는 책입니다. 억지로 읽을 뿐입니다. 무슨 말인지 정말 모르겠습니다. 어떤 사람은 성경을 보면 하나님의 음성을 듣는다고 하는데 난 성경을 보면 졸음만 옵니다. 성경이 당신의 말씀이라고 하셨잖습니까? 나에게도 성경이 재미있음을 알려 주십시오. 그래야 설교를 하든 성경 공부를 하든 목회를 하든 할 게 아닙니까? 제가 2년 간 열심히 읽을 테니 알아서 하십시오." 그런 기도였답니다. 성경을 열심히 읽어도 여전히 무슨 말인지 모르겠고 재미가 없다면 군목을 제대한 후에 목회를 관둘 생각이었습니다.

특별하게 할 일 없는 군 병원의 목회 생활이었기에 성경 보는 일에 목숨을 걸기로 마음먹었습니다. 아침 출근 시간은 8시, 퇴근 시간은 5시, 적어도 하루 6~8시간씩 성경을 파기 시작했습니다. 많은 분량을 읽지 않았습니다. 이해가 되지 않는 부분은 그냥 넘기지 않고 판 겁니다. 이해되지 않으면 주석을 많이 참고했습니다.

정말 많은 도움이 되더군요. 신학교 다닐 땐 숙제하기 위해서만 보던 책들인데… 정말 열심히 성경을 읽었습니다. 지금까지 알고 있던 이야기들이라 하더라도 정말 그런가 하면서 진지하게 확인하면서 읽었답니다. 성경이 졸지에 여러 가지 색깔로 줄도 그어지고 네모도 만들이 지고 혹은 읽다가 깨달은 것을 잊지 않기 위해 옆에다 적어 놓다 보니 지저분해지고 있는 거였습니다. 그렇게 몇 달이 지나는 동안 성경이 재미있어지는 겁니다. 은혜가 되기 이전에 재미있었습니다. 성경을 정말 재미있게 읽고 재미있게 연구하기 시작한 겁니다.

그렇게 2년을 지내는 동안 성경은 어느새 나의 손에서 뗄 수 없는 책이 되고 말았답니다. 아니 내 몸의 한 부분이 되어 있었답니다. 그리고 그 말씀은 제게 생명이 되었던 겁니다. 성경이 하나님의 말씀임이 몸속에서 느껴지고 있었답니다. 언제부터인지는 모르겠습니다만 성경을 읽으면 "그렇습니다!"하는 소리를 연거퍼 내뿜었답니다. 성경을 읽다가 손바닥과 무릎을 치기도 하구요, 너무 기가 막힌 것(내가 모르던 것이겠죠...)을 발견하면 숨이 막혀 더 이상 읽을 수가 없어서 서성거리는 경우가 한두 번이 아니었답니다. 많이 울었습니다. 너무 좋아서 말입니다. 하나님의 은혜가 주렁주렁 발견될 때마다 감동 그 자체였습니다. 시편 기자가 그랬나요? 주의 말씀은 송이 꿀 보다 달다구요? 정말이었습니다.

읽고 깨달은 말씀을 그대로 전해보았습니다. 설교 때든 성경 공부할 때든... 다른 교재가 필요 없었답니다. 성경만을 읽는데도 나는 물론이고 모두들 좋아하는 겁니다. 그래서 신났지요. 성경을 읽어 가면서 그 주인공은 바로 "나"였답니다. 내가 하나님의 지음 받은 사람이고, 내가 타락한 사람이고, 내가 죄로 범벅된 사람이고, 내가 고멜이고, 내가 요나이고... 또한 내가 아브라함이고, 내가 모세이고, 내가 노아이고, 내가 다윗이더라는 거였죠. 내가 밧세바이고, 내가 아모스이고... 내가 느부갓네살이고, 내가 다니엘이고... 내가 베드로이고... 내가 주인공이었습니다. 내가 잘못된 주인공일 때 지켜보고 계시고 기다리시고 찾아와 주시는 주님을 만

날 수 있었구요, 내가 잘하는 주인공일 때는 매우 기뻐하시고 좋아하시는 주님을 알 수 있었답니다. 주님의 진하게 흐르는 사랑과 은혜... 그게 성경이었답니다.

세상의 무수한 책들... 기독교 서적이라는 거 말입니다. 전에는 그걸 많이 읽으면 괜찮은 사람처럼 보였었습니다. 기독교 서적을 많이 인용하면 공부를 많이 한 목사처럼 보였었답니다. 서점에 최근 발표된 책이 어떤 것인지를 누구보다도 빨리 알아서 말하는 것이 앞서가는 사람인줄 알았답니다. 그래서 그걸 흉내내기 위해 얼마나 많은 거짓 행위를 했었는지요... 하지만 이젠 해방되었답니다. 많은 책을 읽는 것도 중요하지만 성경 속에서 풍요함을 누리지 못하면 그야말로 모래 위에 집을 짓는 장난에 불과하다는 것을... 성경 속에서의 행복을 모르고 수많은 책을 뒤지는 일만큼 자신을 피곤하게 하는 일이 없을 거라는 것을...

다른 책... 좀 몰라도 되더라구요. 그러나 성경 속에서 춤추지 않으면 말씀을 전하고 나서도 허탈하더라구요. 그런데 성경을 이야기하면 서투른 설교라도 하나님께 감사가 되더라는 겁니다. 기가 막히게 좋은 문구들을 찾는 일도 하지 않기로 했습니다. 알지도 못하는 사람의 이름을 들먹거리면서 마치 많이 공부한 사람처럼 보이는 위선은 떨지 않기로 했습니다. 깊은 생각을 남보다 많이 하는 것처럼 보이는 어려운 표현도 사용하지 않기로 했습니다. 그냥 성경 말씀을 이야기하기로 했습니다.

성경 속의 이야기만 하더라도, 아니 성경만을 이야기할 때 성령의 역사가 가장 확실하게 나타남을 알았기 때문입니다. 성경은 성령께서 쓰신 글이기 때문입니다. 하나님에게는 천년이 하루 같다고 하셨나요? 그래서 표현하고 싶은 말이 있습니다. 성경은 아직 잉크도 마르지 않은 하나님이 보낸 연애편지라고.

군대를 제대하자마자 미국으로 건너왔습니다. 아무런 이유도 없이 미국에 오게 된 겁니다. 몇 달만 미국을 구경하려는 생각이었습니다. 그런데 어쩌다가 십수 년이 지나고 말았습니다. 십수 년... 학교에서 공부하면서도 성경에 대한 재미 때문에 성경만 보게 되더라구요. 사역을 하면서도 성경만 보게 되더라는 겁니다. 그리고 읽은 성경... 늘 그랬던 것처럼 신앙의 형제들과 나누었답니다. 그런데 성경만을 이해하기 위해 주의 깊게 보는데 많은 은혜를 경험하는 게 아니겠어요!

벌써 성경을 통해 주님의 마음을 헤아린 지도 오래되었네요. 지금도 계속하고 있답니다. 물론 주님 부르실 때까지 이 은혜를 계속 유지하려고 합니다. 새벽 기도가 끝나면 잉크도 마르지 않은... 주님의 숨소리가 느껴지는 성경을 펴고 세 시간, 어느 경우는 네 시간, 옮겨 보고 또 옮겨 보다가 이렇게 책이 되었답니다.

그 제목... 이야기 성경? 성경 이야기? 아무래도 매끄럽지 않기에 남침례교신학교(The Southern Baptist Theological Seminary)에서 논문을 쓴 제목이 좋아 보여 그대로 하기로 했답니다. 비블리컬 스토리텔링(The Biblical Storytelling)이라고...

에필로그 _03

목사가 되면 책을 많이 읽고 책을 좋아해야만 하는 줄 알았습니다. 어려서부터 목사는 책을 가까이에 두어야 한다는 선입관을 가지고 있었기 때문에 나도 목사가 되면 그렇게 될 거라고 믿고 있었답니다. 목사님의 집이나 사무실에 가면 여러 권의 책과 책이 한가득 꽂힌 책장을 배경으로 한 목사님의 사진도 볼 수 있었습니다. 그래서 목사님들은 책을 많이 읽는 분들이라는 생각을 자연스럽게 했답니다. 앞으로 나도 목사가 되면 많은 시간을 책과 함께 할 거라고 생각했습니다. 목사님의 집에 진열된 책들은 아주 멋있어 보였습니다. 단행본도 많았지만 특별히 눈에 띄었던 것은 만만치 않은 두께로 같은 디자인에 제목이 다른 여러 질의 전집들이었습니다. 목회를 할 때 꼭 필요한 전집들이라고 생각했답니다. 그래서 나도 목사가 되면 목회에 절대적으로 필요한 전집을 책장 가득히 채우겠다고 생각했습니다.

괜찮은 목사가 되기 위해서 신학교 때부터 기독교 서점에 드나드는 것을 아주 중요한 일 중 하나로 여겼답니다. 나름대로 열심히 책을 사서 날랐습니다. 돈이 있어서 샀던 것도 꼭 읽으려고 샀던 것도 아닙니다. 홋

날 내 사무실과 서재에 꽂아둘 책을 준비하는 거였습니다. 책을 사면서 미래를 그려 보기도 했답니다. 사무실의 사방은 책으로 꽉 채워진 책장이 둘러져 있고 한 켠에 놓여진 나무 책상과 사장님이 앉는 편안한 의자에 앉아 있는 제 모습을 상상하면서 말입니다. (책이 없는 사무실과 목사는 상상해 본 적이 없는 것같습니다.) 어느 경우에는 읽지도 못하는 영어로 된 책도 샀습니다. 소위 원서라고 하는 것들입니다. 영어나 독일어로 된 책을 읽은 수준 높은 목사로 보이고 싶어서였습니다. 열심히 사서 모은 책들이 작은 제 방의 책장에 한 권 한 권 채워져 가는 걸 보면 뿌듯하고 자랑스럽기까지 했습니다. 그렇게 해보지 않은 사람은 그 맛을 모를 겁니다. 책이 늘어나는 만큼 내 지적 수준도 높아진다고 생각하여 그것을 증명이나 하려는 듯 책을 열심히 구입했던 겁니다. 책의 노예가 되어 부지런히 살았던 것 같습니다.

신학대학 다닐 때는 대부분의 친구들이 그랬던 것처럼 돈이 정말 없었던 때입니다. 그런데도 책을 사고자 하는 욕심은 왜 그리 많았는지 모릅니다. 교수님들이 가끔 강의하시다가 밥을 굶어가며 책을 사서 보았다는 얘기를 들으면 왠지 멋있어 보였습니다. 그래서 교수님을 흉내 내며 책을 사기 위해 끼니를 거른 적이 한두 번이 아니었답니다. 그 경험 덕분에 얼마 전까지만 해도 사람들과 이야기할 때 나도 젊었을 때는 책을 사기 위해 굶은 적이 있다고 말하면서 묘한 자부심을 느끼곤 했답니다.

제 사무실은 작습니다. 방이 작기에 몇 권 안 되는 책이지만 제 방은 책으로 꽉 채워져 있답니다. 다른 목사님들보다 상대적으로 적다는 걸 알지만 그래도 제 수준에는 처분하기 곤란할 정도로 많은 책이 꽂혀 있습니다. 그런데 지금은 책이 많아서 행복하기보다는 꽂혀진 책들이 날 비웃고 있다는 생각이 들 때가 있답니다. 여러 권이 꽂혀 있지만 읽은 것은 별로 없거든요. 다 폼으로 꽂혀 있는 것입니다. 그렇다고 완전히 폼만은 아닙니다. 읽긴 읽었습니다마는 어떤 건 서문, 어떤 건 제목, 어떤 건 대충대충 한 10분 안에 읽은 책도 있고, 전혀 읽지 않은 책들도 수두룩하답니다. 정말 신중하게 읽은 책은 거의 없답니다. 전집은 정말이지 폼, 그 자체뿐이었습니다. 그래서 책장에 꽂혀 있는 책들이 부담스럽기까지 했습니다.

가끔 제 방을 방문한 학생들, 청년들 혹은 성도들은 전에 내가 느꼈던 것처럼 '목사님이니까 당연히 책이 많구나' 라고 생각하는 눈치입니다. 그러면서 할 말이 없을 때 혹은 기분이 좋으라고 '목사님은 책이 많으십니다' 라고 말한답니다. 저는 책을 많이 읽은 목사로 인정한다는 말을 듣는 것 같답니다(착각이겠지만). 그런 말을 들을 때면 전에는 우쭐했는데 언제부터인가 부담스러웠습니다. 사실 읽은 책이 아니라 폼으로 꽂혀 있는 책이 대부분이기 때문입니다. 성도들이 생각하는 것처럼 책을 많이 읽은 목사가 결코 아니라는 생각에 괴로웠거든요. 어떤 성도는 존경하는 마음(?)으로 이렇게 말한답니다.

"목사님, 책이 무척 많네요. 책이 이렇게 많은 것을 보니 목사님은 공부를 많이 하시는가 봐요. 목사님들은 책을 많이 읽으신다고 하더라구요." 거기까지만 하면 되는데 정말 대답하기 곤란한 질문을 한답니다. "목사님, 이 많은 책들을 다 읽으셨어요?" 미칠 것 같은 질문입니다. 뭐라고 대답해야 좋을지 모르기 때문입니다.

솔직하게 대답하자니 창피하고, 읽었다고 하자니 목사라는 놈이 별거 아닌 일로 거짓말한다는 양심의 가책 때문에 괴로운 겁니다. 또한 책을 많이 읽은 괜찮은 목사로 생각하고 있는 성도를 실망시키고 싶지 않다는 생각도 들기 때문입니다. 사실 그렇게 생각해 주기를 은근히 바라는 마음도 있구요, 그래서 엉거주춤 대답하곤 했답니다. 필요한 건 읽고 읽지 않은 책들도 있다고. 성도는 그렇게 말하는 목사를 겸손하다고 여겨 안 읽은 책도 있다는 말을 대부분은 읽었고 몇 권은 읽지 않았을 거라고 생각하고 점수를 후하게 주었겠지요. 그런 면으로는 성도들에게 무척이나 고맙답니다.

목사님들의 사례비 항목을 보면 반드시 도서비가 있습니다. 아주 중요한 항목입니다. 어느 교회나 꼭 있습니다. (제 개인적 경험으로는 이 도서비 항목이 없는 교회는 본 적이 없습니다.) 교회에서 그런 돈을 책정한 것은 책을 많이 읽고 목회와 설교를 잘 하라는 뜻인 줄 압니다. 교회도 목사는 책을 많이 읽어야 하고, 책을 많이 읽는 사람으로 인정해 주기 때문에 세운 항목이겠죠. 참으로 고마운 항목이랍니다. 저도 받고 있는데 이 항목의 돈이 얼마나 부담스러운지 모릅니다. 왜냐하면 교회에서 정해 놓은 도서비 만큼 책을 사 본 적이 한 번도 없기 때문입니다. 적어도 제게는 말입니다. (혹 이 고백을 읽으시면서 다른 목사님도 그렇다고 생각하시면 오해입니다. 이 글은 제 경우에만 해당하는 겁니다.)

양심에 거리낌이 있어서 교회에서 주는 도서비 항목의 액수만큼 책을 사려고 살만한 책들을 찾아본 적도 여러 번 있었습니다만, 저는 교회에서 주는 도서비 만큼의 책을 산 적이 없답니다. 아니 사고 싶지 않아서가 아니라 사고 싶은 책을 고를 수 없었기 때문이랍니다. 얼마나 많은 도서비를 주었기에 그러냐구요? 얼마 되지는 않는답니다. 서점에서 책을 사긴 합니다만 사실 오래 전부터 한 달에 두 권 정도 사는 게 저의 현실입니다.

서점은 몇 번씩 가지만 꼭 사고 싶은 책을 찾는 것도 어렵고, 게으른 건지 어렵게 골라 아까운 돈 주고 산 책이라 하더라도 제대로 읽는 것도 쉽지 않고…

어떤 목사님이 책을 읽지 않는 목사는 게으르고 목사 자격이 없다고 질책하는데 찔렸습니다. 제가 그런 사람이거든요. 목사는 적어도 하루에 한 권의 책은 읽어야 한답니다. 나는 일 년에 두 권 정독하는 것 같지도 않은데 말입니다. 그 목사님은 책을 많이 읽으시는 분이라고 소문이 난 분입니다. 책을 많이 읽는 목사님에게 어떻게 읽느냐고 물었더니 보통 책을 10분이면 한 권 읽는답니다. 난 미칠 것 같았습니다. 저는 일주일을 읽어도 뭔 뜻인지 몰라 속이 상한 적이 한두 번이 아닌데 책 한 권을 10분만에 읽는답니다. 하기야 저도 그렇게 10분에 한 권 읽을 때가 있긴 있었습니다. 혹시 써 먹을만한 게 걸리지 않을까 해서 위 아래로 훑어가며 넘긴 거지요. 그렇게 본 책들은 허다합니다. 아마 500권은 족히 될 겁니다. 그런데 정말 내 속에 양식이 될 만하게 읽은 책은 소수에 불과하답니다.

일주일 동안만 해도 엄청난 책들이 쏟아져 나옵니다. 기독교 서적만을 봐도 그렇습니다. 목사님들의 소원 가운데 책 한 권 내는 것이 포함되어 있잖아요. 그래서 책을 내는 분들이 무척이나 많답니다. 그런데 슬픈 것은 신간 서적 코너에 올라와 보지도 못하고 보이지 않는 구석에서 폐지로 버려지길 기다리는 책들이 무수하다는 거지요. 저도 책을 썼고 또 쓰고 있지만, 제 책 역시 신간 코너에 올라가 보지도 못하고 없어지는 것이 아닌지…(슬픕니다!) 그렇게 많은 책이 출판되고 있지만 막상 사려고 하면 꼭 읽고 싶은 것을 찾기가 쉽지 않다는 겁니다.

설교하거나 성경을 가르칠 때도 반드시 책을 인용해야 하는 줄 알았던 때가 있었습니다. 긴 설교 중에 한두 번은 어떤 나라, 어떤 사상가, 철학자 혹은 정치가나 성공한 사람의 이름과 그들이 쓴 책의 제목을 말하면서 이런 말을 했다고 해야 하는 줄 알았던 겁니다. (요즘 설교할 때 한두 번은 웃겨야 괜찮은 설교자라는 소리를 듣는 것처럼 말입니다.) 어느 경우는 읽지도 못하고 읽어 본 적도 없는 주간 시사지 타임(The Time)지나 뉴스위크(Newsweek) 혹은 리더스 다이제스트 등의 날짜까지 들먹이면서 설교해야 공부 좀 한 목사라고 느낄 때가 있었던 거지요. 지금 떠올려보니 얼마나 부질없는 생각을 하면서 살았는지 모릅니다.

왜 그렇게 책에 대한 미련을 가지고 살았나 생각해 보았습니다. 정말 무엇 때문에 나는 많은 책을 소유하고 싶었고, 독서를 많이 하는 목사로 보이고 싶었는가 정직하게 생각해 보았답니다. 대답은 어렵지도 복잡하지도 않고 아주 단순했습니다. 열등감 때문이었지요. 제 가장 밑바닥은 열등감으로 가득한 겁니다. 그래서 쌓여 있는 책들로 하여금 저를 사람들에게 공부하는 목사, 실력 있는 목사로 세뇌 시키면서 은연 중에 무시하지 말라는 메시지를 전한 겁니다. 내 속에 있는 열등감이 나를 속이면서 책과의 관계를 이상하게 만들었답니다.

또 하나는 (하나님께 무척이나 죄송합니다만) 내 속 깊은 곳에서 성경을 우습게 여기고 있었다는 고백입니다. 성경이 하나님의 말씀이라고 말하면서도 정작 설교하는 나는 성경을 우습게 여겼던 거지요. 성경 가운데 구원의 도리, 삶의 지혜와 지침이 완벽하게 있다고 외치면서도, 성경은 성령의 감동으로 쓰여진 책이기에 심장과 폐부를 찔러 쪼개는 능력이 있다고 말하면서도 나는 성경보다 더 영향력 있을 것 같은 유명한 사람이 쓴 책을 뒤지고 있었던 겁니다. 성경을 역사와 인생에 있어서 가장 훌륭한 책, 능력 있는 책이라고 하면서도 내 속 사람은 믿지 않았던 겁니다. 그래서 유명한 사람을 찾았고 그 유명한 사람의 책을 뒤졌고 알지도 못하는 사람의 멋진 글을 강단에서 인용하는 걸 자랑스럽게 생각했던 겁니다. 성경이 답이라고 말은 했지만 정작 나는 삶의 답을 엉뚱한 책에서 찾고 있었던 겁니다. 내가 하는 일 목회에 관한 것도 유명한(?) 사람이 쓴 책에 있는 줄 알고 책을 의지했던 거지요. 한 마디로 성경을 무시했던 겁니다.

책으로부터 많은 걸 배우기 때문에 독서는 귀한 일입니다. 그러나 책이 전부가 아닙니다. 책은 진리도 아닙니다. 책과의 관계 속에서 초라한 나의 모습을 본 후에 책을 많이 읽은 목사가 괜찮은 목사라는 이상한 관계(?)가 이제 깨졌답니다. 다독(多讀)이 바람직하지만 필수는 아니라는 걸 배웠답니다. 또한 그것으로 목사의 수준이 평가될 거라는 생각은 정말 크게 잘못된 것임을 깨달았습니다. 목사는 반드시 책과 가까운 사람이라는 인식을 지워버리려고 합니다. 난 정말 책을 읽지 않는 사람이거든요. 아니 읽어도 저자가 하는 말을 잘 모를 때가 많습니다. 다시 말하면 책을 읽지 않는 게 아니라 읽을 줄 모르는 사람이라는 걸 발견한 겁니다.

저는 파스칼을 모릅니다. 그가 쓴 「팡세」(번역본)라는 너무 두꺼워서 읽기도 전에 질려 서문을 읽다가 무슨 말인지 몰라 내팽개쳤답니다. 톨스토이의 작품은 기독교를 이해하는 데 절대적으로 필요한 문학이고 철학이라고 하더라구요. 그래서 유명하다는 그의 「부활」이라는 작품을 읽기 시작했는데 도무지 무슨 말인지 이해하지 못해 읽기를 중단했답니다. 하이데거라는 철학자, 키엘케고르, 헤겔, 니이체 등. '니이체' 라는 말이 나왔으니 웃긴 일이 생각납니다. 니이체는 「짜라투스트라는 이렇게 말했다」라고 하는 책에서 "신은 죽었다"고 했답니다. 설교 시간에 목사님들의 설교를 통해서 종종 들은 글귀였습니다. 그래서 저도 가끔 (오래 전입니다만) 그 말을 인용하면서 유신론을 무너뜨리려는 사람들을 공격했고 또 그런 말을 한 니이체를 무척이나 나쁜 사람으로 말하곤 했었답니다. 물론 그 책을 다 읽은 수준 높은 사람처럼 말입니다.

사실은 그 책이 어떻게 생겼나 해서 서점에 들러 구경한 적 밖에는 없습니다. 정말 두껍더라구요. 그 책을 본 순간 이런 두꺼운 책을 읽은 사람이 몇이나 될까 생각했답니다. 하여간 니이체가 신이 죽었다고 하는 말을 왜 했을까 해서 물어보기도 하고 책을 뒤져 보았지만 아는 사람도 없고 책 속에서도 찾지 못했답니다. 결국은 한참 후에 누군가가 알려 주더군요. 책 속에 짜라투스트라가 누군가와 이야기하다가 신경질이 난 김에 그런 말을 내뱉은 거였다고... 그러나 전해준 사람의 말이 사실인지도 아직 확인되지 않았답니다.

리더십, 성공의 비결, 인생에 관한 것, 시집(詩集), 부부관계, 경영학, 건강에 관한 것, 소설, 철학 이야기... 별별 주제의 많은 책이 시중에 나와 있답니다. 다양하게 많이 읽어야겠다는 생각을 포기하니 마음이 왜 이리 편한지 모르겠습니다. 책 많이 읽지 않으렵니다. 물 흐르는 대로 읽게 되면 읽겠습니다만, 안 읽으면 뒤쳐진다는 말로 사람을 주눅들게 하는 말에는 신경을 곤두세우지 않기로 했습니다. 많이 읽어도 기억에 남는 게 없구요, 사실 무슨 말인지도 모른답니다. 아는 척하고 싶은 교만한 마음만 꿈틀거린답니다. 남들은 인생에 도움이 된다고 하는데 제겐 그런 것 같지도 않구요...

성경도 제대로 모르면서 책을 동서남북으로 둘러 채워둔다는 게 우습잖아요. 성경도 제대로 알지도 못하면서 이해하지도 못하는 글귀와 사람 이름을 대면서 지식인인 체 하는 게 우습잖아요. 그래서 성경이라도 제대로 보기로 결심한 겁니다. 목사가 성경을 모르니 일반 성도들은 더 모를 수 있다는 생각이 들었습니다. 그래서 한 평생 성경을 깊게 공부해 보기로 했답니다. 읽다가 정 모르겠으면 주석을 뒤져서라도 이해하려고 했습니다. 주석은 성경을 이해하는 데 큰 도움이 되었습니다. 그 과정 속에서 마침내 지식인이라는 허울 좋은 취급만을 받기 위해서가 아니라 성경의 이해를 돕기 위해 책을 보아야 목사로서 사는 인생이 행복하다는 것을 터득하게 되었습니다.

성경을 알기 위해 마음먹고 공부하니 자유로워지더라는 겁니다. 설교할 때도 성경을 이야기하니 마음이 편해지구요. 내 말은 물론 어떤 훌륭한 사람의 말도 아닌 하나님의 말씀을 전하니 위험하지도 않고 미안하지도 않은 겁니다. 누가 무식하다고 말할지는 모르겠지만 그게 속 편하고 자신감도 생겼습니다.

사실 교회 오는 사람들이 얼마나 다양한지 모릅니다. 자기 분야에서는 그런대로 지식이 있고 까딱 잘못 말했다간 어느 누구에게 무식하다는 말을 들을지도 모르잖아요. 그러나 대부분 사람들은 성경을 잘 모른답니다. 혹 알고 있더라도 자신보다는 목사님이 더 잘 알 거라고 생각하지요. 그래서 교회에서 목사로부터 성경 이야기를 듣는 것을 당연하게 생각하기에 성경을 말할 때는 누구도 시비를 걸지 못하지요.

성경을 말하는 사람으로 살고 싶습니다. 제 직업이 목사인데 목사는 성경을 말하는 사람이기 때문입니다. 다른 거 모른다고 주께서 뭐라고 안 하실 겁니다. 그런데 성경을 모르면서 목회 한다면 목사로 부르신 주님이 얼마나 한심하게 생각하실까 하는 생각이 드네요. 아니 성도들도 성경을 모르는 목사라는 걸 안다면 얼마나 비웃을까 하는 생각이 듭니다. 성경을 모르면 주님에게도 성도에게도 찬 밥 신세라는 걸 깨달았답니다.

성경만을 살아계신 하나님의 말씀으로 증거하려고 열심을 냅니다만 왜 그리 성경을 모르고 있는지요. 성경이 왜 그리 어려운지 모르겠습니다. 정말 어려운 수학 문제보다 더 어려운 게 성경이라는 걸 알아갈 뿐입니다. 그런 수준으로 목회를 하는 제 모습이 한심하고 답답할 뿐입니다. 성경 공부 열심히 하겠다고 다짐하고 노력하며 지낸 햇수도 제법 오래 된 것 같은데 책상에 앉으면 지금 막 시작한 사람처럼 모르고 있는 것이 너무 많다는 느낌뿐이니 미칠 것 같습니다. 주님이 부르실 그 날이 성큼성큼 다가오고 있는데 성경을 이렇게도 모르고 주님께 갈 거라고 생각하니 숨이 막히는 것 같습니다.

성경 안에 모든 진리가 있다고 말하는 목사가 아니라 성경 안에 진리가 있음을 인정하는 목사이고 싶습니다. 성경 안에 진리가 있음을 알고 믿고 실천하는 목사이고 싶습니다. 목회자 사이에서도 많은 책을 가지고 있다든지 책을 많이 읽은 목사가 괜찮은 목사라고 인정을 받는 것보다는, 성경을 구석구석 잘 알고 성경을 정말 사랑하며 성경의 의미를 잘 전달하는 목사가 진정 괜찮은 목사라는 평가를 받으면 좋겠습니다. 법관이 육법(六法)전서를 구석구석 잘 알고 있는 것처럼, 자동차 정비공이 자동차에 대해선 빠삭하게 잘 알고 있는 것처럼, 군인이 군사지식에는 정통한 것처럼... 목사님들은 성경 66권 어디라도 구석구석 잘 알고 있는 분들이면 정말 좋겠습니다.

오늘도 그것 때문에 몸부림쳐 봅니다. 하나님이 도와주시길 바라면서 말입니다.